《走近科学》精选丛书

探索自然之谜

郭之文 主编

上海科学技术文献出版社
Shanghai Scientific and Technological Literature Press

图书在版编目（CIP）数据

探索自然之谜 / 郭之文主编．—上海：上海科学技术文献出版社，2019（2021.8重印）

（《走近科学》精选丛书）

ISBN 978-7-5439-7961-1

Ⅰ．① 探… Ⅱ．①郭… Ⅲ．①科学知识—青少年读物 Ⅳ．① Z228.2

中国版本图书馆 CIP 数据核字 (2019) 第 168487 号

策划编辑：张　树

责任编辑：付婷婷　曹　惠

封面设计：合育文化

探索自然之谜

TANSUO ZIRAN ZHI MI

郭之文　主编

出版发行：上海科学技术文献出版社

地　　址：上海市长乐路 746 号

邮政编码：200040

经　　销：全国新华书店

印　　刷：常熟市文化印刷有限公司

开　　本：720×1000　1/16

印　　张：15.25

字　　数：223 000

版　　次：2021 年 8 月第 2 次印刷

书　　号：ISBN 978-7-5439-7961-1

定　　价：65.00 元

http://www.sstlp.com

目录 CONTENTS

建水县迷案

建水县迷案

村民李方出门下地干活，回来时却身负重伤，留下临终遗言后便一命呜呼。县令刘嶙很快就找到了杀人凶手，了结了此案。但一切真的这么顺利吗？而接下来案件被发回重审更是让人匪夷所思。这案子里到底出了什么问题？第二任县令通过调查发现了被遗漏的证据，案件又将怎样发展？看古代县令如何重审此案。

没想到经过先后两次审理，案情反而变得越来越复杂。新的嫌疑人的出现让李方命案变得更加扑朔迷离。李方遇害那天究竟发生了什么？谁才是真正的杀人者？

第二任县令的判决竟然也没有通过，案件被第二次发回重审。特派的布政使第三次前往建水县审理李方命案。本案迟迟悬而未决的原因到底是什么？又是谁隐瞒了事实的真相？看"建水县谜案"究竟如何暗藏玄机。

1. 镰刀与屠刀

这个案子发生在云南省建水县。

有一天傍晚，县衙门前有人击鼓鸣冤。

来衙门告状的是一名女子，旁边还跟着一个中年农妇。女子自称李氏，乃是本县的一个民妇。李氏女子说：“我和丈夫李方都是老实本分的庄稼人。昨天早上，我丈夫李方和往常一样吃完早饭，出门下地干活，平常他都要干到太阳下山才会回来。可昨天我在家刚吃过午饭，就看见李方慌慌张张地跑了回来，进门的时候还踉踉跄跄的，我不知道怎么回事，就上去搀他，谁知道我丈夫他一头就栽到地上，起不来了。我仔细一看，他后背上全是血，身上有一处很深的刀伤，血流不止，我问他出了什么事，他只断断续续地说了一句‘我到龙世恩家里去……’之后就咽气了。我来是要告龙世恩杀害了我的丈夫李方！”

同行的中年农妇自称是李方的伯母，叫蒋氏。她说她亲眼看见龙世恩杀死了李方，是来作人证的。

蒋氏补充说：“没错，就是龙世恩杀的人，我能作证。昨天中午，我看见李方匆匆忙忙地向龙世恩家那边走，李方一向做事风风火火的，我怕他惹事，

就想拦住他问问，可他根本就不理我。我想可能真的要出事了，就在后面追他，一直追到龙世恩家，看到他俩已经扭打在一起了。我上前去劝架，谁知道就在这个时候龙世恩用刀在李方的后背上戳了一下，血一下子就涌了出来。李方一看自己被扎了就急忙往家跑，我也就跟着回来了。所以我可以作证，李方就是被龙世恩杀死的。”

此时办案的知县叫刘嶙。刘嶙听完李氏和蒋氏的供述，命人速速把杀人犯龙世恩捉拿归案。很快，衙役就逮捕了正在家中睡觉的龙世恩，而且还在龙世恩家里找到了一把镰刀，连人带刀一起押回了衙门。大堂之上，刘嶙叫龙世恩供述昨天发生的事情。没想到龙世恩对杀死李方的事供认不讳，很快就交代了杀人的全过程。

据龙世恩交代，昨天上午，李方的儿子李正杨正在自己的农田里干活，隐约地看见有人在偷自家的稻谷，于是就上前去抓贼，结果发现是同村龙世恩的弟弟龙小二。李正杨咬定龙小二偷了稻谷，要带他去见官，龙小二却坚持说自己没偷，两个人就发生了争执，其间龙小二还打了李正杨。

李正杨觉得自己受了委屈，就把这件事告诉了李方。李方听完气得不行，于是就跑到龙世恩家，指责他不严加管教自己的弟弟。

龙世恩接着说：“后来李方把事情的经过讲完，我也觉得有点理亏。我就跟他说，这件事是龙小二的不对，改天一定带着龙小二上门去赔不是。可李方还是不依不饶的，骂个不停，还拽着我要去见官，我之前喝了点酒，当时晕晕乎乎的，不知道怎么回事就……要不是今天衙役去抓我，我都不知道出了这么大的事儿。”

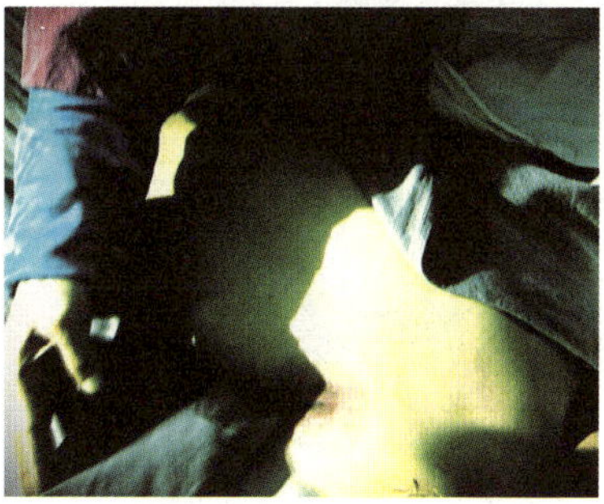
案子发生在建水县

听完龙世恩的供述，县令刘嶙认为，案情还是比较清楚的。

县令判断说：“我看这个案子审到现在已经可以结案了。首先，有李方死前的遗言，他说‘到龙世恩家去’。其次，有蒋氏这个

县衙门前有一名女子击鼓鸣冤

李方平时都要到太阳下山才会回来

办案的知县聆听李氏和蒋氏的供述

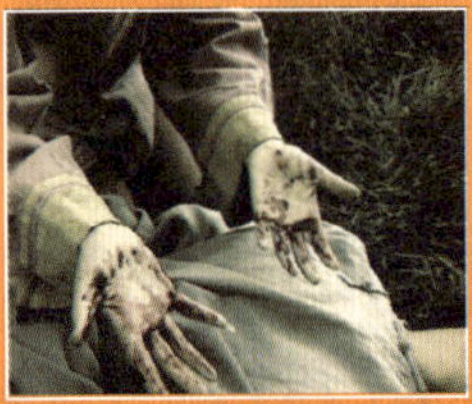

李方后背上全是血

李方的伯母就想拦住李方

证人，她亲眼见到龙世恩用刀戳了李方。现在龙世恩自己也交代了犯罪事实，又有在龙家搜出的凶器镰刀一把，人证物证确凿，因此可以认定龙世恩就是杀死李方的凶手。”

县令判定龙世恩争执之中用家中的镰刀戳伤了李方，导致李方回家后失血过多而死。龙世恩被押入大牢，择日问斩。

知县刘嶙按照龙世恩供述的罪行，在禀帖中写明了李方被杀案的全过程。按照当时制度，重大案件需要逐级审查。刘嶙将禀帖上奏巡抚和总督，等待最后裁定。他本以为案件办得合情合理，没有问题，哪知道却被上面打了回来。理由是证据不足，并把案件移交给了臬司李銮宣重新审理。那么这案子里到底有什么问题？李銮宣是如何处理的？

臬司李銮宣这样说：“首先，之前县令认定李方是死于刀伤这点就有问题。按照当事人的口供，龙世恩用刀戳了李方，李方当时只是受伤，回到家后才死亡的。这中间发生了什么事情，现在不得而知，那么李方致死的真正原因是不是就是那处刀伤，还有待调查。其次，就算李方是死于刀伤，那么凶器是不是就是从龙世恩家里搜出的那把镰刀呢？这些都没有充足的证据能够证明，所以我觉得要弄清这些疑点，首先就要验尸。”

验尸结果发现，在李方右肋的后背有一处刀伤，除此之外身上没有其他伤痕，因此，可以确定这处刀伤就是致命伤。看来李方的确是由于刀伤导致失血过多而死。可一个新的问题却出现了。

臬司李銮宣解释说："经过鉴定，从李方身上刀伤的形状和深度上看，伤口应该是由屠刀所致，然而卷宗里记载的在龙世恩家中搜出的凶器却是一把镰刀。所以我认为那把镰刀绝对不是真正的凶器。如果真的是这样，那么尽快找到那把屠刀是本案的关键。这点很重要，甚至会牵连到龙世恩到底是不是真凶的问题。"

现在看来，找到真正的凶器是破案的关键。因为龙世恩是本案最大的嫌疑人，所以李銮宣便派衙役到龙世恩家里去搜查。

果不其然，衙役在龙世恩家外的一处草堆里找到了一把屠刀，上面还沾有斑驳的血迹，通过和伤口比对，这把屠刀正是杀死李方的凶器。

这么说来，当初应该是龙世恩用这把刀戳了李方之后，怕被人发现，才藏匿了凶器，那么龙世恩应该就是真正的凶手。可面对起获的凶刀，李銮宣又有了一个新的疑虑。

因为众所周知，龙世恩也是一个农户，家里只有镰刀、锄头等种种农用工具。可从起获的这把凶器看，不是家里用的菜刀，而是屠户专用的屠刀。那么，一个农户家里怎么会有一把屠刀的呢？

知县命人捉拿龙世恩归案

李銮宣说："所以我感觉，可能这把屠刀根本就不是龙世恩的，而杀死李方的凶手正是拥有这把刀的人。"

不过县城里大大小小的屠户有十几家，而且单从外观上也不好辨认屠刀是哪家的，那么

分析案情

验尸后发现李方右肋的后方有一处刀伤

衙役在龙世恩家外的一处草堆里找到了一把屠刀

怎么才能确定这把刀是谁的呢？为了能够找出凶刀的主人，李銮宣准备设个局。

一日，李銮宣命手下发出公告，告示说县里要举办盛大的宴会，凡是屠户都要带着自己的刀到县衙集合，杀猪宰牛。第二天下午，县里大大小小的屠户们果然都到齐了。此时李銮宣又传令说，今天天色已晚，宴会改天举行，但屠户都要把自己的刀留下。等人都走了，院子里已经放了十几把屠刀，李銮宣叫人把之前起获的凶刀拿来，做上标记，然后换掉其中的一把。第二天一大早，命令屠户们来取各自的刀，过了一会儿，大家都认领了自己的刀，只有一个屠夫找了半天最后也不肯把刀拿走。

那个屠夫说："我不是不肯拿，而是剩下的那把刀确实不是我的。像做我们这行的，对自己的刀再熟悉不过了，不可能认错。后来大人问我那把剩下的刀是谁的，我看了看，好像在哪儿见过，要是没看错的话，那应该是另一个屠户家的，这人在我们这行里还挺出名的，他叫向廷贵。"

就在李銮宣刚刚查清凶刀主人的时候，狱中传来消息，被押在大牢的龙世恩和同监的犯人闲谈的时候透露了一个情况。龙世恩说凶器并不是自己的而是向廷贵的。这和李銮宣调查的结果相一致，看来刀的主人是向廷贵这点确定无疑了。试想一下，如果龙世恩是凶手，那为什么凶器，也就是那把屠刀却是向廷贵的呢？难道说这案子里真的有冤情？那么向廷贵到底是什么人？他和本案又有着什么关系呢？

2. 凶器与凶手

龙世恩被从死牢里押出，带到堂上重新问话。龙世恩一见李銮宣就大喊冤枉。

龙世恩大声喊说：“小人那天和李方发生争吵是事实。可小的确实没有杀人。”

据龙世恩讲，当天下午李方到他家吵闹，当时他正和向廷贵在家里喝酒，两个人都已经有了几分醉意。李方到了他家之后不但骂了他，还骂了向廷贵。后来蒋氏来劝架，蒋氏拉着李方的胳膊，边劝边拉他出门。李方还不依不饶地边走边骂。这个时候，龙世恩听见向廷贵在后面回骂李方，还拿出刀恐吓说要砍死李方。随后龙世恩、向廷贵、李方三个人拉扯在了一起，忽然就听见李方惨叫了一声，之后就见李方拔腿向家中跑去。龙世恩因为当时喝醉了酒，没想太多，就回屋睡觉了。

李銮宣又有了一个新的疑虑

龙世恩接着讲：“谁曾想李方回去当夜就死了。第二天一早，向廷贵找到我，说他昨天失手杀了李方，死罪难逃，可家里还有父母妻儿要赡养，实在不能被抓。于是就叫我替他顶罪，而且还保证马上筹钱，过不了多久就会替我赎罪。我和向廷贵一直很要好，而且向廷贵以前也帮过我很多忙，想想以后还能被赎出来，所以就一时糊涂，答应了他。可到现在这么久了，向廷贵连个信也没有，我这才知道被他给骗了。所以请大人一定要替小的做主啊。”

此外，龙世恩还提供了一条重要线索。

龙世恩说：“我记得当时向廷贵在戳杀李方的时候，右手心不小心被划伤了，大人要是不信，可以把向廷贵捉来核查。”

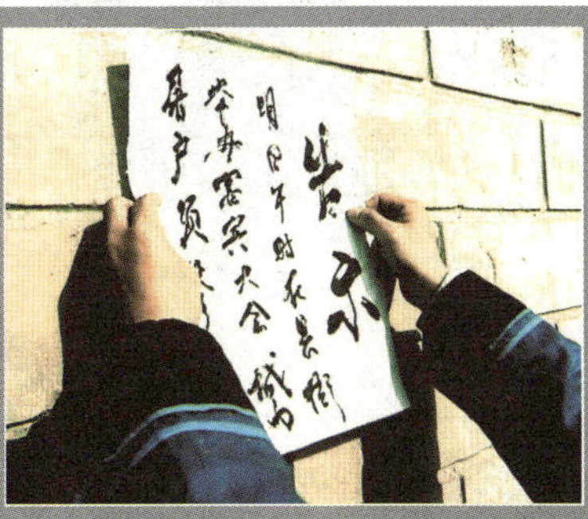
发出召集屠户的公告

李銮宣认为龙世恩这次说的才是实情，于是下令捉拿向廷贵，要为龙世恩平反。不久，向廷贵便被捉拿归案，李銮宣马上查看向廷贵的右手心，果不其然，正如龙世恩所说的，在向廷贵的右手心确实有一处刀伤。李銮宣又拿出之前起获的屠刀让向廷贵认，向廷贵也承认那是自己的刀。

李銮宣总结说："我觉得从现在掌握的情况来看，已经可以基本认定向廷贵就是杀害李方的真凶。不过向廷贵起初并不认罪，口口声声说自己没有杀人。但是他狡辩也没有用，现在一有龙世恩的口供，二有屠刀这件物证。他就是杀人凶手。"

然而向廷贵并不承认自己是杀人凶手，李銮宣认为向廷贵狡猾至极，必须对其严刑拷打才能认罪。重刑之下，向廷贵终于承认了李方是自己杀死的，还交代了诱骗龙世恩替自己顶罪的过程。李銮宣据此结案，认定龙世恩被人冤枉，向廷贵才是真凶。

既然李銮宣认定龙世恩被冤枉，向廷贵才是真凶，他就据此向上级禀报，巡抚、总督更改了原奏，并将之前的县令刘嶙解职。随后案子又被上交到了刑部。哪知刑部经过复议认为向廷贵杀人证据不足，供词矛盾百出，又把案子打了回来，并且重新派人再次审理，特派广西布政使恩长为钦差大臣，前往建水县第三次审理李方命案。

恩长到达建水县后，马上提审向廷贵。此时向廷贵痛哭诉冤，说自己被李銮宣重刑逼供，是屈打成招，把自己之前的口供全部推翻了。

命令屠户们来取回各自的屠刀

向廷贵痛哭说："大人，我确实没有杀人，都是那龙世恩诬陷我，刀虽然是我的，可戳伤李方的是龙世恩，不是我啊，我之前是实在熬不住大刑才认罪的，小人的的确确是被冤枉的。"

恩长就又提审龙世恩，要他举出向廷贵杀人的确切根据。而龙世恩反复申明的也只有一条，杀人凶器就是

李氏女子搀扶着受伤的李方

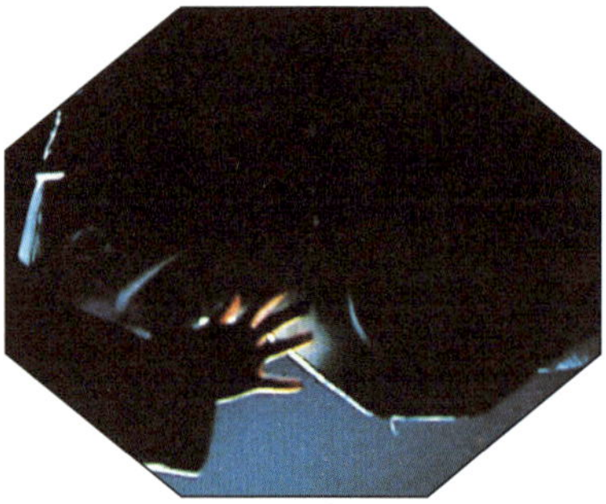

查清凶刀主人

那把屠刀是向廷贵的，他当然就是凶手。

李方致死案可以说是越审越复杂，到底谁才是真正的杀人者？又该为谁平反呢？

恩长说："我重新查阅了卷宗，觉得先前两次的审判都有问题。李銮宣虽然找到了凶器，而且向廷贵也承认了那是他的刀，可这还并不足以证明向廷贵就是凶手。此外，龙世恩指证向廷贵右手的伤疤也是一个很大的疑点。试想一个人在拿刀的时候应该是手握刀把，怎么会戳人反划伤自己的手。况且向廷贵是个屠夫，最擅长用刀，怎么会那么不小心划伤自己的手，而且还是拿刀的右手。此外在第一次审问的时候，蒋氏的口供里也没有提及向廷贵这个人。看来这个案子里一定有人在说谎。"

恩长觉得有人在说谎，不过在没有其他新证据和线索的情况下，怎么才能判断龙世恩和向廷贵究竟谁在说谎呢？恩长决定让龙世恩和向廷贵自投罗网，要让他们两个人演一出好戏。

这一天，恩长把龙世恩和向廷贵两个人带到城隍庙，叫他们一起跪在神案前面。

恩长叙述当时的情景说："当时我把他们两个人带到城隍庙里，对他们说，昨晚我在梦里遇到了一位神人，这位神人告诉我说杀死李方的凶手就在他二人中间。我现在已然知道是谁了，现在若是从实招来，我还可以从轻发落，如若不然，就要大刑伺候了。"

恩长见龙世恩和向廷贵依旧低头不语，便叫人把大殿的窗子都遮严，不露一丝亮光，然后让他们两个人把上衣脱掉，光着脊背押到暗处，给他们一盆水洗手。洗完手，又叫他们站在墙下，并告诫他们面向墙壁不要乱动，一会自会有神人在凶犯的后背上写字。

恩长接着叙述说："后来等了一会儿，我就叫他们两个人过来给查验，结果我一看，就知道谁是真凶了。"

为什么恩长一下就发现凶手了呢，难道说真有神人在他后背上写字不成？

当然没有了，那恩长是怎么看出来的呢？

原来，龙世恩和向廷贵各执一词，都不承认自己杀了人，又没有新的证据出现。为了能抓出真凶，恩长心生一计。他先叫人把城隍庙里的一面墙刷上白灰，然后让龙世恩和向廷贵两个人用掺有墨汁的水洗手，叫他们面对墙壁站好，告诉他们神人会在凶犯背后写字。真正的凶手听后一定心虚，怕被写字，所以会靠在墙上，这样后背上自然就会沾有白灰。因为不知道自己后背上到底有没有字，所以真凶从屋里出来的时候，出于担心又会用手使劲在背上擦，结果又留下了黑印。这样一来，自然就露出了马脚。而这个人就是龙世恩！

次日，恩长把龙世恩传到堂上问话，龙世恩的口供和之前翻供时所说相同，依旧咬定凶刀不是自己的这点不放。

恩长说："尽管知道了龙世恩是凶手，不过如果他不改口供，案子还是结不了，所以必须找到新的证据才能定他的罪。后来我注意到龙世恩身上穿的那件羊皮马褂，我问他案发当日他穿的是什么衣服，龙世恩回答说当天穿的就是这件衣服，被捕押进大牢后就从未换过。我又问他这件衣服是你自己的吗，龙世恩说是他的，而且有字为证。"

恩长命衙役翻开马褂的领口，里面果然绣着一个"龙"字。于是恩长将马褂拿过来仔细查看，这件马褂缎旧皮黄，而且胸前有一块皮板硬邦邦的，露出了水痕，好像是用水擦过。

恩长就问他这是怎么回事，龙世恩说那是以前被雨水淋湿留下的印记。

恩长说："我又问，为什么雨水只淋湿胸前？龙世恩听完先是结结巴巴说不出原因来，后来又推诿说是弄上了油，就用水擦洗，擦洗的时候弄湿的。听完这话，我就知道龙世恩一定是在撒谎，因为皮子

做口供时的蒋氏

上的油腻用水是洗不掉的。我再问他，他就不吭声了。我知道他已经被我问住了。”

果然，恩长又细看羊皮马褂，发现在胸口的地方毛黄色重，于是就叫人把衣服拆开查看，结果发现在皮子背面的贴边上竟有四处血迹！

恩长接着说：“很明显的血迹，一看就是杀人时溅到衣服上渗进去的。我叫龙世恩自己看，对他说再不认罪，就要大刑伺候了。”

铁证面前，龙世恩无力再狡辩，终于承认了自己就是杀死李方的凶手。

到了这时，龙世恩终于认了罪，那么那天下午事情的真相到底是什么呢？原来那一日，李方得知自己的儿子被龙世恩的弟弟龙小二欺负之后，便到龙世恩家去理论。当时龙世恩和向廷贵刚喝完酒，正在向廷贵家闲聊。龙世恩得知李方要到自己家去闹，便准备赶回去，不过又怕自己个小力弱，打架吃亏，于是想拿向廷贵身边的屠刀防身。向廷贵不借，用手去夺刀，结果没有夺到，右手心还被划破了。

龙世恩回到家中，见到李方，两个人争执起来。后来蒋氏来劝架，拉李方回家。龙世恩用左手拉着李方的左手，拿刀的右手则推李方的背后。李方嫌龙世恩又推又拉，想要挣脱，身子猛向右转，不料用力过猛，误碰龙世恩的刀尖，致使右后肋被戳伤。李方因为受了重伤，又疾跑回家，结果导致流血过多，到家后只断断续续地说了一句“我到龙世恩家里去……”，就咽气了。

龙世恩酒醉中不知道李方被自己手中的刀戳伤，见李方走了，也就拿着刀回屋。他走到门口，被绊了一跤，屠刀掉在地上也不知道，迷迷糊糊地进屋就睡了。龙世恩的弟弟龙小二回家的时候看见了门口的屠刀，怕被人发现，就把刀藏在了草堆里。

后来，龙世恩在牢中和别人提及此事时，被人怂恿：“既然刀不是自己的，完全可以把杀人罪责推到向廷贵的头上，何必坐以待毙呢？”龙世恩认为这确实是一线生机，于是就编排了一套口供，诬告向廷贵。此案疑点重重，前后三审三判才找出真凶。不过正所谓“法网恢恢，疏而不漏”，凡做过的事必会留下痕迹。

（徐立伟）

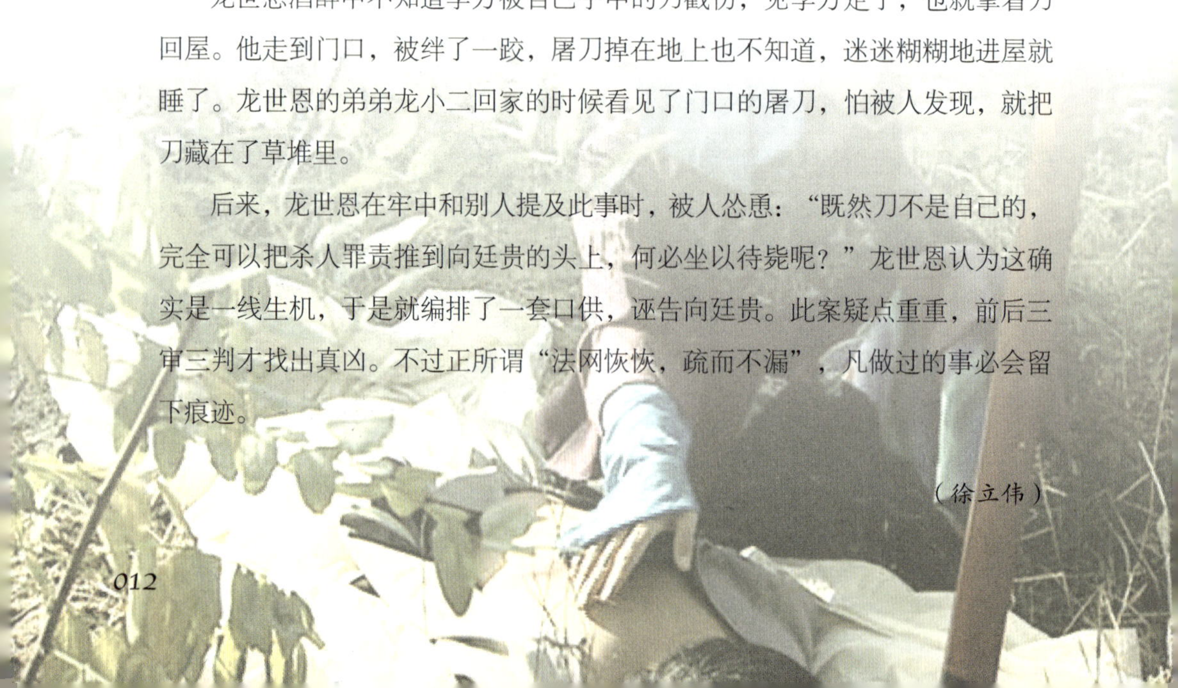

索绳记

一日清晨，一名男子到衙门告状，说昨天晚上自己叫妻子到邻居家借钱，谁知却一夜未归。早上出门去寻找，竟然发现妻子吊死在了邻居家院门口！随后县令通过验尸和对现场的勘查，做出了一个让人意想不到的判断，这竟是一起杀人移尸的他杀案件！

本案的重大嫌疑人忽然神秘失踪了，是畏罪潜逃，还是另有隐情？案件的侦破陷入了僵局。就在此时，县令的一次偶然遭遇，竟然引出了破案的关键线索。然而就在案件刚刚出现一点转机的时候，本案的关键人物又惨遭杀害。前后两起命案究竟有着怎样千丝万缕的联系？事情的真相出乎意料，县令又将找到哪些证据查明真凶？一切都将水落石出。

1. 脖子上的两道勒痕

这天清晨，衙门外的鼓被敲得“咚咚”作响，县令随即宣敲鼓之人上堂。击鼓的人是一个中年男子，此人自称马三，就是本县

县衙大堂上的马三

马三看到有一个人吊死在王才家的院门上

人士。据马三讲，他要状告的乃是自家的邻居——王才。

马三说："我叫马三，本县人士。最近家里的生活实在困难，所以昨天晚上我就让我老婆马氏到邻居家去借点钱。我这个邻居叫王才，以前我们也向他借过几次钱，心想着这回他应该也不会拒绝，救急嘛。谁想到，我老婆去了半天也没回来，我以为他们可能是多聊了几句，也没多想，等着等着就睡着了。今天一大早，一睁眼，我老婆还没回来！这下我可着急了，于是就出门去找。谁知我刚走到王才家门口，就看见……"

原来，马三到王才家去寻马氏，结果刚到门口，就看见有一个人吊死在王才家的院门上，过去仔细一看，吊着的不是别人，正是昨晚一夜未归的马氏，已经气绝身亡。面对眼前死去的妻子，马三无论如何也不能相信这是真的，疯了一样地冲进院门质问王才这到底是怎么回事，谁知道……

马三气急败坏地说："咳，您说气不气人，那个王才居然像没事儿人一样，装出一副刚睡醒的样子，说自己什么都不知道。我找他理论，却被他给赶了出来。我老婆不能就这样死得不明不白啊，所以我这才来报官。"

听完马三的叙述，县令询问死者马氏现在何处。马三回答说尸体已经从王才家搬来，现在就停放在县衙外，等待勘验。于是县令命人把尸体抬进衙门，经过确认，死者的确是马三的妻子马氏。然而一个人好端端的怎么就上吊了呢，而且还是在邻居家门口？县令叫来仵作当场验尸。

仵作解说："我当时对死者马氏进行验尸，发现死者全身上下的皮肤完好，没有任何外伤，只是在脖子上发现了明显的勒痕，那应该就是致命伤。可奇怪的是那勒痕不是一道，而是两道，我马上把这一发现报告了大人。"

县令说："当时仵作和我说，脖子上有两道勒痕，立刻我就觉得不对，因为按照以往的经验，上吊自尽的人死后，脖子上通常只会留下一道勒痕，可在这具尸体上为什么会有两道？后来我就自己去看，果然仵作并没有误报，很清楚，确实是有两道勒痕，都在脖子上。”

验完伤，县令又拿起死者穿的鞋，看了看问马三，死者死后，是否给她换过鞋。马三说今天一大早发现尸体后不敢耽误，就直接抬到衙门里来了，并未换过。

县令为什么问了马三这么一个问题呢？马氏穿的鞋和她上吊自尽这件事会有什么关系？莫非县令在怀疑什么？在对马氏的尸体进行了检验之后，县令决定到死者自缢的现场，也就是马三说的王才家去看一看。他们又会有什么新的发现？

县令一行来到了王才家的院门口，在对现场仔细勘验之后，县令做出了一个谁都想不到的判断。马三的老婆很可能不是自缢身亡，而是先被人勒死后，再移尸到王才家门口的！这个说法让在场的所有人都吃了一惊。马三老婆上吊而死是大家有目共睹的事实，怎么会是被人杀害的呢？

县令解释说：“马氏自尽这个案子里有很多的疑点。我之所以做出这样的判断主要有两点依据。首先，按照我以往办案的经验，上吊致死的人脖子上由于绳索勒压的关系，会留下勒痕，但应该只有一道才对，可现在却有两道，这是最大的疑点。其次，昨天晚上下了一场大雨，地上泥泞不堪。可我之前检查时却发现马氏穿的鞋上只有干土，一点湿泥都没有。这也是我为什么要问马三是否给

马三发现吊死者正是一夜未归的马氏

马三冲进院门质问王才这到底是怎么回事

死者换过鞋的原因。此外，王才家门口的情况也与自缢的现场不符，所以那绝不是死者死亡时的第一现场。根据这些疑点，我怀疑马三的老婆很有可能是先被人勒死，后移尸到王才家门口伪装成自缢的。”

县令命人逮捕了王才，并派人到王才家中搜查，设法找到更多的线索。而马三和王才则被带回衙门问话。在听得自己老婆可能是被人勒死的说法后，马三的情绪更加激动，抓住王才不放，咬定他就是杀人凶手，还道出了王才杀人的原因。

马三揭露说：“王才他是个买卖人，奸商，平常就为富不仁。以前我生活困难向他借过几次钱。因为一时还不上，王才经常到我家里逼债，张口就骂，抬手就打，还曾经威胁过我，如果不赶快还钱，就要叫我们家没有好日子过。昨天我叫老婆去借钱，肯定是王才又向她逼债了。王才穷凶极恶地杀了人，又怕被人发现，就伪造了现场，一定是这么回事。”

听完马三的供述，县令审讯王才，要他一五一十交代昨晚发生的事情。可王才的供词却与马三所讲的截然相反。

王才说：“大人，小的冤枉啊！昨晚下大雨，我一个人待在家里，哪里都没有去，很早就睡了，中间就没醒过，一觉睡到了大天亮。刚一睁眼就听见外面吵吵闹闹的，紧接着马三就冲了进来，说他老婆吊死在了我们家门口，还说是我给逼死的，非要叫我赔一大笔钱给他，不然就要去报官。马三的老婆根本就没来找我借过钱，我昨天整个晚上压根就没见过任何人。至于马三老婆怎么会吊死在我们家门口，我完全不知道怎么回事。”

县令叫来仵作当场验尸

对于昨晚发生的事情，马三和王才两个人却有着截然不同的说法。此外又没有旁人可以作证，那么究竟谁说的才是真的呢？

而县令派出的衙役回来报说，在王才家里没有找到任何可疑的地方。通过对街坊邻居的察访了解到，王才确实是一个商人，也的确借给过马三几次钱，不过至于有没有上

马三到王才家去寻马氏，结果刚到门口，就看见有一个人吊死在王才家的院门上

县令一行来到了王才家的院门口对现场仔细勘验

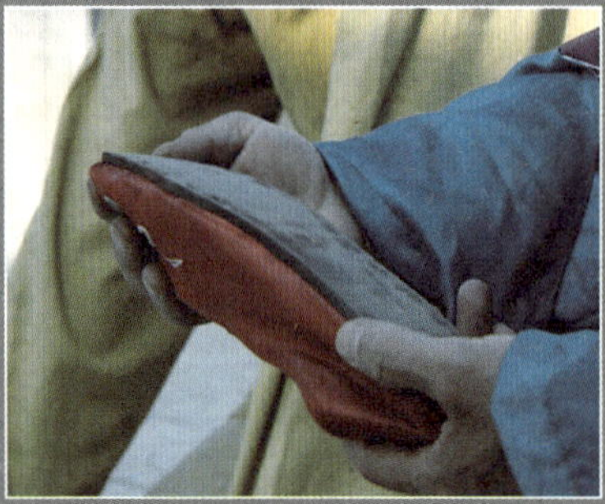

马氏穿的鞋上只有干土

门逼债就不清楚了。案发当晚一夜大雨，大家都待在家里，没有出门，对于这两家发生的事情都不知情。看来要想找到案发当晚的目击证人是不太可能了。

县令认为，马三所描述的王才的杀人动机虽不是全无道理，但也不可全信。王才现在虽然嫌疑最大，可并没有充分的证据能够证明他就是杀人移尸的凶手。

县令说："我觉得根据现在了解的情况认定王才是凶手，未免有些草率。首先，凡杀人必会留下痕迹。如果真像马三所说，马氏到王才家去借钱，王才逼债不成，一怒之下杀人，那么在王才的家里应该会留下厮打、挣扎的痕迹才对，可衙役到王才家搜查却没有任何发现。其次，试想一个人杀人之后如果要移尸，应该到荒郊野外才对，怎么笨到把人吊在自家的门口，那么引人注目呢？这实在是不符合常理。"

由于杀人的证据不足，因此王才并没有被定罪，得以释放。但在马三的心中王才就是杀人凶手，现在竟然让他逍遥法外，实在是叫人不能接受。对此马三的心中一直是耿耿于怀。

王才虽然暂时被释放了，但毕竟他与案件有重要关系，县令命他不可离开本县，随时听候传唤。与此同时，县令派人暗地跟踪王才，观察他的一举一动。那么杀害马三老婆的凶手到底是不是王才；如果不是他，又会是谁呢？凶手又为什么要移尸到王才家门口？除非找到新的线索，否则就目前的情况来看，案件很难有所突破。

几天过去了，跟踪王才的衙役并没有更多的发现，一时之间案件的侦破陷入了僵局。

可是有一天，县令和手下出门，在县城里撞见了这样的一幕：马三不知为什么原因和一个青年发生了激烈的争吵，接着又扭打在一起，看上去他们似乎认识对方。尽管这可能只是一次偶然发生的争执，但对县令而言，这件事很可能会对案件的侦破提供新的线索，于是便命人调查与马三发生争执的那个青年的身份。

经过调查得知此人名叫贾贵，是马氏的弟弟，也就是马三的小舅子，平日里靠推车送货为生。那么作为死者的弟弟，贾贵会不会掌握一些外人不了解的情况呢？

而就在县令准备到贾贵家去调查的时候，派出监视王才的衙役报告了一个重要的情况——王才失踪了！

衙役说："得到大人的命令之后，我一直在暗中监视王才。之前他的活动一直很正常，每天天一亮就出城做生意，天黑之前就回来了。可就在前几天，王才照例出城做生意，这回他拿了一个钱袋子，好像是去收账。谁知到了深夜他还没回来，第二天也没回来。一连三四天都不见他的影子，我这才意识到王才可能是逃跑了。我马上赶到他家里，结果一切正常。按说要是预谋逃跑，应该带上衣服、细软才对。可王才好像什么都没拿，而且那天出城的时候他身上也没背包裹什么的。"

难道说王才就是真凶，发现了暗中跟踪的衙役，不露声色地畏罪潜逃了？如果真是这样，那之前县令放走了王才可就犯了大错。因此，尽快找到王才就成了破案的关键，于是县令命衙役出城寻找，无论如何也要找到王才。与此同时，县令来到贾贵的家里，希望能够从他的口中获得一些有用的线索。

县令解释说："那天我到贾贵家去调查，发现贾贵和王才好像并不熟知，对于王才的下落他也说不出什么，不过贾贵好像对他的姐夫马三很不满。据贾贵讲，马三就是个无赖，整天游手好闲，只知道赌博，把家里的东西输光了，还到处借钱，欠下了很多赌债。姐姐跟着马三就没过过一天的好日子，在他看来，杀害马氏的凶手不是王才，倒像是马三。"

县令问完话，从贾贵的屋子里出来，看到院子里晾着一张大床单，好像是刚刚洗好。不过奇怪的是这张床单虽然很干净，上面却爬了很多苍蝇。县令还没来得及仔细看，就被贾贵请出了院子。

刚回到县衙，派出寻找王才的衙役就说有好消息要禀报。原来衙役虽然没有找到王才，却意外地捉到了两名盗贼。这两个人是在喝醉了酒吹嘘的时候被衙役捉住的。此外衙役还在其中一个盗贼身上搜出了一个绣着“王”字的钱袋。县令立刻质问盗贼，钱袋从何而来。盗贼不敢隐瞒，交代了事情的经过。

盗贼说：“那天我俩在城外四处瞎逛，在小道上看见一个人，这个人身上就带着这个钱袋。我俩一看袋子鼓鼓的，里面肯定装了不少的银子，于是就起了歹念，见周围没什么人，上去就抢，结果这个人大喊大叫，我们怕被人发现就抄起木棍把那个人打了一顿，打晕之后，抢了钱袋就跑了。小的不敢有半点隐瞒，说的都是实情。”

马三认定他就是杀人凶手

县令命衙役拿钱袋让人去认，果不其然，那正是王才用的钱袋。于是县令叫盗贼带路，决定出城寻找王才。

现在看来是找到王才的线索了，那么县令此行是否能够顺利地找到王才？在城外他们又发现了些什么呢？县令又将如何断案呢？

2. 床单、车辙与拴牛结

县令从盗贼的身上搜出了王才的钱袋，由于王才是本案的关键人物，所以县令决定让盗贼带路，出城去找失踪多日的王才。

在两名盗贼的指认下，县令一行在城外的小路边找到了当时的抢劫现场。据盗贼交代，当时把王才打晕之后因为怕人发现就把人藏在了路边的草丛里，可当衙役拨开草丛后却发现王才已经不在那里了。

县令说："后来我叫衙役去检查，在草丛里的确发现了一块块的血迹，还有明显扭打的痕迹，看来盗贼没有说谎。不过人确实是不见了，后来我们扩大了范围搜查，结果也没找到。不过除了血迹外，我们在现场还发现了另一条重要的线索。"

县令接着说："当时我在草丛和小路上都发现了两条痕迹相同的车辙。这应该是同一辆小推车留下的，本来发现车辙倒没什么奇怪的，问题在于车辙出现的地点。小路上的推车怎么会拐到路边草丛里，而且这个位置恰好就是盗贼藏匿王才的地方。所以我们当时就想会不会是推车的那个人发现了王才，把王才给救走了。"

除此之外，是否还会有别的可能呢？王才会不会是清醒之后，自己离开了

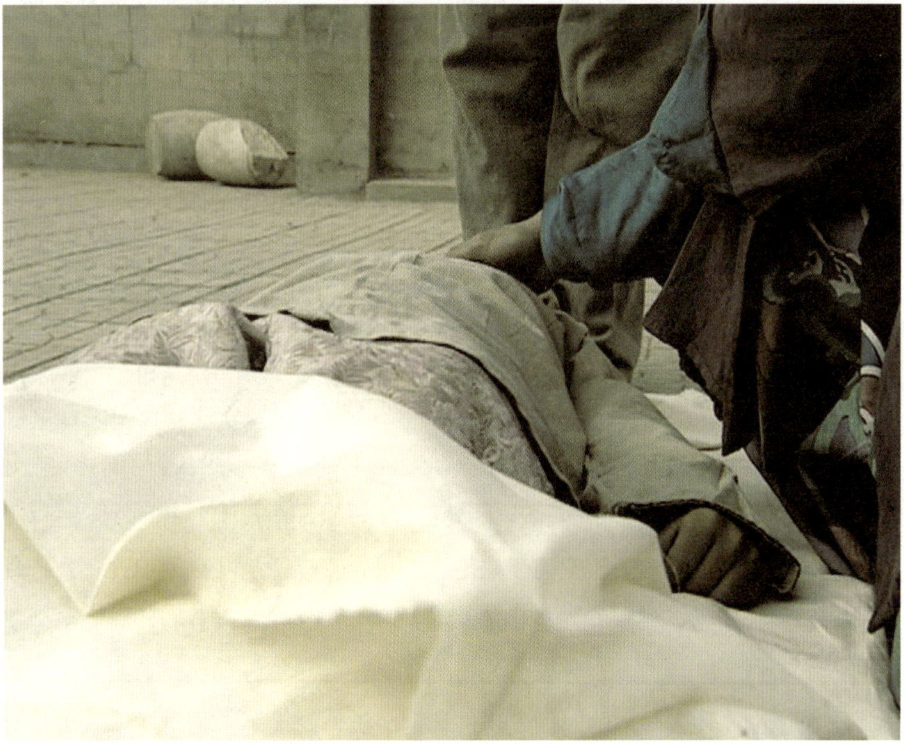

在马三家的后院里竟然挖出了一具尸体

从盗贼的身上搜出了王才的钱袋

那片草丛？可如果是那样，王才应该回家或去报官才对，为什么就此没了踪迹呢？

一边回想着这些可能性，县令一边往回走，途中遇到一个老农正在路边拴牛。县令很是好奇，上前和老农攀谈，还要了一条老汉打好的拴牛结边走边琢磨。回到衙门后便一门心思地研究绳结，莫非这条绳结会和本案有着什么联系吗？

第二天一大早，县令依旧琢磨那根绳子。此时衙门外又传来了击鼓声，击鼓的不是别人，正是马三的小舅子贾贵。

据贾贵说，今天早上他去姐夫马三家串门，结果还没说上两句，两个人就又争执起来："今天早上我到姐夫马三家里去，本来想找他借钱做点小买卖。谁知道他张口就骂我没出息，骂了两句还要打我，我拗不过他，让他给打了一顿。我是越想越憋屈，所以这才来告官。您看，我这身上让他给打得青一块、紫一块的，县令大人您可一定要替我做主啊。您最好现在就跟我去，马三他正在家呢。"

县令验完贾贵身上的伤，决定到马三家去走一趟。出发前叫仵作一起同往，这可有点奇怪了，一般只有死人了才需要仵作去验尸，贾贵只是告马三打他，又没有发生命案，带仵作去做什么？对此县令并没有过多的解释。县令一行人随后来到马三家。马三在得知了县令的来意之后，大呼冤枉，说自己虽然和贾贵发生了争执可没有动手打他。而县令对马三和贾贵打架一事并没有继续追问，只是叫手下人对马三家进行彻底搜查。那么他们在马三的家里找到了什么呢？

衙役搜查的同时，县令在院子里四处巡视，好像是在找什么东西。没过多久，衙役禀报说在马三家的后院里有一块地十分可疑，土像是刚被翻动过。县令命人小心地翻开新土，结果竟然挖出了一具尸体！县令叫仵作当场验尸，结果让所有人都吃了一惊。

县令说："我去验尸的时候发现尸体已经被埋几天了，虽说尸体已经开始腐烂，但还是能够辨认出相貌，死的人就是失踪了好几天的王才！王才身上的伤痕很复杂，在他的前胸、后背、胳膊和脑后都发现了外伤。从伤痕上看应该是木棍所致，不过这些伤虽然很重，但我觉得还不足以致命。除了这些伤外，死者的脖子上还有一处明显的掐痕，而且从外貌特征上看，死者应该是窒息死的，所以我判断，王才不是被打死而是被人掐死的。”

失踪了那么多天的王才终于被找到了，不过现在他已经不能开口说话了，那杀害他的凶手是谁呢？如果我们试着推理一下的话，凶手其实并不难找。之前马氏被害，王才嫌疑最大，可并没有被治罪，马三对此事耿耿于怀。王才被劫后神秘失踪，现在又在马三家里找到了尸体。那么据此推断，马三的杀人动机最大。所以应该是马三在城外的草丛里发现了晕过去的王才，为了给妻子报仇，便找来推车趁夜把王才拉回家中，掐死之后就埋在了后院，这样真可以说是神不知，鬼不觉。

那么，既然在马三家里发现了被害的王才，那么马三应该就是凶手，可正当衙役准备把马三拿下的时候，谁知县令却叫人逮捕了贾贵。这可把在一边等着看好戏的贾贵给吓了一跳，大喊冤枉。不过县令好像并不想听贾贵辩解，只是叫他如实交代杀害王才的经过。

那么县令为什么会做出这样的判断呢？

县令说：“事情还要从几天前说起，那天我到贾贵家里去调查，看见院子里晾晒的床单，虽然床单被洗得干干净净，可上面却落满了苍蝇。说明那张床单之前一定包过带有血迹的东西，虽然血迹能被洗掉，可留在床单上的血腥味却除不掉，这才招来了那么多的苍蝇。其实从那天开始，我已经觉得贾贵这个人有问题了，此其一。其二，后来我们到城外去找王才，草丛里除了有血迹外，还发现了两条车辙。我判断王才身负重伤跑不远，所以一定是推车的这个人发现了王才，把他带走了。那么这个人会是谁呢？之前衙役调查得知，贾贵平日里靠给人推车送货为生，家里就有一辆

县令在途中遇到一个老农正在路边拴牛

小推车，于是我就叫人核实，结果发现现场留下的车辙和贾贵家里那辆推车车轮的大小、样式完全一样。因此，当初在城外发现王才的人应该就是贾贵。

此外，今天早晨，贾贵到衙门报案说马三动手打了他。我亲自给他验伤，一看就知道其中有诈。他身上的伤根本不是什么打伤，分明是用榉树叶研磨的汁涂在身上伪造的假伤痕。当时我还并不清楚他为什么要这么做，后来贾贵让我到马三家去，我才意识到贾贵很可能是要诬陷马三。”

县令叫人拿水现场给贾贵清洗伤口，果不其然，青紫色的瘀伤一下就被洗掉了。铁证面前，贾贵无力抵赖，终于说出了实情。

贾贵交代说：“我那可怜的姐姐自从嫁到马家就没过过一天的好日子。三天两头地被马三打，我早就想找机会教训他一下了。后来听说姐姐上吊死了，我知道那一定是马三干的。但无奈一直找不到马三杀人的证据。那天我推车到城外送货回来，发现草丛里奄奄一息的王才，就想出了一个整治马三的办法。我先掐死了王才，又用床单把尸体裹起来装到车上，趁一天晚上马三不在家，把尸体运到马三家的后院给埋了。我心想大家都知道马三和王才之间有矛盾，要是在马三家里发现王才的尸体，马三肯定逃不了杀人的罪名，这下就能替我姐姐报仇了。埋完王才，我想怎么才能把县令引到马三家里去，后来就琢磨出了伪造伤痕这个办法。”

贾贵交代了杀害王才的全过程，王才失踪案到此也算是水落石出了。可除此之外，另一个重要的案子到现在还没有什么进展，县令之前怀疑马氏并非自尽，而是被人先勒死后移尸。那么害死马氏的凶手又是谁呢？现在看起来贾贵的可能性已经不大了，那么是已经死了的王才？是嗜赌如命的马三？还是另有其人呢？

马三的小舅子贾贵与姐夫马三争执起来

县令用三点铁证让贾贵认罪之后，接着又宣布了一个让人震惊的结论。那就是马氏吊死案里并没有凶手！在场的所有人听完都大为不解，之前分明是县令认定马氏是被人勒死的，怎么现在又说没有凶手了呢？

县令解释说："我之所以会做出这个判断，还要从给马氏验尸那天说起。当日仵作在死者的脖子上发现了两道勒痕，这点实在是太与众不同了，吸引了我所有的注意力。不过我当时只注意到了勒痕的数量，并没有对伤痕本身做更深入的查验。加上后来发现马氏的鞋上没有湿泥，所以就做出了马氏是被勒死后移尸的判断，直到那一天……"

原来，那一日，县令到城外勘验王才被劫现场后往回走，在路边遇到了一个拴牛的老汉，老汉拴牛用的绳结引起了县令的注意。于是县令把绳结带回衙门后反复琢磨，竟发现了一个能够破解马氏之死的秘密。老汉用的这种绳结叫作牛桩结，是当地经常用的一种拴牛结。这种绳结除了结实、不易脱开之外，还有一个最大的特点就是有两个绳套。如果马氏用打了这种绳结的绳子上吊，那么死后就会在脖子上留下双重勒痕。

县令接着说："我怀疑马氏上吊用的就是这种绳结，这么看来我之前认为马氏是被人勒死的，很可能是一个错误的判断。"

就在这个时候，衙役来报，在马三住的屋里找到了一段绳子。县令在绳索上找到了很多像是剐蹭下来的树皮，于是命人到院子里的槐树上查看。果然，在其中的一根树干上找到了明显是绳子勒压的痕迹。上吊用的绳子，挂绳子的树枝，这些新证据的发现让整个案情逐渐变得清晰起来。

虽然已经有了物证，但为了证实自己的判断，县令决定重新开棺验尸。虽然事隔多日，马妻的尸体已经开始腐烂，但脖子上的两道勒痕仍旧依稀能辨，而这两道勒痕都呈黑紫色，有瘀血的痕迹。这一检查结果无疑证明了县令的判断。

马氏死后被移尸

马三把马氏的尸体搬到了邻居王才的院门口

因为生前的勒伤一定会引起皮下出血，留下瘀血；可如果是死后的勒伤，就不会出现这种现象。据此就可以证明马氏脖子上的两处勒痕均是自杀时留下的，伤痕的形成时间上并不存在前后差异。

既然马氏是自尽而死的，那为什么在她的鞋上没有湿泥呢？

县令说："马氏虽然是自缢而死，但死后被移尸这点却也是事实。至于是谁移动了尸体那就要问马三了。"

马三承认说："是，是我干的。"

原来，马三一直嗜赌如命，把家里的东西输光了就四处去借，欠下了一屁股债。那天晚上，马三又叫马氏去王才家借钱，马氏不肯，于是马三对她又打又骂。马氏一气之下跑了出去，等了半天也不见回来。马三便出门去找，没想到刚一出房门，就看见马氏已经吊死在树下了。

马三交代说："后来我就趁着雨夜把马氏的尸体搬到了邻居王才的院门口，伪造了马氏在王才家上吊的假象，为的就是能讹王才一笔钱。第二天一大早，我就到王才家去闹，叫他赔钱。谁知他说什么也不给，后来才跑到衙门告官。"

先是马三移尸污蔑王才，后又有贾贵杀人陷害马三，真可以说是案中案，曲折离奇。

（徐立伟）

风吹红裙

一个新郎在自己的大喜之日竟然投河自尽了，县令安排衙役打捞尸体，却一无所获，一时间新郎的死因成了一个谜。正在县令一筹莫展之际，突然有人在河面上发现了一具尸体。仵作凭什么判断死者是溺水而死？

河中发现的死者原来是另有其人，然而由于尸体已经腐烂，他的身份难以得到确认，案件一时陷入了僵局。究竟是谁害死了这个人？这与前面新郎溺水失踪案又会有什么关联吗？

县令命衙役张贴告示，在全县范围内查找死者的家人。一日，突然有个人撕下告示来到县衙，衙役随后赶往这户人家，他们果然在那里查询到了一个重要线索。这个线索究竟能为后续的案件侦破提供什么样的帮助呢？县令究竟如何用银针验毒，“风吹红裙”里又酝酿着怎样的阴谋呢？

本案取材自《续客窗闲话·粤东狱》

一对母女跪在地上说要状告她家的一群亲友

张生与李女拜堂

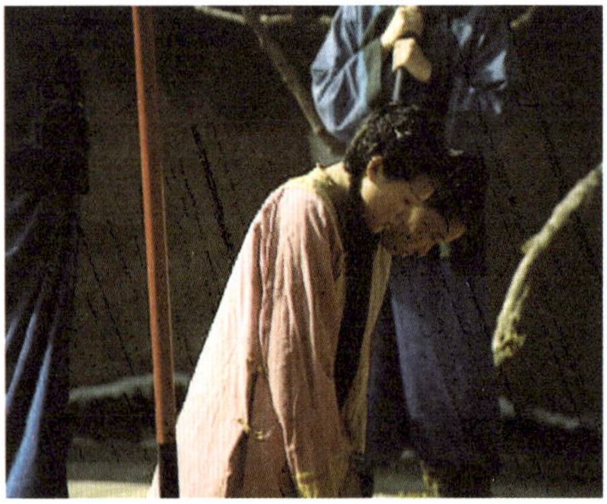

母女俩在大堂之上接受县令的询问

1. 离奇的洞房夜

一日清晨，县衙门前的大鼓被敲得“咚咚”巨响，值班衙役闻声而出，看见一对母女正跪在地上喊冤，衙役接过状纸看了看，便回身进入衙门把状纸递给县令，母女俩随即被宣进大堂。

大堂之上，县令询问母女俩要状告什么人，谁知老妇竟然说要状告她家的一群亲友！

县令当时吃了一惊，心想她家里到底发生了什么事情，让她们非得把自己的亲友告到衙门呢？就说：“状告亲友，这里面一定有缘故，那就让老妇慢慢讲来吧。”

据这个老妇说，她姓李，女儿半年前跟同乡的张生订了婚约。眼看着婚期将至，老妇心情很烦躁，因为丈夫早亡，她又无子，心想着以后有个病、有个灾的恐怕都没有人照料。于是，老妇便托了一个媒婆，让媒婆捎话给张生，希望张生能来她家做个上门女婿，如果同意的话就尽快完婚，若是他不同意，只能等老妇死后，女儿才能与他成亲。

张生想，自己是无依无靠的孤儿，入赘对他来讲不是坏事情，便欣然同意了。

到了结婚当日，亲友们纷纷前来祝贺。张生与李女拜堂后，给入席的客人们一一敬了酒，便回到洞房与新婚妻子对饮。谁知没过多久，正在酒席上热闹的客人们突然听到洞房内传出了一声尖叫，还没等他们反应过来，就看见张生披头散发地冲出了洞房，大步流星往门外奔去。亲友们不知何故，愣了一下神，急忙起身在后面追赶他，哪知道张生却越跑越快，竟然纵身跳进了村外的大河中，瞬间就被河水淹没了。

县令说：“听完李母的叙述，我觉得事情非常蹊跷。一个新郎在大喜之日多喝两杯酒本来是很正常的事情，可是，他怎么会突然疯跑出去，投河自尽呢？莫非这中间有什么隐情？看来，了解这一情况的只有李女，于是，我就让李女仔细回忆一下结婚当晚张生在洞房中的举动。”

据李女回忆说：“新婚那天晚上，张生心情非常好，与我拜堂后还不停地给客人们敬酒。等到客人们都入了席，张生就进入洞房与我对饮。洞房中，张生只顾让我斟酒给他喝。我见他这样喝下去，过不了多久肯定就会喝得酩酊大醉，便劝张生不要再喝了，然而张生却执意不肯，死活要喝个痛快，接着又把酒壶抢到手里，自斟自饮起来。谁知正在兴头上的张生突然对着我发疯似的大笑，在屋子里又蹦又跳，更让我感到惊讶的是，张生竟然自己冲出房门跑了，亲友们赶忙追出去，我和母亲在家里焦急地等待，本想着张生一定会被追出去的亲友拦回来，万万想不到等来的竟是他投河自尽的消息。”

李母和李女异口同声地说：“我们母女俩就是为此来到县衙状告亲友们见死不救的。”

县令听完李女的叙述，马上派衙役去张生与李女的新婚洞房查找线索。衙役回报说，洞房内除了弄得桌椅乱倒，一片狼藉之外，并没有发现任何异常。县令想了想，一方面派衙役继续打捞张生的尸体，一方面传唤曾经做客的亲友，于是，亲友们分别被衙役带到大堂上。

县令经过逐一的查问，发现亲友们的反映是一致的。

据亲友们反映：“当天事情发生得实在太突然了，大家正在喝酒热闹，谁也没有防备，再加上张生跑得特别快，怎么都追不上。他跳到河里后，我们还赶紧找来渔夫昼夜打捞，虽然最终还是没有找到尸体，但绝对不是故意见死不救。”

张生披头散发冲出了洞房，大步流星往门外奔去

县令认为亲友们众口一词，供述较为可信，尽管他们没能救回张生，但也不至于追究责任。正在这时候，衙役也回报说由于正值盛夏，河

曾经做客的亲友们分别被衙役带到大堂上

水满溢，张生尸体已经无从寻找。

新婚之夜，大喜之时，新郎张生没有被亲友们阻拦住，跳河自尽。那么状告众亲友见死不救有没有道理？如果依照现在的法律条文，李氏母女的亲友们是否犯有过失罪呢？

陈刚教授（中国人民公安大学）：“我们认为，这个案件中母女要告的亲友们，并不存在罪过的问题，也就是说亲友他们实施的这个行为，和他们的最后的结果，本身构不成故意或者过失犯罪，他们没有犯罪的关键是：罪过问题只有构成了犯罪才行。”

也就是说，县令最后把众位亲友都放回家，这个判决还是有道理的了？

陈刚教授说：“应该说，县令的判决还是比较正确的，因为，张生的死亡和亲友们在张生死亡之前所实施的行为，没有任何关系。首先，张生是一个成年人，他对自己的行为是有把控能力的，自杀这个行为是张生自己做出来的，他要对他自己行为的后果负责任。”

县令传唤李家亲友的时候不是一起叫上来问的，而是单个询问的，这是不是为了达到防止他们串供的目的呢？

王大伟教授（中国人民公安大学）讲：“古代中国人的智慧是不能够低估的，那个时候县官审案子是口耳相传，一代一代积累了很多经验，也就是我们现代所说的现场勘查经验，甚至包括预审的好多可贵的经验。比如说，如果有几个证人在一起审问，就可能互相有心理暗示，如果这里面掺杂着犯罪嫌疑人和其他亲友的话，就可能会有互相串供的可能。所以即使在现代，就是现代公安机关办案也是像县令这样做的，尽可能不让他们在一个屋子里面互相谈话，最好把他们分散开，彼此不能够见面，这样就做到了既不能够暗示，也不能够串供，应该说是一个很好的做法。”

过去，人们把洞房花烛夜比作是人生四大喜之一。可惜在这大喜之日，张生反而投河自尽，走上穷途末路，这其中肯定有天大的隐情，到底是什么呢？

在自己的大喜日子竟然投河自尽，张生会不会有什么精神方面的问题呢？为了弄清楚张生结婚之前是否就有过精神失常的现象，县令在衙役的带领下来到了张生伯父家，想从他唯一的亲人那里问个究竟。

张生伯父说："我侄子张生自小父母双亡，是我把他一手拉扯大的，他也算是个苦命的人。据我所知，结婚之前张生精神非常好，不但积极地筹办婚事，还宴请了不少朋友和邻居们，没有发现任何不正常的地方。我从来没有见到过他酒后失常，平时他很少喝酒，我们家里穷，也没有那个条件。张生自小读书很少，但是，他绝不是什么狂妄疯癫之人，对于他突然跳河自尽，我和他婶婶也大惑不解。"

既然张生并没有精神方面的问题，那他怎么会在自己大喜的日子突然疯跑出去，然后投河自尽了呢？这个疑问摆在了县令面前。既然这是宗令人费解的悬案，让县令一时也摸不到头绪。当务之急就是能够尽快找到张生的尸体，并查出他的死因，否则这个案件很可能将成为一个谜。

主持人和专家时空连线分析

然而又过了几日，衙役们仍旧没有打捞到张生的尸体，也没有发现任何有价值的线索。就在大家一筹莫展的时候，却突然有位渔翁来到了县衙。

据这个渔翁说，今天早上他正准备下河打鱼，却发现河面上漂着什么东西，他很好奇，便扒开芦苇从想看个究竟，谁知到近处仔细一看，河里漂浮的竟然是一具

县令派衙役去新婚洞房中查找线索

尸体。

县令急忙带着衙役和仵作赶到现场，他透过芦苇丛往河面上看了看，凭借经验，一眼就看出漂浮在河面上的尸体是个男性，他也许正是酒后发疯，下落不明的那个张生。县令赶紧命仵作下去查看，死者果然是个男性。县令就让衙役和仵作把尸体抬到河岸上，并派人把李氏母女找过来辨认尸体。

县令从很远的地方透过芦苇丛往河面上一看，就能凭借经验，判定漂浮的尸体是男性。他的依据是什么呢？

陈刚教授是这样告诉我们的："他的这个判断是有依据的，在宋慈的《洗冤集录》里面有相关的一些记载，男性尸体俯卧的概率比较高，而女性尸体相对来说仰卧的概率高。"

为什么古人说，男尸在河中大多数是俯卧，而女尸在河中大多数是仰卧？这有没有什么科学道理呢？

陈刚教授说："这实际上是男女人体骨骼结构不同造成的。因为男性的骨盆相对比较狭小，所以男性尸体从总体上来讲，他的重心是靠前的；而女性的骨盆比较宽大，所以她的重心偏后。虽然这个也不完全绝对，因为有的时候也受到尸体本身体格、体积、重量，包括当时水流动的速度等等一些情况的影响。"

那既然河面上的浮尸是个男尸，那他会不会就是前些日子投河自尽的张生呢？这个问题只要把李氏母女叫来，前来认尸就可以知道答案了。

果然，李氏母女闻讯来到河边，刚刚掀开遮盖尸体的草席，李女便瘫倒在地，嘴里不停地喊着张生的名字，大哭不止，认定死者就是前些日溺水而亡的新婚丈夫张生。县令怕她认错，又让李母辨认，李母也说死者就是女婿张生。

县令发现由于从河里打捞的这具尸体当时已经有些腐烂了，面目都看不太清楚了，而李女竟然一眼就能认出死者是张生，觉得很蹊跷，就故意问李女她是怎么认出来的。

李女说，虽然她与张生新婚当日，丈夫就投河自尽了，而且这具尸体当时已经有些腐烂，面容模糊，但她还是一眼便认出了死者，因为张生投河时穿的就是这身新郎衣服。

李女的孝服被吹起了一角，里面竟露出了一条鲜红色的裙子

县令见李女几乎痛哭得要昏死过去，便让李母把她搀扶走，告诉母女俩必须等勘验尸体以后，才能到县衙领取尸体并下葬。这时候，仵作已经搭起了尸棚。根据他的勘验，此男尸确实有溺水而死的迹象。

县令派衙役打捞张生的尸体

仵作说：“当我看到那具尸体时，发现他眼睛紧闭着，脚底板发白，腹部还有些膨胀，头发丛里、鞋里有些泥沙，所以我断定他是落水淹死的。我想，他一定是前几天跳河自尽的那个张生。”

由于近些时日只有张生这一起投河案，尸体勘验的结果和人证又都认定了死者的身份，至此张生酒后溺水案，算是有了一个结果。然而，谁能够想到，随后发生的一件事情，却让整个案件变得更加扑朔迷离。

那日，李氏母女去野外为死去的张生送葬，就在母女二人准备离去之时，一阵微风吹过，李女的孝服被吹起了一角，里面竟露出了一条鲜红色的裙子。这个细节恰巧被路过此地的县令撞上。

县令回到衙门后思考良久，日夜推敲卷宗，他觉得这里面可能还隐藏着什么秘密。县令决定重新过问此案，并要亲自复验尸体。

但是，由于张生刚刚下葬，县令担心李氏母女不同意开棺验尸，便找了一个晚上带领衙役悄悄地来到张生坟前。县令让仵作把尸体挖出来，进行勘验。通过开棺验尸，县令觉得仵作之前认定张生死于溺水的证据并不是很充分。

县令认为：“如果张生是生前溺水而死的，那么死者的头发、指甲缝和鞋里都会留有大量的泥沙，并且嘴和鼻孔里都会有许多的泡沫流出。而经过我的仔细勘查，这具尸体却没有这样的特征。”

随着县令验尸工作的重新深入，他果断地推翻了仵作之前的结论，死者真正的死因也逐渐清晰起来。

县令说：“这具尸体虽然已经有些腐烂了，但从它的腐烂程度上分析，却与张生的死亡时间并不符合。因为从张生跳河失踪那一天算起，他的死亡时间将近一个月了，现在正值夏季，气候比较炎热，尸体浸泡在水里肯定会严重腐烂，而这具尸体的腐烂程度却不是那么严重，所以根据尸体的表面特征来判断，我估计他死亡还不到十天。况且，由于盛夏里的尸体一般腐烂得很快，落水淹死后一两天就应该浮出水面，如果说死者真的是张生，那么，尸体怎么可能这么长的时间之后才浮出水面呢？”

通过仔细勘验，县令发现死者肘部、脚跟等处有挣扎摩擦的痕迹，口、鼻周围有指甲划伤，满面都是红黑色的血印，而这些都是窒息而死的明显特征。

县令说：“所以我判断，死者并不是溺水死亡，而是被衣服、枕头等物闷死后才抛入河里的；死者也并不一定是张生，而是另有其人。仵作第一次勘验尸体后所作出的结论肯定是错误的，也许他疏忽了，以至于一些疑点当时并没有被发现。”

仵作后来承认说，由于从河里拉出来的那具尸体已经开始腐烂，的确具有一些溺水而死的特征；再加上李女也认尸了，所以当时是草草了事。现在经过县令重新勘验后得出的结论才是正确的，死者应该不是张生。

县令经过验尸之后认为死者是被闷死之后再扔入水中的。县令的依据有没有科学道理？

王大伟教授说：“判定一个人是不是溺水死亡，或者说是被别人打死后再扔到水里去佯装溺水死亡，在古代是有非常丰富的理论依据的，这种论述是有实证来支持的，所以有一定的科学性。如果人是先死了再扔进水里的话，他是不会挣扎的，所以他的指甲里是不会遗留下大量的泥土或者沙子的。而正常的人如果要是掉到水里还没有死的话，一定会拼命地挣扎——他的指甲里面会有沙子，嘴里面会有水草，甚至上臂会有几条抓痕，因为人体在拼命挣扎的过程中会遇到一些摩擦。古人注意到了这一点，也成为他们判定死者是落水死亡还是先被别人杀害再假装

渔翁报告说发现河面上漂浮着一具尸体

落水死亡的一个依据，这个依据我们认为是有科学性的。”

那么，死者究竟是不是跳河自尽的张生呢？

为了确保勘验结果的准确性，县令随后又找来张生的伯父对尸体进行辨认。在仵作的帮助下，张生伯父翻动尸体，仔细观察，突然在死者右臂上发现了一块赤红色胎记。

张生伯父说：“我敢肯定死的这个人根本就不是我的侄子张生，因为张生是我亲手拉扯大的，他手臂上根本就没有这样一块胎记。”

这个被闷死后又抛入水中的尸身既然不是张生，又会是谁呢？那么，又是谁害死了这个人呢？这个案件和张生投水失踪案有没有什么联系呢？

2. 沉重的女人轿

于是，县令便命衙役张贴告示，在全县范围内查找死者的家人。然而，查找了一段时间后，尸体依然无人认领。正在县令一筹莫展之际，突然有一个老汉撕下了告示，来到县衙。据这个老汉讲，他在邻村务农为生，儿子赵五在县城里一户富贵人家当奴仆，本来商量好近期回来帮忙干农活的，可左等右等都不见踪影，赵老汉心里很着急，就到县城准备找儿子回去。

赵老汉到了县城看见四处贴满寻人告示，便赶忙上前去看，谁知告示里描述的赤红色胎记，他儿子赵五右臂上刚巧也长着一块。

李女竟然一眼就认出河边的死者是张生

县令命仵作带领赵老汉去尸棚里辨认，赵老汉卷起尸体的袖子一看，便号啕大哭，说果然是他失踪了多日的儿子赵五。于是，在赵老汉的带领下，县令和衙役找到了赵五当差的那户人家。

那户人家的主人说：“赵五一个多月以前已经回过一趟家了，可是，前些日子他说父亲病重，又要请假回家，我也没多想，就让他走了。过了好些日子他还没回来，我就寻思着到他家里去找人，可是，不知道他怎么就死了，而且死得不明不白。具体的情况我也就知道这么多，至于他是怎么死的，什么时候死的，我就不清楚了。”

随后，衙役又随赵老汉匆匆赶往赵五的住处整理遗物，希望能够从那里找到一些线索。

县令为了确定这个尸首的身份，命人把他的体貌特征描绘出来，张贴于闹市，希望有人能够提供线索。在古代人们如果想确认一具无名尸首的身份，是不是只有张贴告示这一种方法呢？

王大伟教授说：“古代人在判断人的身份时有自己的一套方法。比如我们中国人是世界上最早知道每个人指纹是不一样的，而且它是终身的，这是一个；第二个就是书影画形，过去我们看《水浒传》里要抓个人都是画幅画像贴在城墙上的，这个人可能是面白无须，可能是满脸络腮胡子，这些都是古人的一些智慧，这些智慧在今天看来还是有科学依据的。”

我们现代法医学当中确定一个人的身份还能够利用哪些科技手段呢？

陈刚教授说：“我们现代一些新的技术手段应该说对于人身的识别，已经比较科学，也是比较准确的，因为不管是牙齿的查看也好，用颅像复原也好，还是用 DNA 检查，基本上都是遵循着一定的科学数据模型的，或者是遵循一定的科学方法的，这是多年以来的一种研究的成果，所以说它具有应用的普遍性。”

那么，衙役们赶到赵五的住处去搜寻遗物，他们能不能有什么新的发现呢？

果然，在赵五屋里仔细寻查着线索的衙役，突然在床单下面发现了一顶帽子。他拿起来看了看，觉得非常奇怪，因为这种帽子是新郎结婚时才戴的，赵五屋里怎么会有一顶这样的帽子呢？赵老汉听衙役

仵作断定死者是落水淹死的

尸体用草席遮盖

一说，同样是大惑不解。

衙役匆匆赶回县衙，把在赵五住处发现的那顶帽子带过来交给县令，拿着帽子，县令端详了好久。

县令说："更让我疑惑的是，当时衙役只找到了一顶新郎戴的帽子，却没有找到新郎的衣服？如果赵五生前准备成亲，他怎么会只买一顶帽子呢？如果他不准备成亲的话，那么这顶帽子又是从哪里来的呢？"

县令觉得这里面肯定有什么特殊的原因，他决定再次传唤当日参加了张生婚礼的亲友们。然而亲友们的口供和上次基本上一致，都说张生酒后发疯，以至于投水自尽，这是有目共睹的事实。县令便问亲友当中有谁曾经看到了新郎发疯时脸上的表情，众人都说张生跑出去的时候是披头散发，又是大步冲出洞房，他们当时没有任何防备，所以谁也没有看清楚他的脸。县令听完亲友们的供述后，沉思良久，他提出了一个更加离奇的假设。

县令说："张生与李女结婚当晚，他在洞房里醉酒后疯跑出去，在场那么多的客人和亲友，怎么会没有一个人看清楚他的脸呢？既然没有一个人看清楚他的脸，那么谁能够证明结婚当天跑出去的人就是张生呢？况且，一个人在醉酒之后通常是摇摇晃晃，走路都走不稳当，张生怎么可能几步就冲出房门，拦都拦不住，而且好像事先就计划好了一样直奔河边而去？这些都很不符合常理，我甚至怀疑那天从洞房里跑出来的人并不是张生，而是另有其人。"

如果真像县令猜测的那样，结婚当晚从洞房中疯跑出去的人不是张生，那又会是谁呢？不管怎样，县令觉得疑点重重，他决定继续深入调查下去。

县令命令衙役们密切监视李氏母女。结果一天下午，衙役们跑回来报告了一条重要线索，说是这天的大早晨有一顶轿子被抬进了李氏母女的家中，到现在也没有出来。县令命令他们继续严密监控，如果有异常情况，立刻回来禀报。

到了深夜，只见两个轿夫匆匆忙忙地抬着轿子离开李家，他们一路上走走停停，一副很吃力的样子。衙役觉得非常可疑，就决定把轿子拦下，想进入轿中一探究竟，然而，轿夫却百般阻拦，不肯让他查看，衙役立即把这个消息通知给了县令。县令得到消息后第一时间来到截轿处。他刚要强行掀开轿帘，从轿子里突然走出来一个女子，县令抬眼一看，果然就是李女。

县令说："当时衙役回报给我情况时，我就感觉很可疑，两个轿夫抬一个女子应该是很轻松的，怎么会走走停停，一副很吃力的样子呢？我心里想，除非这轿子里还有其他什么比较重的东西，不然李女也不会阻阻挡挡不想让我进入轿内。我就马上命李女退后，自己进入轿内仔细查看，原来这轿子中还有一个夹层。"

县令不顾李女的阻拦，命衙役强行打开夹层。令他万万没想到的是，夹层里竟然横放着一具快要腐烂的尸体。县令马上命衙役把尸体拉出来，将李女同轿夫一同带回衙门审讯。

县令讲述当时的情形说："当时我看到从夹层中拉出的那具尸体身上还有一些新鲜的泥土，证明他是刚从土里被挖掘出来不久；轿子既然是从李家抬出来的，藏尸的地点也应该就在那里。所以我又匆匆地赶到李家勘察情况。"

当县令赶到李家时，天已经蒙蒙亮。他进入后院仔细查看，果然不出所料，县令在那里发现了泥土松动的痕迹，轿子夹层中的死者估计就是从这里被掘土移尸的。

县令命令衙役们看紧李氏母女，那个时代我国是不是就已经采用了对嫌疑犯进行密切监控这种手段?

陈刚教授说："有，应该说，采用监控这个手段在我们国家历史还是比较悠久的，比如说在明朝，就有专门的特务机关，有锦衣卫，有东厂、西厂，都是专门负责进行跟踪、刺探情报的，就是以监控那么一种模式来进行工作的。"

县令根据现场的泥土有被翻动过的痕迹，就判断出这是一个掘土移尸的场所，那么在我国古代的时候确定这个移尸场所的方法，是否有科学道理，有依据呢?

陈刚教授讲："关于移尸现场，实际上不管是古代还是现代，只要是我们在勘查过程当中，有这样的一种怀疑，那么通过分析推断，肯定还是要进行相

关的一些证据寻找及相关的方法的落实。一般来讲，移尸的现场往往是有一些疑点的，比如说这个泥土和周围泥土的新旧程度不一样、干燥程度不一样，在这种情况下，我们完全可以在所怀疑的区域内来进行寻找。”

那么这具男尸究竟是谁？怎么会被埋在李家的后院呢？

大堂之上，县令盘问李氏母女轿中的尸体为何人，母女俩不敢回答。县令又严厉地审讯轿夫，轿夫不敢撒谎，称转移尸体其实是受一个富家子弟的差使。

轿夫说：“我在王员外家当差，是王公子让我来抬的轿，如果我事先知道是让我来抬死人的，我肯定不干，所以这具尸体是谁，我真的不知道。”

县令命衙役火速赶到王员外家，把富家公子王二捉拿归案。王二随即被押到了县衙。大堂之上，县令对李氏母女和富家子弟说，结婚当晚从洞房里跑出去的人并不是张生，张生也并非溺水而亡，凶手另有其人。

县令判断说：“我现在怀疑真凶就是李氏母女，当日李母到衙门前告状就是为了掩盖自己杀人而演的一出好戏。她告状也并不是为了诬告亲友，而恰恰是想让亲友们帮助她证明张生确实是投河自尽而死的。差一点就被他们母女俩蒙混过关，之所以决定重新开棺验尸，正是因为那日我见到的一幕。”

原来，在李女为其新婚亡夫张生出殡那天，她表面上哭声如雷，当一阵微风吹起时，她白色孝衣下面竟然穿着一条鲜红的裙子，这个细节恰好被路过此地的县令看见，当时县令心里就在想，若是刚死了丈夫的寡妇，怎会以这样的方式表达对丈夫的忠诚呢？这里面一定有问题。

县令找了一个晚上让仵作把尸体挖出来进行勘验

然而，面对县令的再三审讯，李氏母女和富家公子王二仍然百般狡辩，坚持称并不知道轿中死者是谁。

县令说：“其实从轿中截下尸体后，我就已经能定李氏母女的罪了，毕竟后院里埋有死人，他们又企图转移尸体是不争的事实。但如果想让那个富家子弟认罪伏法，还缺少更为可靠的证据。”

因此，检验出轿中死者的身份和死因就成为此案的关键。但是，由于当时这具尸体已经高度腐烂，给检验带来了很大的难度。经过县令仔细勘验，他发现死者脸上、脖颈处有红褐色的斑块，依靠经验，县令怀疑死者是被毒死的。他立刻让仵作取一根银钗过来，仵作把银钗插入死者口中，过了一两个时辰，银钗果然变成了黑色。

县令说：“我看到这具尸体的面孔发紫，手与脚的指甲都已经发黑，就想到了要用一个方法进行检验：取银钗伸进死者咽喉里，然后再用热糟醋从死者下腹部开始擦洗，压迫毒气往上升，银钗果然变成黑色，所以我敢肯定死者是被剧毒害死的。而且从死者的体貌特征上基本判断他的年龄大约在二十岁上下，与张生年龄也比较符合。”

我们看到县令用银钗来验毒，这在过去很多影视剧当中也有反映，古时候人们断案来验毒的话，是否真的会经常使用银钗呢？

王大伟教授说：“银钗验毒是古代法医常用的一个行之有效的办法，因为那个时候的毒品种类不多，投毒主要用砒霜，所以过去都是用一根女性用的银钗去验毒。《洗冤集录》里有很多这样的方法。”

银钗验毒的科学依据是什么呢？

陈刚教授说：“用银器来检验毒物，实际上就是利用银和某些毒品或毒物的化学反应来做判断，也就是说它们这两种物质会生成一种化合物，而这种化合物的颜色又和白银的颜色有很明显的区别。”

单凭风吹红裙这么一个细节，县令就决定开棺验尸，是不是有点太唐突，太武断呢？

陈刚教授说：“县令实际上就是利用了一个矛盾点，就是他敏锐地抓住了其中的一个疑点：在出殡的队伍当中，新娘的丈夫死了，但她衣服里面反而穿的是红裙，这个和当时的风俗是完全不相符的，所以说，这个县令是非常聪颖的。至少他掌握了刑侦工作的基本技

县令在全县范围内查找死者的家人

凶手无力狡辩，最终只得认罪伏法

能且具备了侦察员的基本的素质，他在侦察的过程当中，一直在不断地搜集各种信息，不断地发现各种矛盾，然后来解决这种矛盾，得出了一个客观真实的结论。”

既然轿中的尸首就是新郎张生，县令也掌握了很多相关的证据，那么李氏母女和那个富家的浮浪子弟会不会认罪伏法呢？事情的真相究竟又是怎样的呢？

凶手无力狡辩，最终只得认罪伏法，交代了合谋杀害张生的经过：原来，富家公子王二有一次出门看戏，在街上碰巧遇见了李女，他迷恋李女的美貌，企图将她霸占。于是，就在张生与李女新婚前的一天晚上，王二半夜叩响了李家的房门，他赠送给李母大量财物。李母是个见钱眼开之人，于是，便放王二进来。当晚王二便与李女同宿一屋。

县令接着解说道：“李氏之前已经和张生定亲了，不能没有理由地随便退婚，然而，她母亲却贪图王公子的权势，打算神不知鬼不觉地把张生给谋害掉。他们左思右想，终于商量出了一个好的计谋。”

张生与李女结婚当晚，富家公子王二事先安排了善于游泳的奴仆赵五藏在了洞房里。等李女用准备好的毒酒把张生害死后，赵五赶紧从桌子底下爬出来，换上了新郎的衣服冒充张生。在众目睽睽之下，赵五披头散发地闯出门外，然后跳入河中逃跑。而这边，李氏母女趁众人追出去的空当，赶紧把张生的尸体移至后院，并掩埋起来。事后，富家公子害怕夜长梦多，把赵五掐死后抛入水中，冒充张生尸体，心想着一石二鸟，案子也就会很快了结。

说到这儿，实际上案情还有一个地方不太明白，那就是帽子怎么会出现在了赵五家里呢？实际上，那日跳水逃脱之后，赵五就把新郎的帽子还有衣服都带回了家里，后来富家子弟起了杀机，要杀人灭口，最终赵五被抛尸河中，但是帽子碰巧仍遗落在了赵五家里，至此张生酒后投河案终于真相大白，富家子弟和李氏母女机关算尽，也逃不过县令那双锐利的眼睛。

（冯允）

夜半惊魂

村民张林德家发生了惊人惨案，一男一女在同一个晚上接连被害。经过县令严加审讯，张林德描述了事实的经过，并且交代了自己曾经与死者发生矛盾争执的前因后果。县令经过再三推敲，发现案件并不是想象中那么简单。然而，让县令万万没有想到的是，几天后，张林德家中又发生了一件让人震惊的事。张林德到底是不是连杀两人的凶手呢？

县令查明了死因，然而作案现场已经被焚毁。县令是如何通过死者口鼻处的痕迹找出死者的真正死因的？几日后，县令通过另一宗案件的侦破，反而获得了一条重要线索，这条线索让县令冲破层层迷雾，将嫌疑人圈定。县令最终运用了怎样意想不到的侦破手段，让杀人凶手自投罗网了呢？

本案取材自《清朝命案选·取证雪奇冤》

山东省蒲台县某村庄

1. 两把刀两条人命

眼前的一切让县官和衙役们都目瞪口呆

一天清晨，山东省蒲台县某村庄一名叫张林德的农民，满面愁容，目光呆滞，蹲在自己家的墙角发呆，一幅垂头丧气的样子。这时候，他家门里门外挤满了同村的男女老少，人们七嘴八舌，议论纷纷，有的还用手指不停比画着。究竟张林德家发生了什么怪事，让大家如此的好奇和关注呢？

正午时分，县令在几名衙役的前呼后拥下乘轿来到了现场，他走到窗前，探头向张林德房内望了一眼，顿时惊出一身冷汗，只见迎窗的桌子上躺着一具血淋淋的女尸，身上还插着一把菜刀。县令赶紧命衙役撞开房门，眼前的一切让他目瞪口呆，他发现屋子里除了一具女尸横倒在血泊中外，床沿上还躺着一具男尸，腹部插着一把尖刀，鲜血四溢。县令从房内出来后，二话不说就让衙役把张林德捆绑起来，强行拉到官府准备对他严加审问。

据说，这个小村子里从来没有出现过这样的惨案。现在，一男一女陈尸于张林德的屋中，毫无疑问，张林德的嫌疑最大。这个张林德又是一个何等样的人物呢？

县令在回县衙的路上碰到了几个乡民，便向他们询问张林德的情况。

男尸腹部插着一把尖刀，鲜血四溢

一个村民说："张林德这个人平时游手好闲惯了，在乡里也是横行霸道的，口碑很不好。"

还有一个村民反映："听说他还经常贩卖人口，所以一般我们都不敢去招惹他。"

县令当时心里就想，既然这男女两个人都是在张林德的家里死掉的，而他又不是什么良民，恐怕张林德就是杀人的凶手。看到事情严重，他就命衙役看护好现场，将张林德带回县衙去审讯。

县令让衙役保守好秘密，不允许他们向任何人透漏案发现场的细节。可张林德真的像县令所说的，就是杀害两人的凶手吗？这被害的一男一女又是谁呢？

这个县令非常注重对案发现场的保护，我国古代的审判官们，是否就有这样的意识去保护案发现场呢？

蒋丽华教授（北京人民警察学院）说："张林德家发生了两人死亡的事件，所以县令到达现场之后，就命令衙役保护好现场。看来，在中国古代就已经有了保护现场的意识了，并且也对现场实施了保护。说到现场保护的问题，我们都知道犯罪现场是遗留与犯罪有关的痕迹和物证的场所，不管作案人多么狡猾，他或多或少都会在现场上遗留痕迹和物证，这些痕迹和物证不仅为办案人员分析判断案情提供了依据，而且也是后续证明案件事实的证据材料。如果说现场由于人为的，或者是自然因素的影响而遭到破坏，可能就会增加办案人员的工作量，因为他要将无关因素剔除出去，所以从经济学这个角度来说，就增加了司法的成本，降低了侦察的效率。"

县令除了让人保护好现场之外，还叮嘱衙役们不要把消息向外透漏，是不是在古时候人们就已经知道保守现场秘密的重要性了呢？

蒋丽华教授解释说："宋慈《洗冤集录》中就已经有了关于对现场勘查以及复查现场时的有关情况进行保密的一些记载。说到保守秘密的问题，一个方面，案件可能涉及国家秘密、商业秘密或者是个人的隐私，那么作为办案人员是有义务来保护这些的；而从另一个角度上说，保守现场的秘密，也是核实人证尤其是犯罪嫌疑人的，即被告人的供述和辩解的需要。"

宋慈《洗冤集录》

那么，有重大嫌疑的张林德被带回县衙之后，能否认罪呢？

有重大嫌疑的张林德被带回到县衙

谁知回到衙门后，经过县令的再三盘问，张林德却坚持称自己是冤枉的，拒不承认自己曾经杀过人。县令想了一想，便让张林德交代他所知道的情况。

据张林德讲，事情的经过是这样的："邻村有位老农叫郑可能，他平时省吃俭用，终于积攒了一笔不少的财产，但郑可能一直无妻无子，随着年龄的增大，他越来越感觉到孤苦无依，这么多年来，曾经多次求人说媒但都不成功。"

张林德接着交代："一次偶然的机会，郑可能打听到我在这方面有门路，所以托我给他说一个合适的姑娘，也不挑剔，能成家就行了。"

张林德一听说有这等好事，立即就见财眼开，满口答应了，马上出门去寻找。没过几天，就从隔壁村的刘家买过来一个女孩，给这个女孩梳洗打扮一番之后，就通知郑可能前来领人。谁知郑可能来了之后，又觉得这个女孩身价太贵，不愿意买了。

张林德心想反正有契据在手，便耍起无赖，威胁郑可能说，如果他不把刘氏买走，就要到官府告他个毁约罪。郑可能这个人胆小怕事，只能咬咬牙把钱交了，领着刘氏回家。两个人走在途中，突然刮过一阵风，把刘氏头上戴着的头巾吹落了，郑可能抬眼一看，这姑娘竟然是个一毛不存的秃子，在夜色之下更显得丑陋无比。想到自己出高价买了一个光头媳妇，郑可能觉得上了个大当，转头就领着刘氏返回张林德家，决意要退人。张林德费尽口舌，死说活劝，郑可能也不同意。张林德也没有办法，只能留他和刘氏在家歇宿一晚，明天再作商议。

第二天一大早，张林德起床后想到事情还没有解决，便到郑可能的那间住室喊他起床，可怎么也叫不开门。张林德觉得奇怪，就绕到窗前，扒着窗缝向屋内张望，这一看不要紧，差一点把张林德的魂给吓出来，他当时看见刘氏被杀死在迎窗桌上，鲜血一片，其状惨不忍睹，便赶紧找来邻居，报告官厅。

县令就问：“按你所说，你们家死的那一男一女就是郑可能与秃女刘氏了？”

张林德回答：“就是他们。”

听完张林德的叙述，县令心里猜测，会不会是这种情形：郑可能返回张林德家执意要退人，而张林德又不愿意，所以他们之间曾经起过冲突，当天晚上，张林德气愤难平，就趁着郑可能和刘氏不防备，窜进屋内把他们给杀害了。

然而，张林德却仍然替自己辩解。他承认昨天晚上因为退人的事的确和郑可能起过争执，但是他敢向天发誓，绝对没有杀害郑可能和刘氏，而且他还有一个证人。

据张林德讲，这个证人的名字叫作胡彪，案发的当天晚上他就住在张林德的家里，所以，他能给张林德作证。县官听罢此言，立即让人把胡彪带上大堂，审问他那天晚上到底发生了什么事。

据胡彪回忆，昨天晚上，张林德急匆匆跑到他家，说郑可能赖着不走，非得把刘氏退回，所以想找他去壮壮势。胡彪当时已经睡下了，但之前买卖刘氏的契据是他做的担保人，实在没办法推辞，只能穿上衣服跟随张林德到他家去劝解。

胡彪说：“见到郑可能以后，发现他异常固执，我也规劝不了。当时天色已晚，我就住在张林德外屋里，凑合着睡了一觉，第二天一早才回的家。印象中张林德一整夜都没有出来，我能替他作证。”

听完胡彪的证词，县令觉得事情非常蹊跷。经过分析，他认为凶手肯定不是图财，因为屋子里的东西没有翻得乱七八糟。既然不是图财，郑可能和刘氏这种老实本分的农民，怎么会有共同的仇人呢？

不料，张林德却抢着说，他猜想事情可能是这样的：昨天晚上，郑可能到张林德家反悔退人，他们之间曾经发生过口角。当天夜里，郑可能考虑到自己虽然是受骗上当，但张林德有契据在手，如果告官他也是理亏，气愤之下便拿刀砍死了刘氏。作案后，郑可能悔之不及，便持刀自杀，当即身亡了。

张林德自以为这个猜想是毫无破绽，天衣无缝，于是，便洋洋得意起来。没想到县官一个反问，就把他噎得哑口无言。

屋子里除了一具女尸横倒在血泊中外，床沿还靠着一具男尸，腹部插着一把尖刀，鲜血四溢

县令当时就问他："既然郑可能嫌弃秃女刘氏长得丑，执意要退人，被害前怎么能和她还住同一个屋呢？单这一点就说不通。而且，郑可能是受你张林德的骗，如果是想发泄自己的这种私怨，肯定会杀你，为什么会迁怒于刘氏呢？还有，在我验尸的时候，发现插在郑可能与刘氏身上的刀竟然不一样，一把是菜刀，一把是尖刀，难道郑可能会用菜刀杀了刘氏以后，再换一把尖刀进行自杀吗？"

张林德顿时傻了眼，不知做何回答。县令认为虽然有人替张林德作了证，但他暂时还摆脱不了嫌疑，就命衙役把他打入大牢，听候发落。

第二天，县令来到了案发现场，亲自对尸体进行勘验。勘验结果与他预期的不谋而合，郑可能的确不是自杀，而是被人害死的。

县令解释说："试想一下，郑可能当时腹部都是血，手上却没有一丁点血迹，

张林德觉得奇怪，就绕到窗前，扒着窗缝向屋内张望

他当时看见刘氏被杀死在迎窗桌上

这本身就非常值得可疑。持刀自杀哪有手上不溅上血的？而且郑可能手持刀的姿势是刀锋冲外，这不得不让我怀疑，是有人在杀死郑可能后，又伪造了一个自杀的现场。”

县官看到郑可能的手上没有血迹，就断定他不是自杀而亡，想问一下庄教授，县官的这个判断有没有道理呢？

庄明洁专家（北京人民警察学院）说：“判断自杀他杀，伤口上可以提供很多有力的证据，县令的这个判断也是有道理的，因为自杀的人手上一般都要有血，特别是喷溅的血，那么手上没有血就可以证明他不是自己拿刀捅的。因为自己用刀的话，手上一定会沾上血，所以这个案件中郑可能手上不沾血，这个就是很有说服力的。”

除此之外，县官还根据郑可能手上拿刀的姿势推断出来，他不是自杀，而是有人杀了他之后伪造的现场。那么，县官的依据应该是什么呢？

庄明洁专家说：“按这个案例的情况，刀刃是往肚里刺，按理来讲，自杀应该是一只手或者两只手拿着刀把，往肚里刺，这样比较合理，如果翻过来刺就不太合理，所以他这种讲法是有道理的。当然，这个刀把的事不能绝对，因为人当时刺的动作和他的心理状态很复杂也有关。”

紧接着县官又勘验了刘氏的尸体，那么，他又会有什么发现呢？

通过勘验，刘氏的死亡特征让县令感觉非常疑惑，她身上只有一处刀口为致命伤，可旁边的血迹却有被拉动的划痕，尸体好像是被转移过来的。县令沿着滴滴血迹仔细查看，一直追到后院，他怀疑刘氏是在后院被杀死后，才转移到屋里的。

县令判断说：“我敢肯定，郑可能和秃女刘氏必有一方是先被杀害的，而不是一起被杀的。这就让我感觉到很奇怪，难道会是张林德把秃女杀死后，再故意诬陷到郑可能身上？或者在昨天晚上，张林德家里还发生过什么特殊的事情？于是，我就再次提审张林德，经过又一番审讯之后，张林德这次终于承认，郑可能和秃女刘氏原先并不住在一间屋子里，可是后来被他有意安排在了一起。”

原来昨天晚上，郑可能返回张家执意要退人，张林德担心买卖做不成。他思前想后，难以入睡，终于琢磨出了一条对策：张林德半夜把刘氏叫醒，逼她进入郑可能的房间里，心想只要他们男女同宿，次日清晨再去叫门，就能以此胁迫郑可能将人带走，不敢再提悔退之事。

张林德说：“因为我毕竟是要拐民女，起初害怕县令问罪才没有敢讲出来，谁知自己也说不清楚了。至于刘氏怎么被杀死在后院，郑可能又怎么死在屋里，我的确一概不知，请大人明察。”

县令退堂后对原案卷再三推敲，他发现事情并不是想象中那么简单，如果上述的一些疑点无法得到合理的解释，根本就不能仓促定案。

县令认为：“我觉得有几个地方很不符合情理，其一，张林德本来就有契据在手，即使是去告官，他也未必理亏，总不至于傻到只为了诬陷郑可能，就去杀了这两个人吧？其二，即便张林德连着杀害了这两个人，那他杀人后为何不逃走，反而等在自己的家里，还主动找来邻居，进行报官？其三，我在勘验尸体后发现那把插在刘氏身上的刀居然是一把菜刀，而且刀痕偏离位置，上下不一，显然不是作案的凶器，而是杀人后再插在死者伤口上的。现在我倒感觉更像是有人为了诬陷张林德故意做的一个圈套。我想来想去，终于想到，不如就将计就计，先把张林德放回去，然后派人进行跟踪监视，看看他到底有什么反应，然后再做决断。”

张林德替自己辩解

县令根据地上的血迹推断

出来，刘氏的尸体曾经被移动过，县令的这个判断有没有科学道理呢？

庄明洁教授说：“县令是根据血迹来判断移尸的，这是对的。但是，光凭这一点还不够，还有其他的一些证据：第一是血迹。除了血迹之外，还有衣服上拖拉擦蹭的痕迹、地上的移尸人的后退的痕迹、负重的脚印等，要综合起来做判断。”

县令验尸之后，根据刘氏脖子上的刀痕，推断出菜刀不是原本的凶器，他这样判断有没有道理呢？

庄明洁教授说：“这个案子中根据痕迹判断是尖刀把刘氏刺伤了，但是发现搁在脖子上的那把刀是把菜刀，菜刀只能造成砍伤、切伤，不能造成刺伤，而死者脖子上的这处伤是种刺伤，所以它必然是把刺刀造成的，而不是菜刀造成的，所以用这个来鉴别是很容易的。”

那么，张林德是不是连杀两人的凶手？他离开县衙之后，又会有什么事情发生呢？

张林德从县衙被放回去的头几天，还算风平浪静。然而，让县令万万没有想到的是，一日，突然有人来到县衙报告，说张林德家着起了熊熊大火，他被活活烧死在了自己的屋子里。

张林德之死让本来就已经相当复杂的案件变得扑朔迷离，他到底是自杀身亡，还是被人用火烧死？他的死是否和郑可能与刘氏一案有关呢？

天色已晚

2．一张契据一个凶手

县令闻听此讯，立即带领三班衙役赶赴张林德的家中。

人命案毕竟非同小可，县令决心要把张林德的死因查个水落石出，况且，说不定随着张林德案情的进展，也能对郑可能和刘氏冤死案的告破提供一些线索。县令刚刚踏进张家被烧焦的房屋，立刻就注意到了一个细节。

县令说："张林德的房屋虽然被烧了，但是，我在看的时候发现有个很奇怪的现象，屋子里的凳子和桌子却是横七竖八、乱七八糟，这很不符合常理：为什么呢？如果说是想自杀，那张林德生前为什么非得把屋子弄的一片狼藉呢？我感觉这里面一定有缘故，便马上命令仵作搭起尸棚，由我亲自检验张林德的尸体。"

经过检验，张林德的口腔和鼻腔里竟然没有烟尘，四肢也没有弯曲，因此，县令认为他很可能是先被人杀死之后，才丢到火里的。如果是死后抛尸，张林德的致命伤又在哪里呢？县令在仵作的帮助下，翻动尸体仔细勘验，他发现死者头部偏左处有伤，深至颅骨，可见，张林德生前是被人用锐器击打后致死的。

县令来到了案发现场，亲自对尸体进行勘验

县令发现张林德的口鼻之中没有烟尘，因此断定，他不是被烧死而是死后抛尸火场的。县令的这种判断方法有没有科学依据?

王大伟教授说：“《洗冤集录》是一个科学的实证的总结，书中的内容是经验的科学，比如说，古代是怎么判定人是被烧死的还是被杀了之后再投入到火场里的。有这么一个故事。一家有夫妻两口子，结果有一天，家里着火了，丈夫死了，而妻子没有死。那么怎么能判定这是一场真正的意外的火灾呢，还是这里面有人为的陷害的因素呢？这个县令是很讲科学的，他也是注重实证的，因此他就拿了两头猪来做实验。一头猪就是活活地被扔在火海里面了，它一到火海里面就拼命地挣扎，挣扎以后就被烟呛死了，把这头猪解剖以后，发现它的上呼吸道里面有很多的烟尘，那么我们就能证明它是被烧死的。还有一头猪，先把它打死，再扔到火里去，尽管它被烧得皮开肉绽的，但实际上它的上呼吸

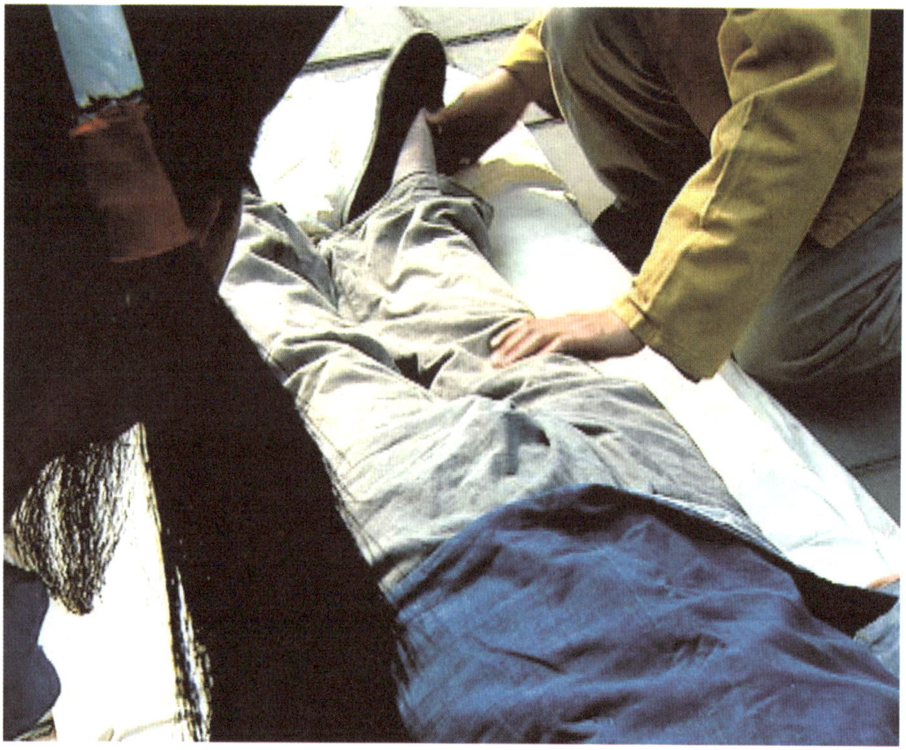

死者的死亡特征让县令感觉非常疑惑

道里是一点烟尘也没有的。古人就用这种最原始的办法解决了很多法医学上的难题，因此我们不能不钦佩古人的智慧。”

那么是不是这个故事就证明在我国古代的断案当中，动物已经被拿来作为一种实验品了？

王大伟教授说：“古人不仅仅有化学和物理的各种实验，还有动物实验，比如说，如果要判断一个人是服毒的，还是被人投毒的，就抓一把米饭放到死者的嘴里，把嘴合上过一两个时辰，然后再把这个米饭拿出来，用去喂鸡，鸡吃了这个米饭死了，那就说明这个人被投了毒。”

张林德既然被杀害了，说明案情之中定有隐情，那么这个案子会向何方发展呢？

当百姓们知道张林德是死于非命后，人心惶惶，接连数日都闭门不出。县令也一直在思考,难道这两宗案件之间有什么关联吗？究竟是谁手段如此残忍，非要连取几人性命呢？然而作案现场已被焚毁，也暂时没有找到任何有价值的线索，案子一时陷入了僵局。县令毕竟积年办案，经验丰富，他想如果要查明案件，需从旁证入手。于是，县令分别向张林德的左右乡邻询问情况。

邻居反映：“那天凌晨时分，我隐约听到有一些争执和推搡的声音从张家传出来，当时心想张林德经常与人拌嘴争执，也就没在意。谁知没多久一把火突然着起来，等我赶过去看时，张林德已经被烧死在屋子里了。至于郑可能和刘氏被害那晚，还真是静悄悄的，没有听见任何异样的情况或者声响。”

县令判断说：“分析了四邻的证词后，我越发感到案情蹊跷。你想，郑可能和秃女刘氏被害的那天晚上，凶手需要强行进入屋内，才能作案，而屋内不但没有明显的搏斗痕迹，就连半点声响都没有发出，真是太不符合常理了。难道当天晚上还发生过什么特殊的事情吗？”

正在苦思冥想之时，县令突然听见衙门外一阵吵闹，不知何事，便命衙役把喊叫者带进来，一个老妇和两个青年随即被带上大堂。经过县令询问，老妇说要状告抢劫她的盗贼。

据老妇讲：昨天晚上，她正走在回家的路上，突然有一个盗贼从后面跑过

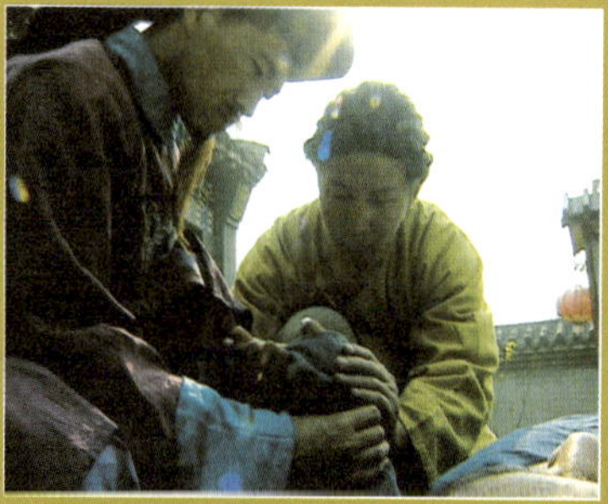
案情之中定有隐情

来抓起她的包裹就跑，老妇着急地大喊，刚好被一个路人听见，路人就替她追赶那个盗贼，结果还真给他捉到了。然而，盗贼却反咬一口，说这个路人是盗贼，由于当时天色已晚，老妇也无法分辨谁才是真的盗贼，所以，就找了几个人把他俩一起扭送至官府。

县令听完老妇的叙述，心生一计。

第二天，他把两个青年叫到大堂上，对他们说，如果谁能先跑出城门谁就不是贼。两个人跑的一头大汗，总算是分出了胜负。县令见两个人跑完回来，便把后出城门的那个青年捆绑起来，带回了衙门。

县令说："我把盗贼带到县衙后，他开始还不服，一直进行狡辩。我就跟他说，假如盗贼跑得快，一定不会被擒拿住，你既然被活捉到正是因为你跑得慢。盗贼一听便不再言语，很快就叩头认罪了，我就让人把盗贼押入大牢，又派衙役去查抄他的家，看有没有之前的赃银能够追缴回来。"

衙役查抄了盗贼的家，果然找到一些赃银和财物。而且，他们还意外地发现了一条重要线索，急忙带回来交给县令。县令看见衙役带回来的契据，不禁一惊，上面竟然写着张林德和郑可能的名字，原来这就是那张买卖刘氏的契据，它怎么会在盗贼家里呢？县令对着契据端详了好久，若有所思。

第二天，县令马上派衙役把盗贼从大牢中传唤出来，问契据怎么会在他手里。盗贼说从来没有见过这张契据。然后又说，他有一个朋友叫郑伍，曾经在他家借住过，契据可能是他的。

县令就接着问他，郑伍是干什么的，人现在在哪里？盗贼说了，郑伍平日也经常干一些鸡鸣狗盗的事情，不过最近出手阔绰，好像是发了一笔横财。至于他人现在哪里，盗贼也不知道，而且已经好几天没见到郑伍了。

县令让盗贼描绘出郑伍的模样，马上派衙役在城门张贴告示捉拿。几天后，郑伍从邻村被缉拿归案，押上大堂。县令询问他那张契据的来历，郑伍说契据是他表叔郑可能给的。

县令反问说："郑伍，郑可能嫌弃刘氏长相丑，执意要退人，他怎么可能会把这张契据交给你呢？"

郑伍说事情的经过是这样的：那天晚上，他的表叔郑可能走在回张家退人的半路，刚好遇见他。表叔说张林德为人狡诈，恐怕他把契据抢走，就托自己拿走收起来，以后到大堂上也算有个凭证，所以这张契据才会在自己家里。

县令描述说："当时我就大怒，因为郑伍还敢在我面前撒谎，他说表叔郑可能执意要退人，而又怕张林德拿契据威胁他。那郑可能应该把契据扔掉或者销毁，怎么可能还让别人收起来呢？况且，这张契据根本就是郑伍伪造的。"

原来，县令看到契据之后，马上找人仔细勘验，经过分析，契据上文字的墨迹浮在印章的红色印迹上边，这证明是有人先盗用了印章之后，书写上的文字。

两个人跑得一头大汗，总算是分出了胜负

这是为什么呢？

县令偶然之间得到了一张契据，对它进行勘验，想问一下专家，古时候县令对这种契据的勘验，在那个时期叫作什么名字呢？

县令若有所思

蒋丽华教授说："这种方法在中国古代又被称为朱墨时序。"所谓"朱"，就是红色，就是指盖章用的印泥或者说印文；“墨”，实际上就是墨水，或者是用墨写成的字迹。朱墨时序就是来判断这个印文和文字哪个在先哪个在后了。”

县令严厉审讯

经过勘验，县令认为这张契据是郑伍伪造的。那么，县令判断郑伍伪造契据的依据是什么呢？

蒋丽华教授说：“如果说印章在先，文字在后的话，那么由于印文是属于油性的东西，而墨迹它是属于水性的东西，两者是不相溶的，如果先有印章后有文字的话，我们就可以看到，这个墨迹是浮在印文的表面上的，或者是说如果这个印文的时间比较长了，干了，那么就会出现墨迹断离的痕迹，根据这个就可识别先后顺序。”

那么，郑伍伪造这张买卖契据的目的究竟何在呢？

面对县令严厉的审讯，郑伍却拒不承认自己伪造了这张契据。县令走到堂下，突然瞥见郑伍的鞋上有块儿墨迹，便问他是怎么弄上去的。郑伍说这是前两天他写字时，一不小心把墨汁撞翻了，喷溅上去的。

县令判断说：“我一听就知道他又在撒谎，一个鸡鸣狗盗之徒，怎么可能舞文弄墨呢？我就让衙役取下鞋子，把墨迹洗掉，果然露出了一块血迹。然而，郑伍为人十分狡猾，说这块血迹是前几天杀鸡的时候溅上的鸡血，一口咬定自己并没有杀人。我虽然认为他有重大嫌疑，但一时也找不到更充分的人证和物证。左思右想之后，我终于想出了一条妙计，对付这样的无赖，不妨诈一诈他。”

退堂后，县令把郑伍带到郊外的一个寺庙里。他对郑伍说，这个寺庙有座钟非常灵验，它能够辨别你究竟是不是杀人凶手。

县令讲述说：“接着，我就安排人在寺庙的后阁进行祭祀，又亲自到钟前进行庄重的祈祷，把郑伍带到钟前，对他说，我刚刚已经超度了郑可能和刘氏两人的灵魂，过一会儿你摸这口钟就会显灵，如果钟声响起就证明你是杀人凶手，如果钟声不响就证明你是清白无辜的。”

郑伍不敢推辞，只能带上眼罩，进入围帐内摸钟。县令在外面来回踱着步等待。片刻后，钟声未响，郑伍走出来还志得意满，自以为可以逃脱责任，其实他恰恰中了县令的妙计。原来，县令早已暗中安排衙役提前用墨汁涂抹到钟壁上，摸钟之前再把郑伍的眼睛蒙住。进入围帐后，郑伍心中有鬼，自然害怕钟响，他绕着大钟转了几圈，始终没敢摸。当郑伍从围帐内走出来以后，县令看见他手上没有沾上半点墨迹，便知道他就是杀人元凶，马上让衙役把他押回县衙。这回铁证如山，郑伍再也无力狡辩，只能彻底交代了自己连杀几人的真相。

县令让郑伍用摸钟的办法最后认罪，这种方法在我国古代的典籍之中是否有记载呢？

蒋丽华教授说："这种做法类似于西方证据法律制度中神示证据制度的一种证明方法。神示证据制度就是依据神意来查明案件事实真相的证据制度，在神示证据制度的历史阶段，一方面人们对查明案件事实真相的合理手段并不了解，另一方面，却对人们深信不疑和无力支配的神或者是上帝顶礼膜拜，并且认为神或者上帝能够洞悉人间的一切，所以就求诸神的力量来辅助查明案件的事实真相。"

县令应该还是利用了郑伍做贼心虚这样一种心理特征，那么这样的方法，类似于摸钟的方法，在我们现代能否被当作一种法庭的证据呢？

蒋丽华教授回答说："通过神示证据来查明案件事实真相，在今天看来是荒谬的，但是在当时的历史条件下，就当时的科学技术发展而言，我们也不能苛求古人用一种科学的方法来查明案件事实真相。但是有一点是值得肯定的，就是古人在判案的过程中，当他觉得裁判的依据或者是裁判的方法不明确的情况下，他并没有草率地做出决定，而是求诸当时人们对神或者是上帝的这种崇拜和畏惧，这样，理屈的人自然会道出真情。"

郑伍为什么要杀死自己的叔叔郑可能呢？又为什么要把刘氏还有张林德一同杀死呢？真相又是什么样的呢？

原来那天晚上，郑伍刚好在路上遇见返回张家退人的表叔郑可能，他以为表叔能把钱要回来，心想去借点钱花花，当日入夜后便尾随郑可能潜入张林德家。当时他看见刘氏不从张林德的强行威逼，从郑可能屋中走出来。随后，郑伍就敲响了郑可能的门，郑可能对他的突然到访虽然感到惊讶，但毕竟是远亲，就让他进来了。

谁知郑伍进门后竟然是跟他商量怎么去讹诈张林德，郑可能向来胆小怕事但又异常的固执，肯定是不答应，于是，两个人就因为这个发生了口角，并且推搡起来。郑伍一不小心就捅了郑可能一刀，郑可能就是因为这一刀一命呜呼了。这件事情恰恰就被起夜的秃女刘氏看见了。当时她也不敢声张，就想赶快跑到屋里躲起来，可是，还是被郑伍听到了响动。郑伍马上窜出门去，一手捂住刘氏的嘴，一手就朝她的脖子猛扎了一刀，刘氏也就因为这个命丧黄泉了。

郑伍为了逃脱罪责，赶紧用郑可能的手握住了凶刀，伪装了一个他自杀的现场。又偷来厨房里的菜刀插入刘氏的伤口，想以此诬陷张林德连杀两人。县令把张林德放回后，郑伍心想机会又来了，就找出当日杀害郑可能时从他身上搜出的印章，伪造了一张契据，讹诈张林德钱财，如若不然就以人证的身份把他告到县衙。张林德自然不从，双方便厮打起来，郑伍情急之下，随手捡起一把小凳子往张林德头上砸去，张很快毙命。随后，郑伍为了破坏现场就放了一把火烧毁了整个屋子。

至此，案件总算是真相大白了。虽说案件是一波三折，扑朔迷离，曲折复杂，但是，天网恢恢，疏而不漏，最后，终于将作奸犯科之人绳之以法，还了世间一个公道。

（冯允）

梦醒惊魂

一个普普通通17岁的贵州苗族的小女孩，吴琴，突然一夜之间成为众多媒体关注的焦点。这些媒体当中还包括了贵州省电视台、贵州黔南电视台等等。为什么大家对她那么关注呢？因为当地人风传这个小女孩被女鬼附体了。我们都知道，这个世界上是不存在鬼魂附体的。老百姓说的鬼魂附体又该怎么理解呢？“女鬼附体”究竟如何科学地解释呢？

1. 鬼魂上身

吴琴突然大叫起来昏了过去

在很多影片中，我们经常会看到灵魂附体的可怕情节，一个人或者动物的灵魂侵占了另一个人的身体，被灵魂附体的这个人往往会性情改变，思想、行为、语言都被陌生的灵魂所支配。只有将鬼魂从身体中驱赶出来，这个人才能恢复正

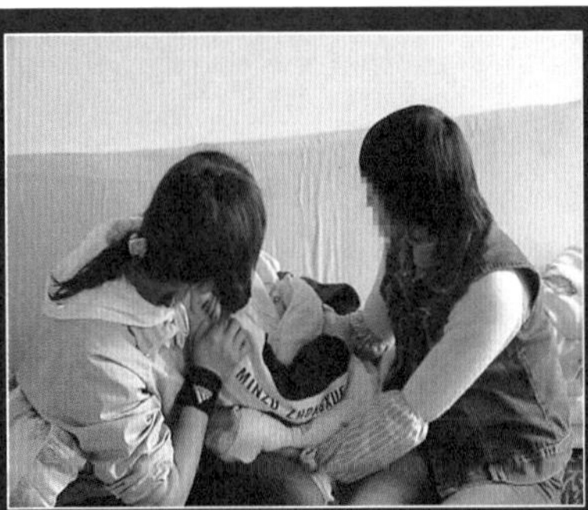
同学们连忙把吴琴送到学校医务室

常。但是，这种电影里的可怕情节怎么会在现实生活中真的出现呢？17岁的女孩吴琴，真的鬼魂上身，被女鬼附体了吗？为了调查事情发生的真正原因，记者首先赶到了事发地点——贵州省惠水县民族中学。高一（二）班的同学们告诉我们，那天大家正在上课，突然吴琴就大叫起来！她抓住自己的头发，无比痛苦地大叫“别敲了，吵死我了！”“吵什么吵，别吵了！”然后，她猛地倒地，昏了过去。同学们连忙把吴琴送到学校医务室，大约过了30分钟，吴琴终于苏醒过来。但是，此时她的表现，却让闻讯赶来的班主任罗国兵老师感到非常奇怪。看到罗老师走进病房，吴琴满脸茫然，毫无表情，好像从来没见过这个人一样。罗老师很纳闷，就问她：“你还认得我吗？”吴琴摇了摇头，说不认得了。罗老师再问：“你真的不认得我了？”旁边那几个同学就说这是班主任罗老师呀。吴琴说，“哦，是罗老师！”

罗国兵百思不得其解。他本来是山西苗族，吴琴也是苗族，罗老师可以用苗语同她交流，很简短的交流。现在，大多数农村来的孩子，能够在学校里读书，会讲普通话，再能够说惠水话，就很不容易了。她失忆之后，讲出的话就是普通话。苏醒后的吴琴竟然谁都不认识，也听不懂熟悉的家乡话了。紧接着吴琴又讲述了一件让罗老师更为惊讶的事情。班主任罗老师问：“你家住什么地方？”她说：“我家在福建。”罗老师心里暗暗吃惊，但并没有说她是乱说。他不动声色地用笔写下了“麻冲”两个字。麻冲，就是吴琴老家。罗老师再问：“你知道麻冲吗？”吴琴看起来一头雾水：“不知道。”然后，吴琴很自然地提及她的母亲、她的父亲都在福建的一个城市。

此事传开，一时哗然，贵州各路媒体蜂拥而至。在采访中，同学们还告诉记者一件更加离奇的事情。

同学们在病房看护吴琴时，大家拿出一本英语单词，大概记了10个单词左右，吴琴拿过去只记了几秒钟，他们让她念一下，她居然全部把它们记下来了。大家又惊又奇，另一位同学不相信，又翻开数学书，拿一道数学公式给她记，吴琴看了一分钟，然后把书合上，居然一字不差告诉了大家。班主任罗老师介绍说，其实吴琴在学校发生昏迷已经不是第一次了，从初一到高一曾经昏倒过好几次。对于吴琴的身体状况，他还说出了自己的一些看法。他认为，一般的同学人家吃 1 块 5 的菜，吴琴只吃 1 块甚至几毛钱的菜，只求填饱肚子就行了。在他看来，吴琴确实没有什么大病，就是有点营养不良。

罗老师怀疑吴琴的昏迷是由于营养不良造成的。可是，吴琴在苏醒后表现出来的语言改变、说自己家和父母都在福建、记忆力突然增强又该怎么解释呢？

采访中，一位同学就大胆地说："吴琴的病，应该去找一个民间巫师什么的，他们最善于和鬼魂打交道的，吴琴的症状和很多讲鬼的影片一样，百分之百是鬼魂上身。福建很多农村都有这种现象，哪一家的鬼上她的身，然后附在她的身上，她就能想起很多很多以前的事情。"

2. 失忆的女孩

记者决定前往吴琴的家去进一步调查。吴琴家在距离惠水县城四五十千米的好花红乡，从县城开车过去大约需要两个多小时。

中午时分，翻过一个比较偏僻的山坡，记者一行终于找到了女孩的家。正巧，吴琴和她的妈妈都在家。眼前的吴琴看上去很健康，和身旁的母亲王永秀长得比较像，很难把她和我们听到的那些离奇现象联系在一起，她在家已经休养 1 个多月了。

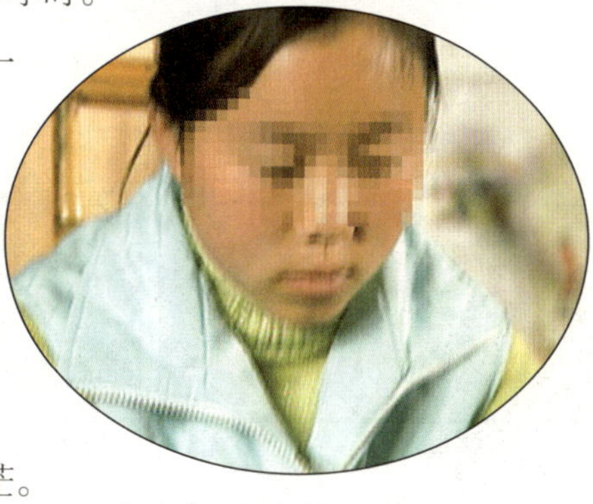

大约过了30分钟，吴琴终于苏醒过来

说起当时在医院的情形，吴琴也一脸迷茫。她说："我觉得很奇怪，为什么我看到他们都不认识了，而且那儿的环境一点都不相同，反正我就感觉自己来到了另外一个世界，当时还感觉我是不是死了，是不是到另外一个地方来了。”

难道吴琴对自己的家庭和父母也都没有印象了吗？母亲王永秀告诉记者女儿刚回来时的情景。走进家门，吴琴四处张望，很新奇的样子。在自己的家里，她还问这是什么地方？妈妈告诉她，这是我们家呀。没想到女儿满脸疑惑地说：“这里真的是我的家吗？我觉得不可能，这不可能是我家。”

就在记者采访的时候，正好遇到吴琴家几个在外地打工的亲戚来家里看望她。记者问吴琴：“你认识他们吗？”吴琴回答不认识。吴琴的舅妈用家乡方言对吴琴说话，女孩根本听不懂，一点反应也没有。后来改成普通话，才和吴琴搭起话来。舅妈问她，“你还记得你大舅、二舅、三舅、四舅吗？”吴琴更加迷惑了，她问：“我到底有多少个舅舅？”舅妈说：“就是有这么多个舅舅。还有一个五舅。”吴琴看起来有点迷惑，有点痛苦，她说：“要不这样吧，舅妈，我先出去走一走，因为你们跟我讲多了，我再想多了，就头疼，对不起。”亲戚们的提示并没有让吴琴想起什么，为什么女孩坚持说自己的家和父母都在福建呢？难道是吴邦权夫妇对于吴琴的身世隐瞒了什么？

记者问吴琴妈妈，“她是你的亲生女儿吗？女儿出生时你们能说出她有什么记号吗？”吴母回答说，“她的右屁股上，有颗黑痣。”吴母告诉记者，他们有出生证明。吴琴的爸爸说，小吴琴是在三都医院接生的，出生那天是清明节前夕，是4月4日，出生时，吴琴的大姑姑也在场。而且，吴琴从小一直生活在父母身边，是父母从小看着长大的。小时候的吴琴学习很用功。

在吴琴居住的房间里，记者还看到了许多她小时候的照片。所有的一切都

苏醒后的吴琴竟然谁都不认识

苏醒后记忆力突然增强

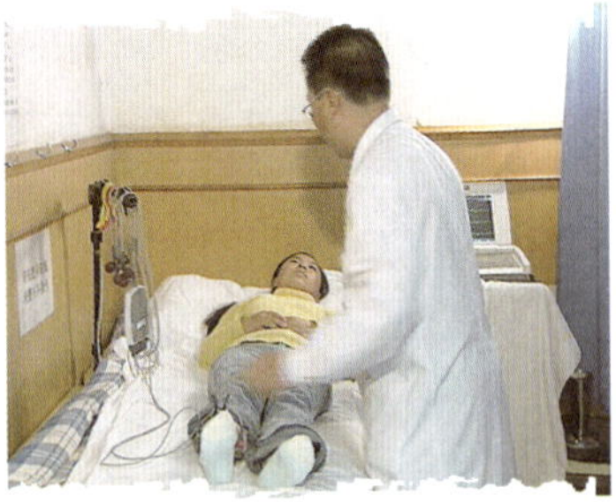

医生为吴琴做了一次全面的检查

证明吴琴确实是在这里出生长大的。可是，为什么吴琴始终坚持说自己的家和父母都在福建呢？村子里许多人觉得这些离奇事情，不过是她装出来骗人的。

听到这些风言风语，吴琴心里很痛苦，也很困惑。她说，“他们好像感觉我是装出来的,怎么可能呢？难道跟他们讲的一模一样吗？我出生在这个家庭，在这里长大,可是为什么我一点也想不起来啊！我没有那种感觉。我干吗要装呢，这太没意思了。”

为了帮助吴琴恢复记忆，我们带她回到曾经就读的清水小学，在这里吴琴会不会想起些什么呢？记者采访了吴琴就读的小学的文校长，他说吴琴从小学一年级到六年级，都是他教的。而且，记者拿出一张吴琴上小学时的照片，文校长都能清楚地指出，照片上的教学楼，当时“六一”儿童节，吴琴参加了一个节目，还是节目的主持人。

照片上的教学楼现在仍然在使用。曾经教过她的文校长说，吴琴学习非常刻苦，当年她是村子里唯一考上县城中学的女孩，可是，对于这些吴琴却没有丝毫印象了。记者又带吴琴来到了她过去上课时的一间老教室。

记者问她：“这能记起来吗？这就是你小时候上学的地方。看看这个课桌，想起来一点了吗？”慢慢地，吴琴站在自己小学读书的老教室里，努力地打捞着记忆的残片。她说：“我想起来了，那次我好像，我好像从那窗子跳下去了。我记得，我是和谁在一起呢？”记者鼓励她，“不着急，再想想。快想起来了，和谁在一起呢”？没想到吴琴突然大叫一声：“啊！疯子。”

吴琴为什么要喊“疯子”呢？难道是她想起了过去发生的什么事情吗？似乎想起了一点点片断，记忆的碎片在慢慢缝合。吴琴就喊了一声疯子。疯子？记者随后采访文校长，是不是当年在这个学校曾经有过一个疯子，或者有一个疯子进来过？文校长回忆说，是有个疯子，在学校里面逗留了一段时间，以后就不来了，以前也来过。当时的同学们都知道这个疯子，包括吴琴在这里读书的时候。这个关于疯子的回忆，至少说明吴琴已经开始捕捉到一点往日的记忆了，慢慢地想起一点来了。

3. 梦中女鬼

旧日的课桌似乎勾起了吴琴记忆中零星的片段，可是，其他的一切她似乎还是没能回想起来。为什么吴琴始终认为自己的父母和家都在遥远的福建呢？

记者很希望让她能够尝试着把福建的家和父母的样子画出来。吴琴尝试着去做了。她说她在福建的家住的是一幢五层的小楼，楼前面是一个水塘，水塘里面有一个喷泉。而她的那个父亲就喜欢经常躺在躺椅上，她的父亲是一个高高瘦瘦的人，老穿一身黑西服，而她的母亲个子高高的，是一个满头卷发的中年妇女。但是，吴琴画出的福建的家和父母的样子，看起来非常简单、模糊，像这样的图画根本不能说明什么问题。就在记者怀疑所谓福建的家和父母不过是吴琴的某种幻想，根本就不存在的时候，吴琴却突然写出了一个电话号码，并告诉记者，这就是她福建家里的电话！记者按照这个号码拨过去，得到的答复是：您拨叫的号码不在使用中，请核实后再拨。再试一次也是这个语音提示。记者没有放弃，通过查询，这个电话号码竟然真的是福建泉州的，但是为什么会是空号呢？

记者问吴琴："这个电话你以前拨过吗？"吴琴回答说拨过。"是不是拨通了呢？"吴琴说："通了，没人接，第一次没人接，后来拨了，但是不通了。"记者再问："你怎么知道这个电话号码的？"吴琴说，"我也不知道。反正我是知道的。不知道是怎么来的这个号码，但是在我印象里记得特别清楚，我也在想为什么会有这个电话号码。"

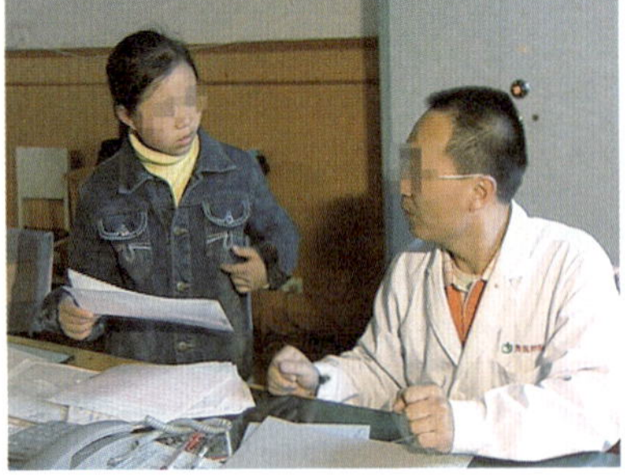

吴琴做了心电图检查，结果正常

到底是什么原因让吴琴对一个不在使用中的电话号码印象这样深刻呢？她为什么坚持要说自己的家是在福建呢？

采访中，吴琴还告诉记者，自己在睡梦中总是见到一个可怕的景象。一个手持铁锤敲击心脏的恐怖女鬼总是出现在她的梦中，"一个披头散发的人，她拿着一个大锤子，使劲地敲那个大大的心脏。声音很大很大，而我整个人都动不了。那种声音是我特别受不了的那种，觉得很恐怖，心里很害怕，特别特别害怕。”

吴琴的叙述里都透着丝丝的恐怖。每次被这样的梦魇折磨，她在睡梦中都辗转反侧，有时禁不住大声呼唤妈妈。有时候，女鬼逼近，咚咚的敲打声一刻不停，梦中的吴琴被吓得昏过去。

为什么吴琴会出现这么恐怖的幻觉呢？为了调查清楚事件的真相，记者陪同吴琴母女来到了贵州省医学院附属医院，请医生为她做一次全面的检查。造成吴琴经常昏迷的真正原因究竟是什么呢？血常规化验结果表明，一切正常。从内科简单的化验来说，问题还不大，没有特别明显的异常。据吴琴讲，她的心脏经常会感到突然疼痛，会不会是吴琴体内还隐藏着其他疾病呢？医生又为吴琴做了心电图检查。

医生明确地告诉她：“心电图是正常的。”吴琴说：“那为什么我又觉得这些地方疼呢？”医生说：“疼，可能有其他的原因。”

经过进一步检查，吴琴的血象、血糖、心脏器官一切正常，医生们又为吴琴进行脑电图及 CT 检查，准备对她的脑部功能进行一个综合评估。

医生介绍，做这些检查的目的在于排除她神经系统器质性的问题，也就是她大脑本身有什么器质性损害没有。比如说有什么肿瘤、炎症、病变性质的疾病，就是为了排除这些疾病。最终，通过一系列检查，没有发现这些问题。

针对吴琴出现记忆力突然增强的现象，精神科医生用记忆检查记录表对吴琴进行了测试，女孩的记忆力是否真的高于正常水平呢？得出的结论是，吴琴的这种记忆力水平属于中下水平，也是在正常范围之内。

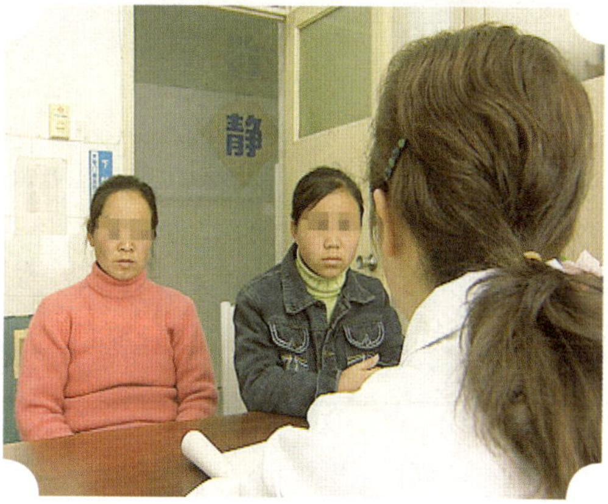

吴琴和身旁的母亲王永秀长得比较像

医院的常规检查结果发现，吴琴身体各个方面都非常健康，起码从生理指标上讲各个器官、各个组织都很正常，而且她的记忆力指数也在正常范围之内。这就让人觉得很奇怪，如果说是一个很正常的人，那她怎么会出现这种经常昏迷、心脏疼痛、语言改变、记忆力增强的现象？这时候有精神科的专家提出了，是不是这个孩子有可能得了精神疾病，比如说是癔症。

北京安定医院儿科主任梁月竹副主任医师解释说，癔症的这种患者昏迷实际上就是暂时的背过气去，她并不见得对周围人的这种所作所为没有反应。她可能是能够有感知的，只不过是她躺在那儿不动，不做出一定的表达，别人以为她不知道。

医生们诊断吴琴的经常昏迷是由于一种精神心理疾病——癔症造成的，这个结果对于吴琴和她的母亲王永秀来说，实在无法接受。王永秀认为女儿当年是村子里唯一考上县城中学的女孩，她还非常喜欢唱歌、跳舞。过去，村子里的人一提起吴琴来，总是夸奖她有出息。这样一个在学校里受到老师表扬的好学生，在家里孝顺、听话的好孩子怎么会得癔症呢？贵州少女突然昏迷，醒后六亲不认，讲述离奇身世，这一切蕴藏着什么秘密呢？

她所拨打的那个神秘电话到底是属于哪里的？这家人到底还在不在？是否情况真的就像吴琴所说的这样，这里面的秘密究竟在何处呢？此后，央视的记者干脆兵分两路，一路陪她去做详细的医科检查，另一路就赶奔福建泉州去寻找那个神秘电话号码的主人。

4．神秘的电话号码

为了揭开发生在这个 17 岁小姑娘吴琴身上的所谓鬼魂附体的秘密，记者进行了深入采访。众多的头绪逐渐都理清了，最后只剩下一个，那就是这个孩子经常念叨的一个神秘的电话号码。当时记者就兵分两路，一路带她去检查身体，另外一路就赶到了福建泉州，想去寻找到这个神秘号码的主人。

为了找出吴琴所说的那个电话号码的具体位置，记者来到了福建泉州的电

17岁的女孩吴琴，真的鬼魂上身，被女鬼附体了吗

吴琴认不出自己的家

信部门，请福建电话局帮忙查证这个电话号码。工作人员初步分析，这个号码应该是泉州的号码。因为0595就是泉州地区的区号，这个号码现在7位数，从6字开头的话，这是属于泉州下属的南安区的号码。因为这个地区的电话号码在升位之前都是7位数的，那么现在的升位，如果是南安的号码就是在这个号码前加8。

原来，这个电话号码是福建省泉州市南安区的，而且，现在这个号码已经升位了，号码前需要加8。记者当时在吴琴家拨打的这个号码显示的是：您呼叫的号码不在使用中，请核实后再拨。这会不会和号码升位有关呢？可是，加8以后电话也没有拨通，语音提示是空号。工作人员说，这有可能是用户因为各种原因，拆机取消掉了。

为了更快地调查清楚吴琴所说的福建电话号码和她家庭的情况，记者找到了泉州电视台新闻中心的欧阳可记者，请他与在贵阳的吴琴进行电话连线。既然吴琴说自己的家和父母都是福建泉州的，那么她能不能听懂当地的方言呢？在连线过程中，欧阳记者会尝试使用福建方言与吴琴交流，希望这次连线能够为调查提供更多线索。

欧阳可与吴琴进行了电话交流。

记者：“听说你在泉州有一个家，有这么回事吗？”

吴琴：“确实是这样。”

记者：“是这样吧，听说你还记得你家的电话号码，能告诉我这个电话号码是多少吗？”

吴琴：“还记得。”

记者：“那是多少呢？”

吴琴报了一遍电话号码。

记者："哦，是这样，那你家里都有些什么人呢？"

吴琴："哦，这个，我只记得有爸爸妈妈，就只记得这两个人（就记得有爸爸妈妈），但长相我记得不清楚，只记得穿的衣服。"

记者："那你记得你以前在这个家里玩耍的一些情节吗？能想起来吗？"

吴琴："想不起来。"

这时，记者用闽南话让吴琴"再说一遍"。

吴琴："我好像知道在说什么又好像不知道。"

记者："你能听得懂我刚才说什么吗？"

吴琴："不知道。"

记者："听不懂是吧。我刚才是用泉州这边的方言问你，有没有来过福建泉州，你会不会说闽南话，你对我刚才说的一点都听不懂是吗？"

吴琴："我好像听得懂又好像听不懂，那种感觉我也说不清楚。"

记者："那是一种什么样的感觉呢？"

吴琴："好像知道又好像不知道，就是这样。"

记者："好像知道又好像不知道。那这样吧，我们会尽我们最大的努力在这边给你找一下，如果确实真的能找到你家的话，我们会及时跟你联系。"

经过多方了解，记者来到了神秘电话号码主人的地址——泉州市南安区罗东镇维新村，吴琴所说的那个神秘电话号码的主人应该就在这里。既然吴琴坚持说自己是福建泉州人，家和父母也在这里，那么维新村是否有人认识她呢？记者首先拿出吴琴的照片让当地村民辨认。

在接下来的调查中，我们终于知道了那个神秘电话号码主人家庭的情况。那个神秘电话号码主人的住址就在罗东镇维新村里。可是，当记者来到这个村子，才发现原来这个村子很多村民有到外地去打工的习俗。而那个电话号码的主人全家已经在两年以前全部到广东那边去打工了，看来和他们无法联系上了。在这个村子里，记者看到很多类似吴琴所说的那种所谓的小洋楼式的建筑，但是在整个村子里，记者没有找到吴琴所说的那种五层的小洋楼，楼前还有一个水池，并且有一把休闲的躺椅。看来吴琴所说的五层的小洋楼在这个村子里是

母亲提示回忆

一进教室吴琴就显得异常的兴奋

吴琴见到同学们时是那样亲切和熟悉

不存在的。

现在这家人已经出外打工了，两年之前就已经出去了，目前还是联系不上。但是，有一个细节引起了大家的注意，那就是吴琴告诉我们的那个电话号码，是当地电话号码升位之前的，再联系到前面的采访，吴琴说她以前曾经打通过这个电话，那么这段时间里发生过什么事情呢？我们往深里想一步，是不是吴琴和这家人之间、这个家庭有着什么千丝万缕难以说清楚的联系呢？我们决定带着吴琴回到她已经离开了 1 个多月的中学，在那里继续深入调查。

5. 重返校园

吴琴一直非常渴望能够重回学校继续读书，可是父母担心孩子的身体状况，始终也不敢让她独自回到学校生活，记者在吴琴家就曾经目睹母女俩为这件事情发生的一次争执。

在记者的陪同下，吴琴终于回到了想念已久的学校，一进教室吴琴就显得异常的兴奋。记者发现吴琴见到同学们时是那样的亲切和熟悉，既然她已经严重失去了记忆，那这一幕激动人心的久别重逢景象又该怎么解释呢？

朱祥路医生对此的解释是，癔症有一个症状，就是选择性的记忆障碍，选择性的语言改变，但这种遗忘只是暂时性的，经过一段时间恢复以后，她会慢慢地恢复正常。

班主任介绍：“吴琴一直学习非常刻苦，而且在学校里她还经常参加唱歌、跳舞等各种文艺活动。她这个人特别勤快，因为我们班上经常搞活动，有几次马上要搞文艺演出，我们班上要选拔一个人或者两个人组织节目，参加学校的文艺表演。她说‘老师，表演什么啊’，我说‘可以是合唱，可以是独唱，还有舞蹈这几个方面，你们随便出一个节目’，很多同学都不愿意出，因为我们班大部分都是农村学生，这方面可能不擅长，但她就主动报名，说‘老师我参加，我唱什么歌都行’”。

梁月竹医生的分析是，她本身就是一个自我显示型的性格基础；其次，她是苗寨里的佼佼者，是唯一的女高中生，受到大家的重视，受到家长的重视，老师也说这个孩子节俭，大家都要向她学习。那么，总是在同学或她的邻居当中、在家人当中都是一个受人瞩目者，拔尖拔惯了。但是，她可能有更高的希望，她认为自己可能应该达到一个更高的情况才好，所以她可能向往一些城市生活或其他情况。

吴琴来到她过去上课时的一间老教室

一个手持铁锤敲击心脏的恐怖女鬼总是出现在吴琴的梦中

原来这是一种疾病的表现

由于家里经济状况一直不好，吴琴非常渴望通过自己努力学习，以此来改变个人和家庭目前的生活。然而，在现实生活中紧张的学习和沉重的家庭经济负担，却成为她通向未来道路上难以逾越的巨大阻碍。吴琴觉得这里很多人都是做了一辈子，但是过得不怎么样，而且经济条件比较差，特别是她看见她妈妈穿的那双黑色球鞋，都已经破了还要穿着，那件衣服都已经烂了，也还要穿着。

既然吴琴得了癔症，那么她又怎么会出现记忆力突然增强的奇怪现象呢？

对此，梁月竹医生的解释是，吴琴在背英语单词、参加的一些竞赛当中，可能她当时的状态很好，很自信，是这种积极向上的动力推动着她，是一种在她正常的智力、记忆力情况下的一种超常的发挥。实际上她的记忆力、智力是不可能有改变的，它是一个常态，跟以前一样，只不过她现在把它的发挥情况利用得很好。

经过医生的检查，其实吴琴并没有超常的记忆力，她目前出现的这种记忆力的增强，只不过是一种病态状况。假如说她的心理疾病被治愈了，那么她的记忆力马上就恢复到原来的正常状态了。专家还告诉我们，癔症可以造成癔症性失明、癔症性痴呆，或者是耳聋，还有身份识别障碍等等。那么为什么吴琴始终说自己爹妈和自己的家都在福建呢？她和那个神秘电话号码的主人之间到底有一种什么样的关联呢？

梁月竹医生分析："比如说她可能是看一些电视剧或者电影的情节，她很喜欢某个角色，当时没有在意，但实际上她内心中有这种模仿倾向，这种倾向可能在她很正常的情况下不会表现出来，但是在她有障碍的情况下，就迸发出来了……"

6．记忆错位

就在我们试图找出吴琴记忆错位的根本原因时，吴琴的母亲王永秀突然想起了一件事情。

王永秀说，上初一的第二个学期，吴琴邂逅了一个小伙子。那个小伙子可能有20多岁，是做生意的，他是飘柔洗发精的推销员，然后他还送给我女儿一瓶洗发精，小瓶的那种，他说给你做个纪念，还写地址给她。

吴琴将接受进一步的心理治疗

记者："这个小伙子是哪儿的人呀？"

王永秀："福建的，是哪个镇我就不知道了。"

记者："当时也没有留电话号码？"

王永秀："电话号码可能留了，他不留电话号码，我女儿也无法打电话。"

原来，在吴琴上初中的时候，她曾经认识了一个福建的年轻人，并且成为朋友。

父母知道她经常会打电话去问候那个小伙子。有一次打去了，这个小伙子没有在家，他妈妈在，他妈妈说："你说话那么可爱，以后有机会到我家来，我把你当我的女儿。"

可以想象：一个是聪明风趣的推销员，一个是对未来充满幻想的少女。当他们一起畅谈外面的世界时，对于长期生活在贫困山村的吴琴来讲，那是多么美好和令人向往啊。

据吴琴的母亲回忆，吴琴跟福建男青年相识大概是在她上初中的时候，而恰恰就是福建泉州地区电话号码升位前的时候，也是那家人搬到广东去打工前的时候，吴琴后来再打电话打不通，就是说明这家人搬走了。再加上福建的电话号码升位了，调查进行到这里的时候，这个神秘号码的问题就已经被解决了。

那么，吴琴为什么会记住这些东西呢？专家告诉我们说，实际上癔症的另外一个表现就是选择性记忆，这些患者会把经历过的一些不美好的痛苦的事情都忘掉，记住那些非常阳光、非常美丽的事情。就拿吴琴来说，一个正值青春期的小女孩，跟一个外面来的男青年接触了之后，有可能她会产生一些美好的愿望，这段记忆对她来说就是相当相当的美好。再加上这个女孩子又非常向往外界的生活，那个男青年的母亲也说过愿意把她收作自己的女儿并且给过她家里的电话号码，所以，当吴琴出现了这个癔症的症状之后，她就会认为自己生命当中真的经历过这些美好的东西，所以就牢牢地记住了这个电话号码。而且实际上，吴琴在记忆发生了选择性时，这种错位的事情还不止这一件。

吴琴在县城读书时，父母曾经为她在学校旁租了一间宿舍，班上几个要好的同学合住在一起，那段时间对于吴琴来说是最快乐的。就是这幢房子，在周围的建筑物之中非常显眼，这幢房子的建筑非常漂亮，一共有五层。

吴琴睡梦中总是出现的那个可怕女鬼，到底又是什么原因造成的呢？

梁月竹医生说，癔症的患者可以出现幻觉，她经常做梦，这个女鬼去敲击她的心脏，实际上是她的一种担心。因为她的姥姥就是一个因心脏病去世的患者，她可能是感受到了当时的那种恐怖和哀伤，可能当时的心结没有解开，她没有正常的宣泄方式，压在心底的情绪会以梦的方式来表达。

来自现实和内心的双重压力，让少女单纯的心灵起了微妙的变化，慢慢地，这样的变化走向了另一个极端。看着吴琴独自徘徊在田间落寞的身影，我们感到这一切既让人痛心又发人深省，如果一个人过于沉浸在自己构想的世界中，而这个世界和现实又是那么不同，我们不知道这两者的反差会给她带来多大的失落和绝望。此刻，吴琴所有的离奇经历已经变得不再离奇，她也只是一个追求梦想的普通少女，只是她追得太远太远了，远得遥不可及……

围绕贵州苗族少女吴琴身上发生的一系列稀奇古怪的事情现在终于真相大白了。其实专家告诉我们，现在处于像她这样青春期的孩子具备这种癔症性格的人，还存在着很多，无论是在城市还是在乡村，正是因为这种心理和生理的双重压力，有的时候青少年没有成人抵抗压力的能力，无法找到一个好的心理宣泄口，在这种性格以及压力的驱使之下，无法承受，产生了很多的问题，包括像吴琴这样的症状。吴琴真的是非常幸运，当这件事情被媒体披露之后，在经过了一番深入的追踪调查之后，大家明白这个孩子真的不是什么鬼魂附体，不过是一种疾病的表现，所以，社会各界都向她伸出了援助之手，学校也为她想尽了一切办法，帮助她早日恢复健康。

（于云波　刘臻）

死亡日记

“又是那个梦，不知道在哪里，我一直不停地走着，树林里很暗。那是什么？我站在墓碑前面，想看清墓碑上到底写着什么，可是每次醒来我总是记不住。连续几天都是这样，我到底怎么了？”

1. 梦中的墓碑

每个人都有自己害怕的东西，害怕失去的、害怕见到的东西。也许你还没有遇到，可是她遇到了，她的名字叫王霞。

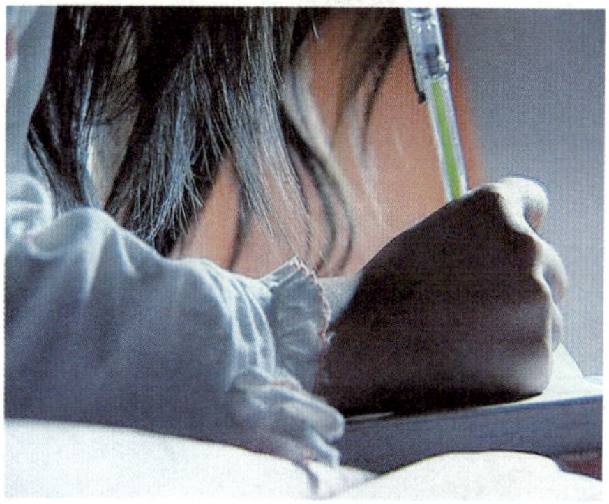

王霞写日记

一天，刘女士像往常一样正在家里忙着为女儿做着晚饭。突然电话铃声响了起来，是一个陌生人打来的，那个人告诉她，她的女儿王霞现在正在医院抢救，让她立即到医院来。上高三的女儿王霞早晨出门时还好好的，她到底出了什么事情？刘女士满腹疑虑又心急如焚地来到医院，女儿王霞

王霞有记日记的习惯

王霞真的已经恢复正常了吗？

梦里王霞站在墓碑前面

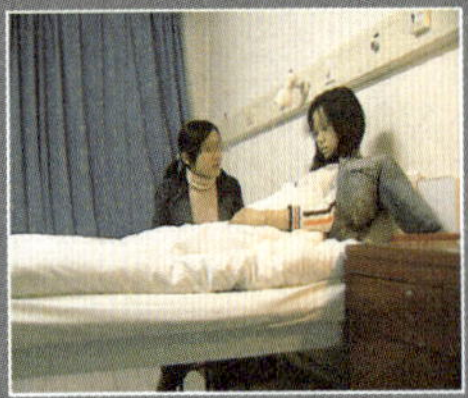

同学看望生病的王霞

王霞一个人昏倒在路边

正躺在急诊室的病床上。护士告诉刘女士，她女儿是被一个路人送来的，据那个路人说当时王霞一个人昏倒在路边。现在那个人已经走了。王霞到底为什么晕倒，只有她自己才清楚，可是王霞始终不愿意说起这件事。

几天后王霞的身体慢慢地恢复了，所有的人都想问王霞她是怎么晕倒的，可奇怪的是她自己却说已经忘记了。医院考虑到她的身体，建议她回家休息。王霞回家之后在母亲的照料下，身体一天天好了起来。可是那次昏倒的真正原因却始终不曾提起，她只在后来的日记中简单地写下了这样一段话：“前段时间因为住院，所以很多事情没有写下来，现在补上。印象有些模糊了，我记得那天中午休息的时候我走在学校后门的小路上，两边很热闹，突然看见血，鲜红的血，然后是沾满鲜血的菜刀。我想走开，可是我走不动，头很晕，腿发软。当时还能听到有人在喊什么，然后我就到了医院。我到底怎么了？”

过了一段时间，事情慢慢过去了。日子仿佛又回到了原来的轨道中，好像什么事情也没有发生过。可是王霞真的已经恢复了吗？就在王霞晕倒后一个月，王霞的老师突然来家访。母亲对于老师的到来很意外，因为王霞在学习上很少让家长操心，老师到底来做什么呢？把老师让到屋里后，老师向王霞的母亲讲述了王霞在学校里的一件奇怪的事情：“那天学校广播站的一个同学给我打了电话，说我班一个学生在广播站情绪很不稳定……”

那天晚上，王霞的妈妈决定和老师一起好好与王霞谈谈。可是任凭她们说什么，王霞都只是抱着她平时最爱的小熊，一言不发地坐在那里。

关于这件事，王霞也写到了日记里："今天老师来家访了，估计是因为今天去广播站没去上课的事情，我没和妈妈说真正的原因。今天早晨刚到学校就听到了那首歌，我立即就冲到广播站。我要问出那首歌的名字，自从那次听过之后，我就一直想知道那首歌的名字，可是总没有机会，这次我终于知道了。那首歌的名字叫'再见'。"

王霞什么话都不和母亲说，王霞的母亲决定找老师商量一下到底应该怎么办。这天，她来到了学校，在学校的办公室里母亲和老师谈论起了王霞最近的种种异常之处，并把女儿一个月前昏倒的事情告诉了老师。老师也向刘女士讲起了一件事。就在上次去家访后的两天，王霞的同学小芳跟老师说起了王霞的一件事情。那天小芳和王霞一起回家，就在回家的路上他们经过了一个垃圾堆，可是王霞突然看着一个什么东西愣住了，然后就昏倒在了地上。根据那个同学的描述，当时王霞看到的是垃圾堆里的一个包裹，那个袋子里面装的是一只刚死的小狗。

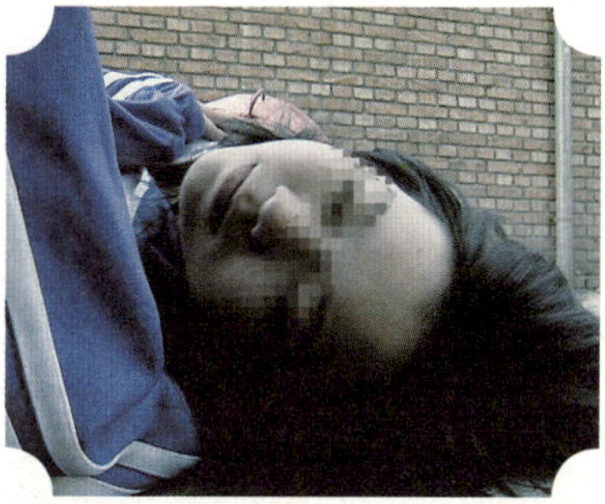

路人把王霞送进医院

2. 日记里的秘密

随后，母亲又去咨询了心理医生。医生建议刘女士和王霞多进行交流，这样能够更多地了解事实，从而针对王霞的问题采取相应的治疗手段。

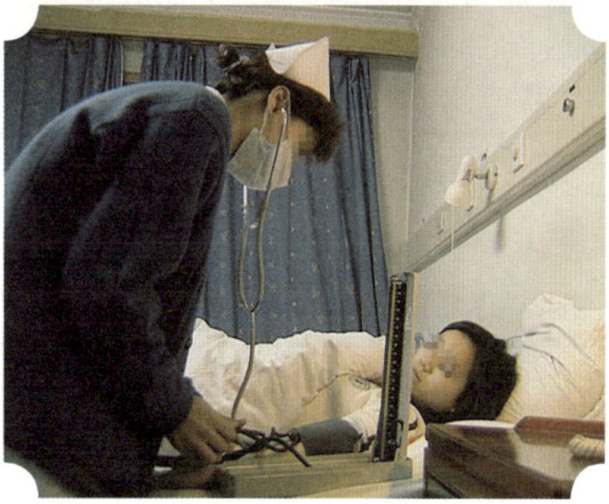

医院建议她回家休息

刘女士想和自己的女儿谈谈

王霞的日记里写着她隐瞒的事情

日记里一行行触目惊心的文字

问："焦虑可以用回答表上的问题衡量出程度？"

答："是的，焦虑可以用测查的方式，我们可以看到她的焦虑分，这个孩子的焦虑分还是比较高的。"

问："一般就是从回答表格看？"

答："这个表就是自我感受的一个生活事件，而由生活事件自我感触的一个症状频率表。主要的意思就是焦虑、恐怖得分，包括强迫得分、抑郁得分都可以表达出来。"

问："孩子的焦虑分比较高？"

答："焦虑分比较高，对。一般焦虑都伴有抑郁，她的抑郁分也偏高。"

刘女士想和自己的女儿谈谈，可是王霞好像对白天带她去看心理医生的事很生气，一句话也不和自己的母亲谈。万般无奈之下，刘女士决定在王霞的日记里找出她隐瞒的事情。一天王霞不在家，她偷偷打开了王霞的日记，一行行触目惊心的文字展现在她的眼里：

1 月 20 日

他老说我营养不良，像个小萝卜头；可他自己还不是瘦瘦的，风一吹就要倒的样子。每次他一请假，我就担心，祈祷他的病快点好起来。

8 月 15 日

小宇说，我们还小，注定是不能被父母理解的，我们之间的感情就当作是一场梦吧，醒来了就过去了，因为他可能要先走了。我很害怕，一定是他的病

王霞从来不对自己的母亲吐露心事

又严重了。

9月10日

我终于明白什么是晴天霹雳了，我心爱的小宇，他得的是不治之症。

1月28日

记不清这是我第几次看他了，他越来越虚弱了，手指像枯枝一样，他心爱的篮球就放在床边，可他连看它一眼的力气都没有了……

3月1日

一个让我永远痛苦的日子，我的小宇没有了。

发现了王霞的秘密，刘女士顿时想起了女儿以前曾经提起过的那个男生，当时，她非常不赞成女儿与那个男生在一起。

刘女士将日记拿到了张医生的面前，张医生从日记中发现王霞对于那个男生的感情并不一般。她说："王霞的基本状况不是非常理想。一个少年对异性

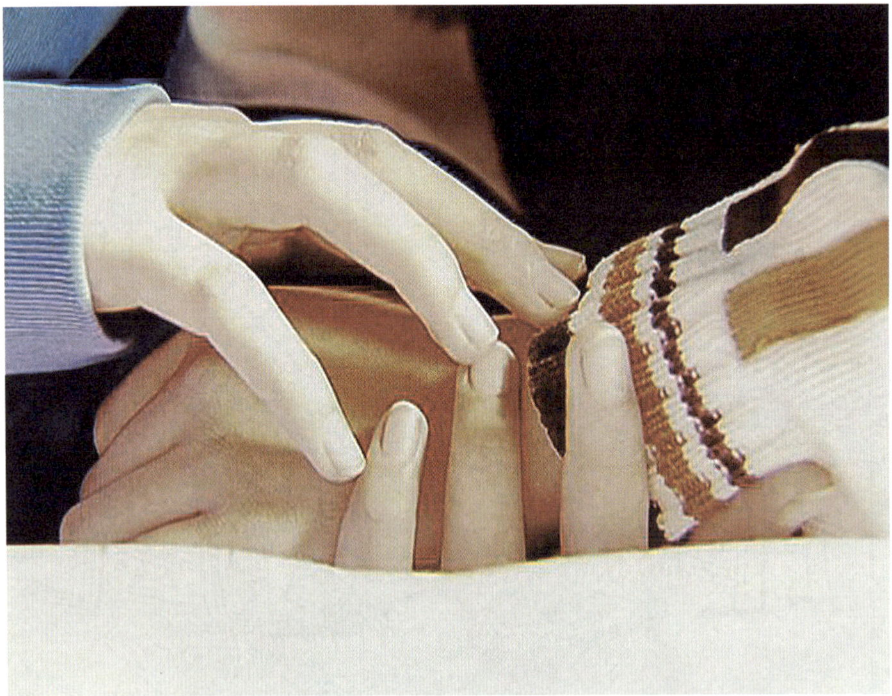

同学的陪伴

有一些爱慕，在他们这个年纪基本上在精神恋爱的水平上，不是真的两个人有很实质的关系。”

那个叫小宇的男同学是王霞的同班同学。所有的一切都是从小宇为王霞点歌开始的，从那以后王霞的心里就有了小宇的影子。可是母亲反对的态度很坚决，根本不容王霞申辩。就在他们的关系还很不确定的时候，灾难降临到了小宇的身上，他患上了白血病，最后的日子是在输血中度过的。王霞曾经偷偷地去陪过他一段时间，她当时见到了什么让她如此害怕的事情？张医生对王霞的治疗主要是针对她引发的事件。一个非常亲密的朋友最后离开自己而去，那个人又死得比较突然，而两个人的关系不可能对其他的人公开，所以不能向好朋友倾诉。在这种时候通常在内心里有一种否认的态度，这种否认的态度会让她害怕、焦虑，影响正常的学习生活。在这种情况下张医生建议王霞和她的朋友再道一次别。

3．心理治疗

王霞的梦中曾经出现过荒山里的墓碑，这正是因为王霞对逝去的朋友无法忘怀的体现。要治好她的病，最好的方法是让她有机会和男友告别，可是由于小宇去世已经很久了，到底怎样才能解开王霞心里的那个死结呢？

有个成语叫“自欺欺人”，用在形容一种心理治疗的手段上十分的恰当，那就是转移法。转移自己的情绪，从一个人到一件东西都可以。最常见的就是失恋后为了表示与旧的男女朋友告别，就会把原来那个人送的东西统统烧掉，这就是一种转移情绪的方法。张医生采用的就是这样一种

王霞心事重重

对着太阳想心事的王霞

从日记中发现王霞对那个男生的感情不一般

关于男孩死亡的日记

方法。为了了解王霞的心理，张医生设计了两个试验，首先是观看关于爱情和死亡的片子，这样能够让王霞在放松的情况下表现出最真实的情感。随后，医生让王霞做了一个拼图。拼图的过程很长，医生在这个过程中一直紧盯着王霞，注意着她的细微表情和动作，为她的诊断寻找着证据。

张医生说：“有亲人离开以后，悲哀的情绪会持续一段时间，通常需要一个月或者更多。在这段时间里最好的办法就是把这种感觉，或者是这种焦虑的情绪分散出去。正常人都能比较快地把这种情绪疏散出去，但是王霞的事有一定的特殊性，因为开始的时候她没有办法和别人诉说。”

在做了几次心理治疗之后，王霞的情绪有了明显的好转，医生决定可以进行最终的治疗了。最终的治疗就是要彻底消除小宇在王霞心理上留下的阴影。由于很难找到与小宇有关的资料，也为了治疗的效果，医生决定应用心理学中的替换法，用一只精心准备的猫作为已经逝去的小宇的代替，让王霞有一个机会去表达自己对于小宇的思念，并向他道别。治疗的结果非常令人满意。

如果王霞没有碰到一个关心她的老师，如果心理医生没有找到对症的方法，如果她和妈妈没有最终互相理解，她还将忍受病痛的折磨。可是王霞是幸运的，我们希望所有的家长和孩子都能互相理解，互相尊重。

（梁婷婷　杨力　薛建峰）

鼠魔

不知道有人想过这个问题没有：失眠的人通常在想什么？有人说，失眠的时候满脑子里都是事儿；也有人说，失眠的时候脑子里空空如也，什么都没有。对付失眠人们有很多可以选择的方法，比如吃安眠药，喝上一杯热牛奶，泡个热水澡等等，其中最古老又最常用的方法就是数数，比如数星星、数绵羊。但是，如果这个时候脑子里没有别的东西，只有几只老鼠窜来窜去的，那么，恐怕数的也只能是老鼠了。

1. 噩梦中的老鼠

夜深了，午夜的钟声刚刚敲过，在唐山市郊的一个居民区，大多数人都已经沉浸在美梦中了。然而，一个老式的房屋里却依然灯火通明，屋子里传来了奇怪的响声，这个时间，到底是谁还在忙碌？这个奇怪的屋子里究竟隐藏了些什么？

为了给自己壮胆，李菊抱来了一只健壮的家猫

这个屋子的女主人名叫李菊，每天晚上把这些奇怪的声音制造出来的人就是她，那她到底在干什么呢？李菊自己说：“睡梦里懵懵懂懂地看见有老鼠，于是就做噩梦，梦见床上全是老鼠，但有时候一看又没有了，也不知道是真是假。”

罪魁祸首原来是老鼠。整整几年来，因为怕老鼠，李菊从来没睡过一个好觉。为了打老鼠，她每夜拿着鸡毛掸子到处找，看有没有耗子，有时候一折腾就是一两个小时，然后才可以稍微放心一点，能睡着一会儿。如果不这样的话就睡不踏实。

其实，小区的卫生环境很好，邻居家里也从没有发现过老鼠的踪迹，许多人都认为这是李菊太敏感了，劝她安心睡觉，然而，李菊却始终觉得自己与众不同。对于她来说，这好像已经成了一种习惯，总是觉得家里有老鼠，总觉得老鼠在围着自己转，而且很怕它咬自己。李菊觉得自己特别招老鼠。

原来，李菊十年前就和老鼠结下了孽缘。那是一个初夏的晚上，李菊回到家乡休假，家里的老房子已经年久失修，夜深人静的时候，时常能听到些奇怪的声音。这一天，就在李菊酣然入梦的时候，突然间，她的脖子里多出了一个东西。李菊一下子惊醒了，发现竟然有一只老鼠趴在自己的脖子上，她使劲往下扑老鼠，心里怕得要命。从那以后，她心里就有一个很深的烙印，特别烦老鼠这个东西。

只能靠看书打发失眠

从那天起，李菊失眠了，最严重的时候，一连几个星期都没有睡意。每到夜深人静，一点点的响声都会让她变得神经兮兮，以至于看到和老鼠相似的影子，她都会汗毛直竖，头皮发麻。她不止一次地对人说：“一看见老鼠我就觉得恶心得不行，我觉得它是四害之首，因为它没做过什么好事，我看了就恶心。”为了给自己壮胆，李

掸子挂在墙上，一到晚上她就用它到处找老鼠

菊抱来了一只健壮的家猫，想用这个老鼠的天敌来驱赶老鼠。然而，胆小的猫让李菊非常失望，她对老鼠的恐惧丝毫没有减轻。

就在李菊酣然入梦的时候，有只老鼠趴在她脖子上

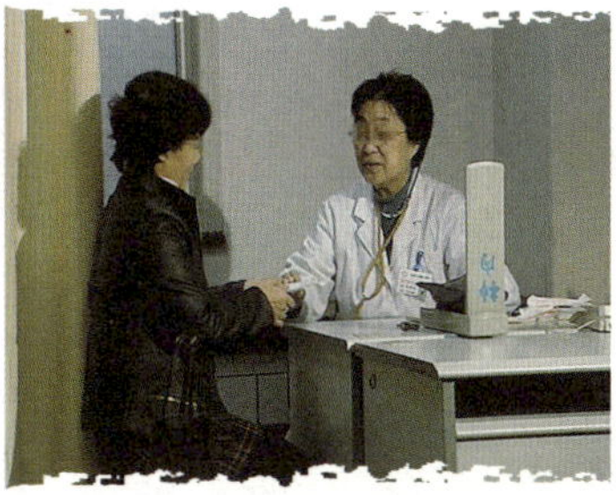

李菊没有高血压

恐惧导致失眠，越失眠越恐惧，李菊在这样恶性循环下痛苦地生活着。李菊认为，如果失眠能治好，这样的恶性循环也许就能被终止，为此，李菊踏上了失眠的求医之路。然而一切都是徒劳，一旦停药，失眠的噩梦又重新开始。万般无奈之下，李菊只好借酒浇愁。哪天晚上睡不着了，就拿着酒瓶子咕噜咕噜喝两口，再喝点开水，好让自己赶紧入睡，不然的话就特别害怕，睡着了也就不怕了。

不知道是哪一种药物的作用，这一晚，李菊很快就睡着了，这是李菊睡得最早的一次，然而也是她睡得最短的一次。朦朦胧胧中，她好像做了一个梦，挂在墙上的鸡毛掸子被收了起来，紧接着，恐怖的一幕发生了。梦醒后，她没敢再次闭上眼睛，巨大的恐惧感甚至让她对生活也失去了信心。那一段时间，李菊觉得自己特别颓废，找不到生活的价值，觉得自己没有什么特点，挺平庸的，总是为失眠发愁，总是为了不能睡好觉发愁。

正常人都会偶尔失眠，偶尔失眠的原因很多，最常见的就是生物钟或者习惯被打乱了，比如换到另一张床上去睡觉，也就是睡眠环境的改变，

李菊来到了心理诊室

一只由手帕折叠成的布老鼠

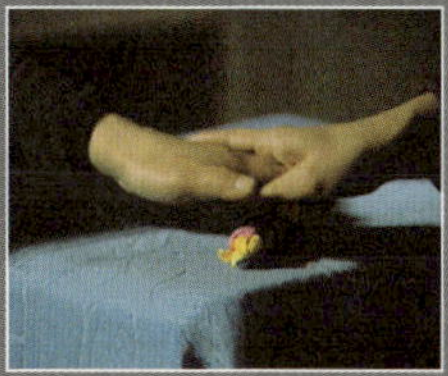

李菊必须伸手抚摸这只布老鼠直到医生叫停

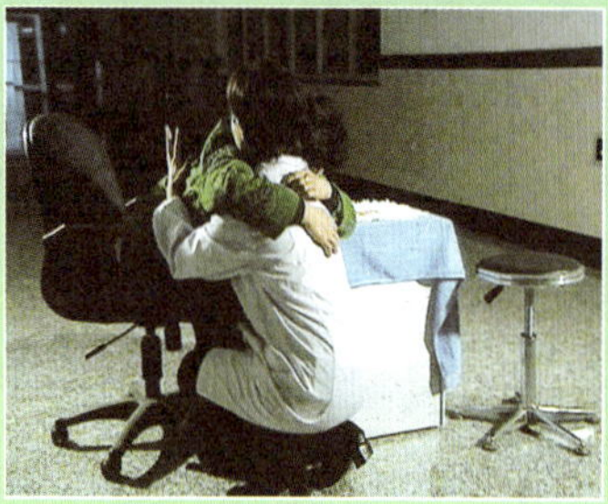

医生换了一只玩具老鼠，李菊条件反射地跳了起来

用老百姓的话叫“择席”“认床”，这样一来很多人都睡不好觉。另外，生活上突发事件的刺激也会导致失眠。再有，入睡之前喝酒，或者是喝咖啡、茶等刺激性饮料，也会导致失眠。一般在困境消除或逐渐适应后，自然而然就会恢复正常的睡眠。然而很多长期失眠的患者则是由于精神因素或者是器质性的疾病造成的，比如高血压、大脑中枢神经的病变、内分泌失调等等。研究表明，有近 80 种疾病和长期失眠有紧密联系，如果一个人睡眠时间为零，也就是根本不睡觉的话，他只能存活四天。所以失眠不仅痛苦，而且相当危险。

2. 以毒攻毒

李菊已经离不开安眠药了，她总是频繁地往返于家和医院之间，一次偶然的机会，她遇到了一位细心的神经内科医生，这位医生给她提出了一个中肯的建议：“没有高血压，CT 和脑电图也都正常，在这种情况下长期失眠，很可能是由于那次惊吓造成的心理障碍，要看心理科和精神科。”失眠竟然和心理有关，这是李菊从来没有想过的，将信将疑之下，李菊来到了心理诊室，她希望能在那里找到答案。

李菊慢慢地接受了这只玩具老鼠

在心理咨询室，李菊向医生讲述了自己将近八年的失眠史，整个过程

中，李菊一直在强调老鼠这个词语。很快，心理咨询师下了一个大胆的猜测，李菊心里最恐惧的老鼠其实并不存在！李菊恐惧的老鼠只是一直生活在她的想象当中，可她为什么会对老鼠这么敏感呢？医生分析，老房子的惊吓事件对李菊而言也许是一个最重要的刺激源，这种瞬间的、剧烈的心理冲击往往突破了

大家都已进入了梦乡，但是李菊还在苦苦地与失眠搏斗

她的心理防线，要消除李菊对老鼠的恐惧心理，只能以毒攻毒。

心理医生用手帕折叠成一只布老鼠，他刻意隐瞒了这一点，让李菊伸手抚摸这只布老鼠，直到叫停。起初，李菊的情绪显得非常稳定，然而，当医生告诉她这是一只布老鼠时，李菊立刻拒绝触摸，手帕的形状让她联想到真正的老鼠，由于她的情绪非常激动，医生决定改变方案。

第二次，医生换了一只玩具老鼠，李菊条件反射地跳了起来。不过她很快平静了下来，看到这只玩具老鼠对自己毫无攻击能力的时候，李菊慢慢地接受了。她说："刚开始还特别害怕，但是后来一想反正是假的，也不像真老鼠那么脏，也没有那种臭味，又觉得还可以接受。"这个环节的治疗效果非常理想，医生决定提高难度，开始满灌治疗。

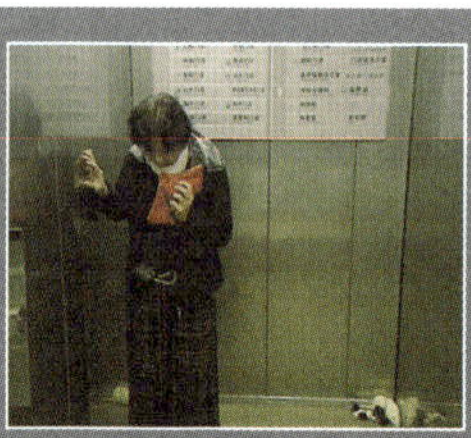

李菊必须待在一个放满了实验鼠的电梯间里

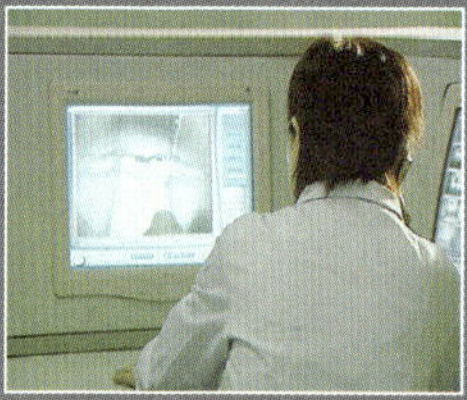

吴医生在监控室里仔细观察李菊的行为

几十只老鼠正拖着长长的尾巴在李菊的身边走来走去

满灌疗法，又叫"冲击疗法"和"快速脱敏疗法"。英国著名的行为治疗专家马克斯曾经用这种方法治愈过大量的患者，这种治疗方法通常一开始就是让患者进入让他最恐惧的情境中，比如，鼓励患者想象最让自己恐惧的场面，或者利用录像、幻灯片放映最使患者感到恐惧的情景，同时还不允许患者做出闭眼睛、哭喊、堵耳朵这样的逃避行为。在这样反复的恐惧刺激下，患者有可能因为焦虑紧张而出现心跳加快、呼吸困难、面色发白、四肢发冷等反应，但是到最后患者最担心的可怕灾难却并没有发生，于是焦虑反应也就逐渐地消退了。有的患者经过实际体验，觉得也没有导致什么了不起的后果，恐惧的症状自然而然地就消除了。当然，要开展这种治疗需要做很多准备工作，比如患者要学会科学的呼吸方法、放松神经的方式，而事先调整好面对恐惧的心态，这样治疗才能够开始。

现在，李菊已经做好了治疗前的准备了，迎接她的考验会是怎样的呢？在一个放满了实验鼠的电梯间，按照吴医生的要求，李菊必须和这几十只老鼠共处一室，十分钟后她才能离开电梯。李菊被蒙上了眼睛，她并不知道接下来自己要面临的这个考验。在忐忑不安的心情下，李菊走进了电梯里，电梯门被缓缓地关上了，漆黑的电梯里，和外界联系的唯一纽带就是一台电话。这时，电梯间里几十只老鼠正拖着长长的尾巴在李菊的身边走来走去，她慢慢地打开了眼罩。

另一边，吴医生正在监控室里，仔细地观察着李菊的行为。

李菊不敢睁眼。尽管老鼠经过了无菌培养，但李菊的情绪还是非常抵抗。有几次她甚至觉得老鼠已经顺着裤腿爬上来了，就使劲扑打，觉得特别恐惧，但是她不敢动，怕踩着老鼠，毕竟那是小生命。李菊的内心经历着前所未有的挣扎，她开始使用医生教的方法调整呼吸。慢慢地，她紧张的神经松弛了下来，激烈的情绪有了很大缓和。她看着周围的老鼠，忽然觉得老鼠并不像想象的那么可怕，她的心情慢慢地好了一点。十分钟时间很快到了，李菊成功了。

在这次治疗中，吴医生注意到一个关键的细节，那就是李菊对生命的怜悯，这也许是治疗重要的突破点。利用她的怜悯之心，吴医生制订了新一轮的治疗方案。吴医生认为，按照以往的治疗，电梯测试的强度已经很大了，但是他希望李菊能够做得彻底一些，让她能够不仅不怕老鼠，而且能够很自如地接触老鼠。

新一轮的治疗中，李菊必须把手伸进水里，在老鼠被淹死之前挽救它的生命。这意味着李菊必须和老鼠产生肌肤接触，她能做到么？

时间一分一秒地过去了，老鼠的挣扎已经开始放慢，而李菊内心的挣扎却越来越强烈，终于在恐惧和同情心的矛盾挣扎下，她大胆地伸出了手。她说：“那一刻我觉得老鼠挺可怜，怕它淹死了，毕竟它是一个小生命，和我们人类一样，也是一种生命。我觉得不应该再怕它，应该想办法把它救出来。”的确，老鼠没什么可怕的，老鼠比人类弱小得多，老鼠不会对人造成攻击性。正是在有了这个想法之后，李菊终于救出了老鼠。

回家后，李菊显然放下了最大的包袱，她期待着自己能有一个好的睡眠，可是，即使自己不害怕老鼠，轻微的声音仍然会让她神经兮兮，而且失眠的症状并没有任何减轻的迹象。难道前面的治疗都是徒劳？导致失眠的真凶不是老鼠吗？

3. 缺失的安全感

和几十只老鼠共处一室

吴医生很快意识到，李菊虽然已经消除了对老鼠的恐惧，但是失眠的症状没有明显的改善，从这个角度来说，她失眠的原因背后，肯定不是因为恐惧老鼠造成的。为了尽快找出原因，这一次，吴医生决定用深度放松的方法，引导她说出新的线索。

人在深度放松的时候，大脑的防御机制处于最薄弱的时候，大脑皮层被压抑或忽略的信息在这个时候最容易忽然出现。在医生反复地提醒下，李菊的记忆慢慢地铺开了。这次出现在她记忆里的不是老鼠，而是贼。

几年前的一个夜晚，月光下李菊正在熟睡。朦朦胧胧间她觉得有动静，可是又觉得是在做梦，响声仍然在继续，由于那天李菊实在太困，她始终没有睁开眼睛。第二天，地上几个清晰的脚印表明，屋子失窃了！想起昨晚和窃贼擦肩而过，李菊心惊肉跳。女儿不在身边，丈夫也不在了，那一刻的李菊觉得特别无助，特别失落。李菊有过一段不幸的婚姻。离婚后，丈夫限制了她探望女儿的时间，这让婚姻破裂的李菊更加痛苦。孤独的生活让她对女儿的思念与日俱增。吴医生认为，李菊和丈夫离异以后，丈夫不允许她去看她的女儿，这种爱的缺失，以及女儿不在身边的孤独导致了她的不安全感。家庭的破裂、不能与女儿相聚的缺失感，一直让李菊感到非常不安。就在这时，家中失窃的意外，加深了她潜意识里的不安全感，盗贼留下的响声深深地烙在了她的记忆深处，而当遭遇老鼠的突然惊吓时，李菊又把所有的不安全感都转移到了老鼠的身上。其实李菊恐惧和敏感的老鼠并不存在。老鼠只是她恐惧不安的替代品！如果李菊不彻底消除这种不安全感，她将永远无法拥有正常的睡眠。

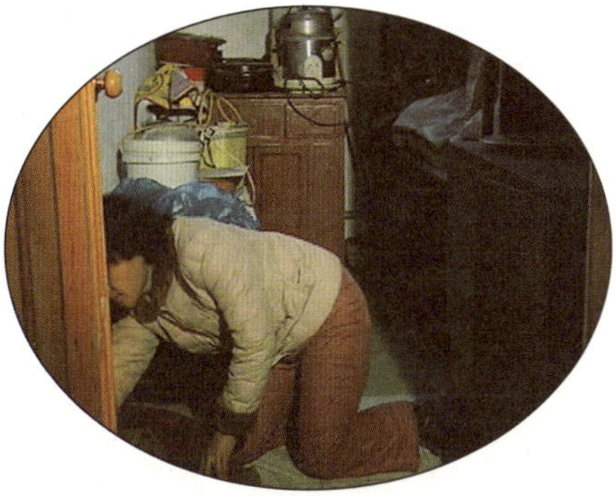

找老鼠，有时候一折腾就是一两个小时

为了替李菊找回久违的安全感，心理医生用心理学的替代法扮演了她的女儿，半梦半醒中，李菊似乎看到，女儿又回到了自己的身边。

走出心理门诊的大门，李菊轻松多了，因为她找到了失眠的答案，她对过去的敏感和多疑付诸一笑，她相信从此自己一定能睡个好觉。

李菊和远在外地的女儿通了一次电话，这次谈话彻底消除了她的顾虑，其实女儿并没有因为离开她而忽视了她的存在。自从那次电话以后，李菊的睡眠就奇迹般地恢复正常了，而且，脑子里老鼠的影子再也没出现过。

其实，失眠并不可怕，可怕的是人们对于失眠的原因一无所知。生活中每个人可能都会遇到失眠，一旦失眠，千万不要只把希望寄托于安眠药，要好好地想一想，是不是自己最近遇到什么不顺心或是困扰自己的事情，一旦打开了心结，一切问题也就迎刃而解了。

（梁婷婷　薛建峰　杨力）

极度深寒

有人曾经由于患了严重的湿疹，久治不愈，终于忍受不了奇痒无比的痛苦，结束了自己的生命。这个故事的主人公韦凯也正在经历着类似的遭遇。其实，每个人都有过痒的感觉。医学家说，痒是很正常的，它是皮肤的一种特殊感觉，轻痒使人心不在焉，剧痒使人夜不能寐。总而言之，痒的感觉是无法说出来的，只可意会，不可言传。但是，痒真的那么可怕吗？这个小小的皮肤病背后到底隐藏着怎样的杀机？

1. 奇痒难忍

3 月的一个下午，这一天对于韦凯来说又是一个痛苦的日子，老毛病又犯了，这种病已经纠缠了他四年，而这一天尤其严重。很难形容这是一种多么痛苦的感觉，一瞬间，好像有几十万只蚂蚁和爬虫正钻入自己的体内，爬满了全身的每

韦凯老毛病又犯了，他痛苦万分

这病已经纠缠了他四年

龚梅恩医生

一寸皮肤。

不知道从哪一天开始，一个奇怪的习惯缠上了韦凯，每天早上，他都必须烧开一壶开水，他用这壶开水兑上冷水，洗脸、洗手、洗衣、做饭。而且，每次打开冰箱之前他都必须戴上手套，打开冰箱门的时间总是不超过三秒。在这个奇怪的习惯背后，隐藏着韦凯的一个难以启齿的秘密，他怕冷。别人说起韦凯，总是这样形容他："他就连洗东西、洗澡都很怕，水稍微凉一点点他都受不了，总是用很热的水，有时候还要戴上手套，害怕碰到冷的东西。"

广州的夏天漫长而炎热，有时候气温达到三十七八度，本来就挺热的，但是洗冷水又不行，韦凯只有用热水洗，但是洗热水热得又难受，真是没办法。韦凯的身体很结实，平时很少生病，他怕冷并不是因为害怕低温，而是害怕低温给自己带来的生理变化。不知道从什么时候开始，他只要一碰到冷水，半小时到一小时后，身体必然会有微妙的变化。被冷物体刺激的部位总会泛起大片大片的红肿和风团，这些红肿和风团奇痒无比，让人难以忍受，一旦挠破了，皮肤还会溃烂、发炎，让人意志濒临崩溃。对于这种奇痒难忍的感受的记忆充满了无奈和痛苦，韦凯说："抓了以后又觉得更痒，痒的时候又更加的用力去抓，抓出一道道血痕。痒起来的时候就很痛苦，不停地抓自己头、颈部、手、背部的皮肤，什么地方都会痒。"

为了治病，韦凯和妻子几度放下工作，踏上了求医的漫漫长路，几年来东奔西走，跑遍了全广州医院的皮肤科，令人意外的是，结论竟然都惊人的一致：冷性荨麻疹。

冷性荨麻疹到底是一种什么样的怪病，让韦凯那么痛不欲生呢？其实，这种病在荨麻疹类疾病里是常见的病种，患有这种病的人通常都是因为冷刺激导致的皮肤过敏性反应，通常情况下使用一些激素类的膏药就可以缓解病情，解除瘙痒的痛苦，治疗的周期也就在几个星期左右。但是，韦凯却没有这么幸运，他的治疗没这么顺利，否则，也就不需要跑遍整个广州市的医院了。韦凯到底遇到了什么意外呢？

虽然诊断都一样，但四年来，韦凯不知吃了多少皮肤病类的药，却全都没有效果。一种普通的皮肤病，到了韦凯的身上就好像发生了变异，他陷入了深深的绝望之中："中成药、西药、抗过敏的药都吃过，效果却不好，还是觉得痒。"

一个闷热的中午，韦凯正在公司附近的公园散心，突然，几个同事对他做了一个恶作剧，导致韦凯失足滑倒在冰冷的水池里。慌乱中，他竟然和同事大打出手。韦凯是一个老实本分的技术员，为人随和大方，然而这一次，却因为一点小事和同事动手，同事们很不理解。韦凯自己也非常后悔："因为这件事，同事觉得我很虚伪、很小气、很有城府，这更加重了我的自卑感，我的自尊心受到很大打击。"

韦凯怕冷

韦凯的话越来越少，病情也在逐渐恶化，无论使用什么方法也解除不了他的痛苦。病魔正一点点把他的忍受能力消耗到极致。终于有一天他失去了理智，疯狂地跑进厨房，拿起了刀子。他感到必须要用疼痛来掩盖那种痒的感觉，所以一时冲动，拿起

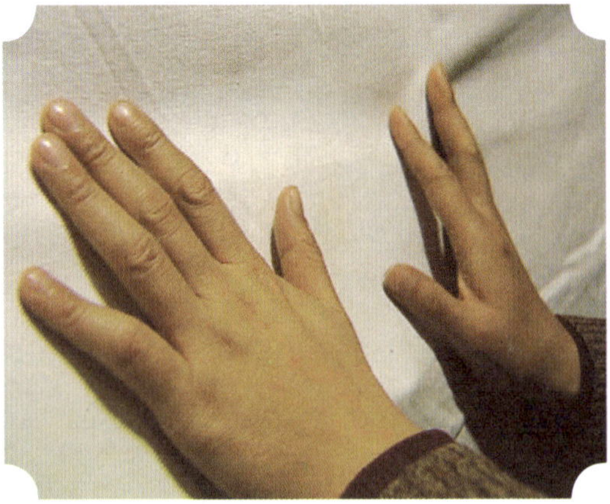

洗手必须用很热的水

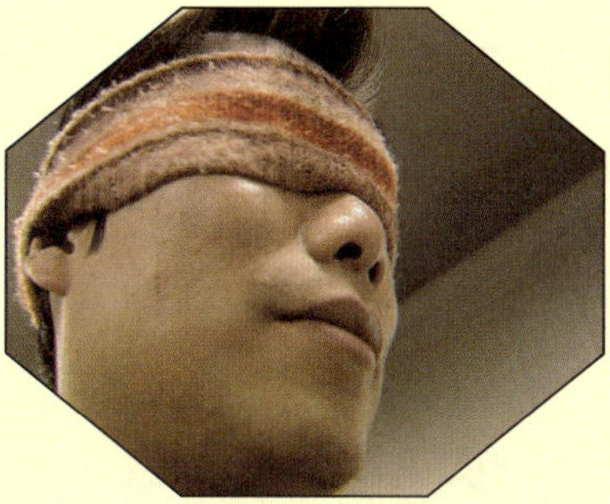

韦凯被蒙上双眼

刀子来割自己，看看能不能止痒。他后来也觉得这件事很不可思议，自己怎么会突然拿起刀子？他当时心里就只有一个想法：只要能止痒，怎么都行。

韦凯生病以后老是觉得对不起妻子，他说："妻子为我的事很操心，得病以后时时都担心我再发生这种情况，心理压力比我还大。"此时的韦凯已经万念俱灰了，然而他的妻子却没有放弃。身为一名普通的文职人员，她翻阅了无数医书，终于，一次偶然的机会，她发现了一个重要的信息。医书上说冷性荨麻疹通常在服药一个星期之后就会有好转，如果再不好转的话可能跟心理方面有关联。妻子想起了韦凯平时的一些动作、行为，越想越觉得是这回事。

2. 冰冷的回忆

仔细分析一下，普通的冷性荨麻疹的治疗周期最多只有几个月，但是韦凯却整整治了几年，而且是极尽所能。按道理说早就该好了，如果不是生理上的病变，唯一的可能就是心理了。而且，韦凯的反应的的确确让人感到有些反常。冷，谁都尝试过这种滋味，无非是采取一些保暖或者是回避的行为，但是对韦凯来说，冷似乎是一个很可怕的敌人，他对冷的恐惧已经超乎理性的范围，影响到了他正常的生活和社交，这已经类似于病态了。于是，抱着试一试的心理，在妻子的强烈建

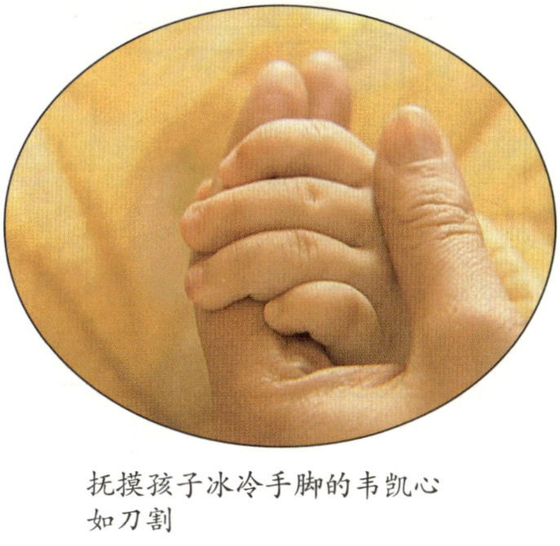

抚摸孩子冰冷手脚的韦凯心如刀割

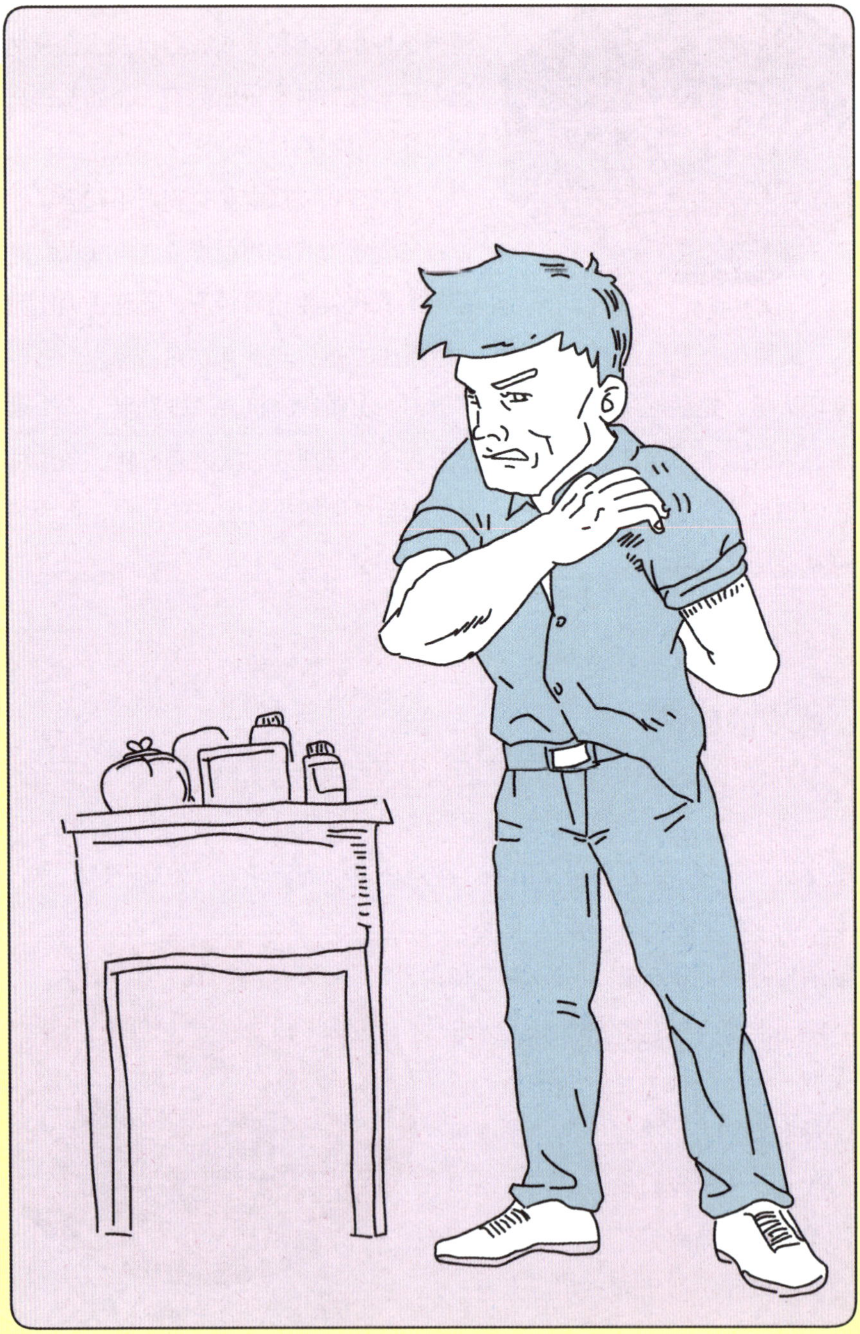

痒真的那么可怕吗?
这个小小的皮肤病背后到底隐藏着怎样的杀机

议下，韦凯来到了心理诊所。

韦凯来到了广州医学院第二附属医院的心理门诊，为他接诊的是龚梅恩医生。在交谈的过程中医生发现，主述的人应该是韦凯，然而他却寡言少语，反而是妻子在替他讲述病情。龚梅恩医生对韦凯的初次评价是这样的："他的个性内向且情绪不稳定，拥有这种个性的人，有些人说是神经质，但是我们发觉这种人就是多愁善感，往往因为一些小事情想得很多、很偏执，所以很容易出现一些心理方面的问题。"

既然瘙痒和寒冷有关，那么韦凯怕冷的心理根源又在哪里？医生认为，只有给韦凯制造一种冷的环境，才能找到最终的答案。

医生准备好一缸温水，韦凯必须把手放到水里，无论温度最终怎么变化，他都不能把手抽出。测试开始了，医生慢慢往缸里倒入了冰块，就在这时，一

妻子替韦凯讲述病情

种奇怪的感觉瞬间把韦凯紧紧地包围了，韦凯马上把手抽了出来，他解释说：“当医生倒入冰块以后，感觉痒马上就要发生了，所以克制不住马上就抽出来。”倒入冰块的温水还没有马上变凉，皮肤病也还没有发作的迹象，然而他就已经感觉到瘙痒了，医生怀疑，韦凯已经主观地把冷的感觉和痒的感受捆绑在了一起。接下来，医生用冰块替代了温水，并让韦凯不要刻意去想痒的感觉。这一次，韦凯又有什么反应呢？就在手接触冰块的一刹那，韦凯猛地收缩回去，无论医生怎么努力，他仍然不敢接触冰块。韦凯坦白，在接触冰块之前，他想到了一种不舒服的东西，那这种东西会是什么呢？韦凯个性敏感，让他亲口说出心里的困扰是不可能的，医生决定用联想法来验证自己的诊断。医生罗列出 20 个和冷过敏有关的词语，并让韦凯展开联想：花、鸟、水、草，医生读到许多词语，韦凯没有任何明显的情绪波动，他的各项生理指标都没有发生变化，然而，当医生读到“冻”字时，意外出现了，韦凯的情绪出现了很大波动，并且联想到冻肉、冷库等诸如此类的东西，显得很焦虑，还有一些恐惧的情绪出现。

韦凯为什么会联想到冻肉和冷库，难道他生活中有什么事件和这两者有联系吗？医生决定从他的妻子那里寻找线索，很快，医生便找到了一个突破口。

韦凯的妻子曾经患有严重的输卵管堵塞，医生预言两人可能会失去做父母的机会，然而就在他和妻子结婚的第三年，妻子竟意外地怀孕了。十月怀胎，妻子剖宫产下了一个女孩，韦凯也沉浸在做父亲的巨大喜悦之中。全家人都非常高兴，爷爷、奶奶、外公、外婆对这个小生命的降生都很兴奋，为此还办了几桌酒以示庆贺。然而天有不测风云，就在孩子一岁的时候，一场疾病夺走了她幼小的生命，这对于韦氏夫妇来说无异于晴天霹雳。

韦凯回忆说：“宝宝一岁的时候生了一场病，当时我还以为只是感冒，但是后来医生说是得了肺炎。经过救治，还是没有办法挽救她，孩子就这样去了。”

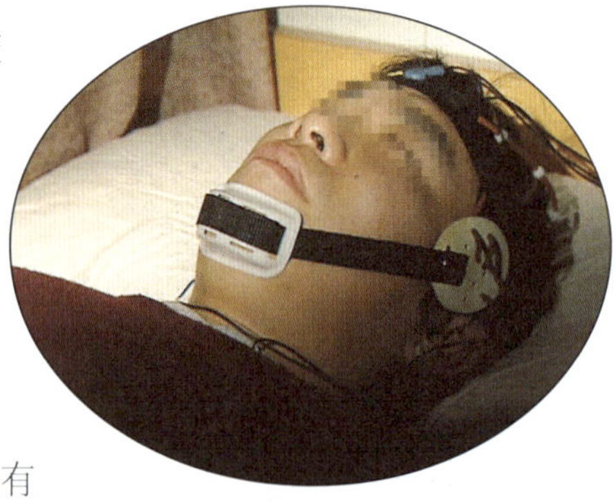

韦凯在接受治疗

空空的床上只留下孤独的玩具，为人父母的喜悦他们才刚刚尝到，却又要承受失去的痛苦。虽然看到这些玩具就会想起孩子，但是他们还是不舍得扔掉。

噩耗降临的时候，韦凯又是什么反应呢？妻子说：“他一直表现得比较坚强，不停地安慰我和父母，也从不在我面前流一滴眼泪。不过我觉得，这么大的事情不可能对他一点影响都没有了。”对此，韦凯说：“作为一家之主，我不能倒下，不能在家人面前变得脆弱，装也要装出很坚强的样子。”

韦凯的反应非常反常，他始终没有流下一滴眼泪，然而在孩子火化的前一天，因为太过思念孩子，韦凯来到了停尸房，他抚摸着孩子冰冷的手脚，心如刀割。妻子多年都没有生育小孩，好不容易有了个小孩又不幸夭折了，这对韦凯是一个很大的打击；但是作为一家之主，在妻子和父母面前又要表现出坚强的一面，所以，他把那些痛苦压抑在内心深处。而这一压抑的话就容易成为一种病根，就在孩子去世的半年后，韦凯出现了第一次冷性荨麻疹发作。

通过仔细分析，医生判断韦凯触摸冰冷物体时想起的不舒服的东西，其实正是潜意识里触摸孩子尸体时的感受。在无比痛苦的情况之下，他又触摸到了冰冷的小孩，冰冷跟痛苦的感受联系在一起了，就形成了条件反射。

3．从寒冷中解脱

人的身体是一个很奇怪的系统，如果成天处于担惊受怕之中，那么我们身

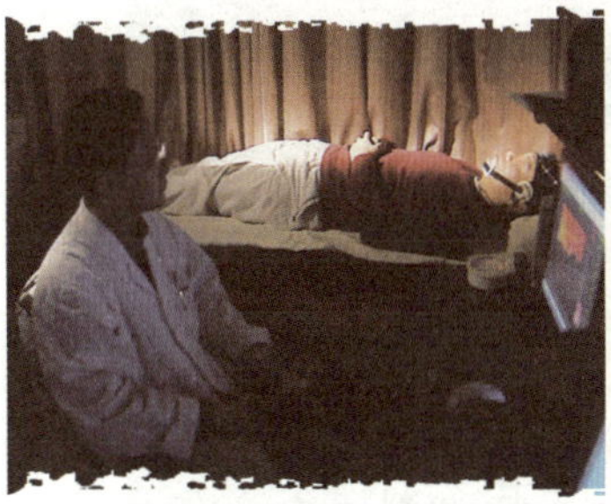
龚梅恩医生在了解病情

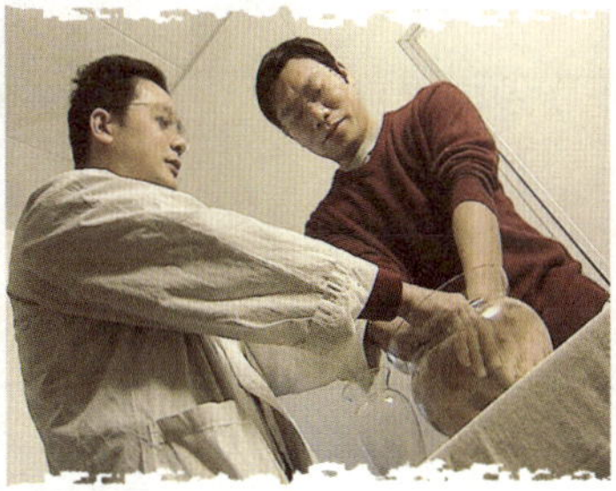
医生准备好一缸温水，韦凯必须把手放到水里

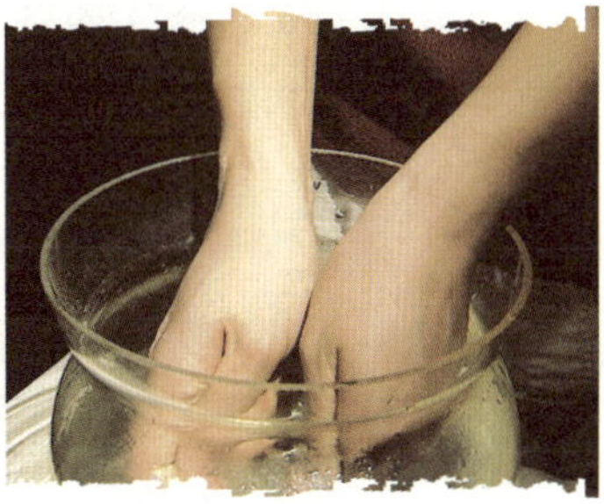
医生往缸里倒入了冰块

体的免疫力就会急剧下降，一些和免疫力有关的疾病，轻的如感冒，重的如癌症，就会找上门来；如果我们过度的愤怒，血压和心率会瞬间变得不正常，心脏容易产生病变。对于韦凯来说，失去孩子是一件难以接受的事情，但是为了安慰自己的家人，他还必须强颜欢笑，把自己的这种痛苦深深地埋在心头。而韦凯本身是一个性格比较腼腆、内向，同时又是非常谨慎的人，这种个性决定了他会对一件非常小的事情久久不能释怀。就这样，内外因素的共同作用导致了身心疾病的发生。而韦凯皮肤病的过敏源，也正是潜意识当中对冰冷尸体的痛苦反应。

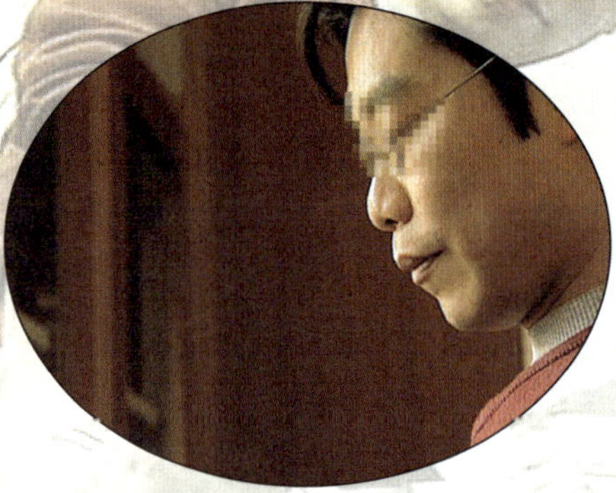

当医生念到“冻”的时候，患者情绪波动大了

心理医生认为，韦凯要彻底消除对冷的恐惧，彻底摆脱皮肤病的困扰，就必须从内心深处把痒的感觉、冷的感觉和潜意识中对触摸孩子尸体的感受完全分离开来。为此，她为韦凯安排了一次特殊的治疗。

一个月后的一天，韦凯来到一个冷冻食品的仓库，他必须在里面停留一段时间，在寒冷的环境里克制自己的想象，把寒冷、瘙痒和对触摸尸体的潜意识感受完全分开。韦凯迈进了冷库，一阵寒气迎面扑了过来。门被关上了，但并没有锁，只要他拒绝治疗，他随时可以出来。在寒冷的环境中，那些让他难过的画面不断地出现在脑海中，但是，韦凯一次次克制住想象。在矛盾中，他强忍着想象的冲动，不断地提醒自己，要把混杂的感受分开。终于，他伸出了手，冷的感觉并没有演变成皮肤上的反应。韦凯成功了。

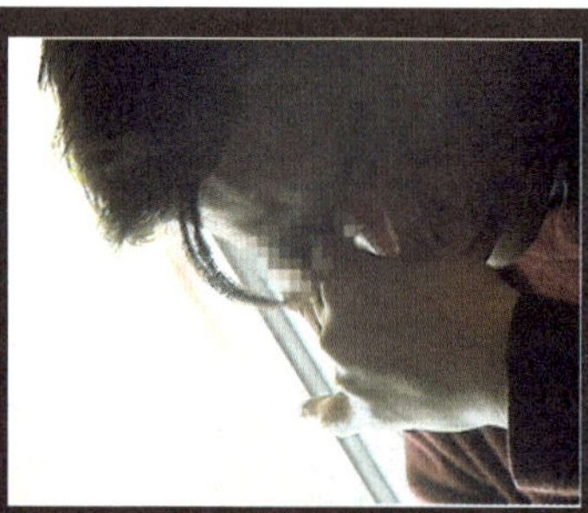

患者联想到冻肉冷库等，很焦虑、恐惧

现在，韦凯已经从寒冷的恐惧中解脱出来，皮肤病也随之消失了。韦

凯知道失去孩子的阴影并不代表永远，只有放宽心生活才能充满阳光。

韦凯已经从寒冷的恐惧中解脱出来，皮肤病也随之消失了

虽说古语云：男儿有泪不轻弹，但是这种情绪上的压抑往往会给人们的身心带来极度的不良影响。实际上，即便是男儿有泪不轻弹，后面还有一句话也应该记在心里：只因未到伤心时。韦凯就是一个最好的例子，如果他在极度悲伤的时候能够把那种不良的情绪释放出来，就不会导致身体的病变，也就不用遭受几年之痒的尴尬和痛苦了。

（梁婷婷　薛建峰　杨力）

垂直极限

有的时候，你以为已经遗忘的事情会突然因为某种原因再次出现在你脑海中，就像是沉淀了很久的河底，因为鱼的搅动而泛起的泥沙。没有任何办法去加速它的沉积，只能用时间这把大锁，将那些不愿被记起的回忆永远封存在心里。这里讲述的就是一段不该记起的记忆。

1. 晕倒在高空

一个晕倒的人

石家庄某商场的电梯监视间里，一阵警铃声打破了原有的宁静。连接电梯的话筒里传出了几声求救声，从监视器的屏幕里看，一个人晕倒在观光电梯里，几个人正在手忙脚乱地对这个晕倒的患者进行急救。情况紧急，商场的管理人员决定立即进行救援。

这是天灾，还是人祸？现场围观的人群里充满了各种猜测。有人说是一个人突

发心脏病，又有的人说是有人在电梯里打架受了伤。看的人很多，一下子围得电梯都动不了了。晕倒的人被紧急送往了石家庄省人民医院，在患者的口袋里，医生翻出了患者的工作证。此人名叫郑维，是一名楼宇清洁公司的主管，根据这些信息，医生联系上了他的家属。他的妻子听到消息后感到很意外，她说：“郑维的身体一向很好，连感冒也很少得，我很担心他是不是有什么重病瞒着我。”

郑维的脑部显示出短暂缺氧的迹象，医生开始对他展开全面的检查，然而，所有的生理指标显示一切都正常。就在医生和家属都感到困惑的时候，郑维苏醒过来，他非常清醒而镇定地要求回家。医生还想进一步检查他的头颅，看看是不是有什么病变，但郑维说不用，妻子也拗不过他，看他没什么大事，意识也很清醒，于是两人就回家了。

回到家的郑维并没有把自己的真实感受告诉妻子，因为他害怕妻子为他担心。然而一闭上眼睛，那惊恐的一幕就呈现在脑际。

他一进商场大门，发现楼梯间写着“此门封锁”，于是他改坐电梯，可是突然发现是观光电梯，想要退回，但周围的人已经把他挤了进去。电梯开始启动，郑维的心率也开始变化。一楼，心脏开始起伏；二楼，心脏开始剧烈跳动；三楼，强迫自己不看楼层玻璃的方向，头转向电梯，但进来的人又把他挤到贴近玻璃的位置。靠着玻璃，眼神不自主地往旁边看，开始下蹲，心脏剧烈跳动。旁边的人或说笑或专注在楼层的变化数字上，郑维下蹲到一定程度，终于瘫软地倒下，倒在一个人的脚边，这个人尖叫起来……

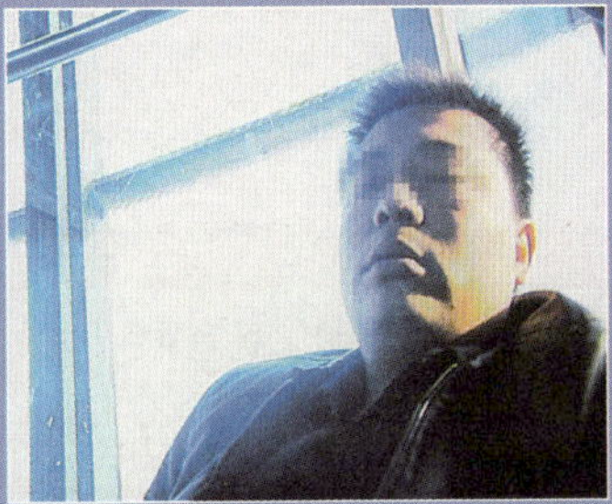

倒在观光电梯里的患者叫郑维

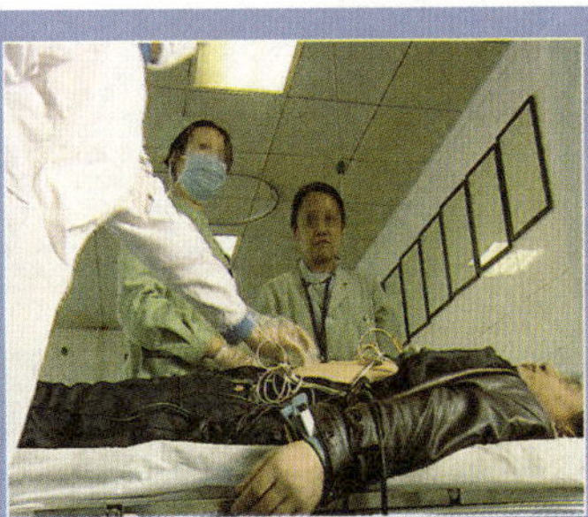

所有的生理指标显示一切正常

想到刚刚发生的一切，郑维心有余悸。他非常清楚，自己的晕倒和这观光电梯有

郑维苏醒过来，非常清醒而镇静地要求回家

关,确切地说,是跟高空有关。不知道从什么时候开始,郑维就很害怕到高的地方,一站在那种地方就有很可怕的联想，想到自己会从上面摔下去。

今年 28 岁的郑维是楼宇清洁公司的主管，他是从一名普通的楼宇清洁员晋升到现在的职位的，这说明，他从事过高空作业，和高空有过亲密接触，那么，他为什么还会对高空产生恐惧呢？

2. 奇怪的恐高

三年前，初到石家庄的郑维踌躇满志，一家清洗公司刚刚开展了一个新的业务,那就是专门清洁高楼大厦的表面,郑维有幸被选中成为第一批高空清洁员。回忆起当时的情景，郑维记忆犹新：“当时我特别兴奋，因为这份工作的薪水非常可观，对于一个没有经验的外地人来说，这个工作实在就像是天上掉下来的馅饼一样。我们刚开始干也很顺利，因为全石家庄也没有几家，每天工作都排得满满的。”

从小郑维就是一个喜欢攀高的淘气孩子，这项工作对于他来说简直是如鱼得水。每天，郑维都怀着希望踏上这个心爱的岗位，在高层建筑上挥洒着自己的汗水。对此，他的妻子也说：“他在高楼上行走自如，胆子也相对比别人要大。因为他的家庭责任感比较重，为了这个家，他比别人要努力很多。”

然而，慢慢地，郑维发现自己的脚步越来越不听使唤，只要往高的地方爬去，心跳一定会迅速加快，每一步都让他瑟瑟发抖、腿脚发软。有时候，自己会不自觉地产生一个恐怖的想法：从高处跳下去。现在的他，已经不是昔日那个英勇的高空蜘蛛人了。

郑维曾是清洗公司的第一批高空清洁员

高空作业

幸好，因为业务精湛，他被提前晋升为主管，这样也就告别了那些在高空工作的日子。可是，这并没有使他的苦恼减少。他常常想，作为公司的领导，连高的地方都不敢站，怎么能让底下的人服从？有时候，他还要充当一个技术员的角色，教授新来的员工在高楼上爬的时候怎么调整动作，那时候，他感到心虚，害怕亲自上阵，露馅了怎么办？

就在这样的矛盾中，一个念头闪了出来：自己锻炼自己。毕竟，自己曾经有过在高空行走自如的时候。于是，他来到了石家庄某商场，这是一个有着观光电梯的商场，是磨炼自己的最佳选择。

慢慢地，郑维发现自己的脚步越来越不听使唤

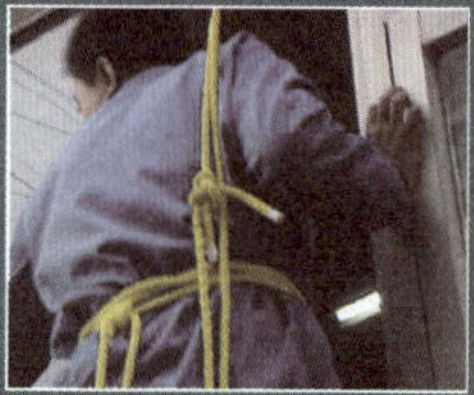

高空中的每一步都让郑维瑟瑟发抖

郑维被提前晋升为主管

一开始，他想从楼梯的入口下手，直接步行爬到最高层，再乘着电梯往下走，也许这样更容易适应。然而，楼梯入口竟然意外地被封锁了，在复杂矛盾的心情中，他一步步走向了观光电梯。如果他能度过这一关，那么一切也许就迎刃而解了，然而，就在观光电梯一层的铁门缓缓打开的时候，他退却了，他说："不知道为什么，看到那层透明的玻璃我就不敢往前走了，心里直打鼓，一下子待在那里，后来也不知道怎么回事就被后面的人挤进去了。"

当电梯门关上时，郑维开始深呼吸，他鼓励自己要勇敢地面对，一层、二层、三层……慢慢地，他的脚开始发软，虽然他尽可能地克制着自己不往窗外看，然而，一种奇怪的心情又促使他把余光转向外面。当电梯再次缓缓上升时，终于，一阵天旋

有的时候你以为已经忘记的事情会突然因为什么原因再次出现在你脑海中

地转袭来，他晕倒了。

就在这次晕倒之后，郑维的妻子也意识到了丈夫的变化，在一次促膝谈心之后，她给丈夫提出了一个重要的意见："我记得我弟弟考空军的时候有一个测试，就是测人对飞机上的旋转和颠簸的适应能力，这跟耳朵里的耳蜗有关系，是测前庭的。"妻子劝他去做一个测试。理解了妻子的一片苦心，郑维和妻子一起，开始在河北的大地上寻找这样的机构，然而，跑遍了大小医院，他们也没有找到通过检查耳朵来测试平衡能力的地方。这时候，郑维想到了放弃。虽然他知道目前这份工作来之不易，但是也不是不能放弃，如果放弃了，自己就不用承受这种压力了。然而，十分赏识郑维的领导却极力挽留他，就在这样两难的选择下，郑维还是选择了留下。

就在这时，郑维求医过程中认识的一个医生给他来了个电话。那是一个心脏科的医生，人很热心，老惦记着郑维的病情。他建议郑维去找一下他的同学，一个心理科的退休医生，说他过去接待过害怕登高的患者。就这样，郑维见到了那位退休的心理医生许丽霞。许丽霞还记得他们第一次见面时的情景，她说："第一眼看见他的时候觉得很奇怪，因为听说他以前干过高层清洁的工作，这说明他的耳平衡能力应该是没有问题的，这就显得很奇怪了。"

许医生决定先从常规的恐高治疗入手，让郑维克服恐惧高空的心理。可是，常规的恐高治疗已经告一段落，郑维仍然没有摆脱高空的阴影。难道他隐瞒了什么？许医生决定对郑维实施催眠治疗。

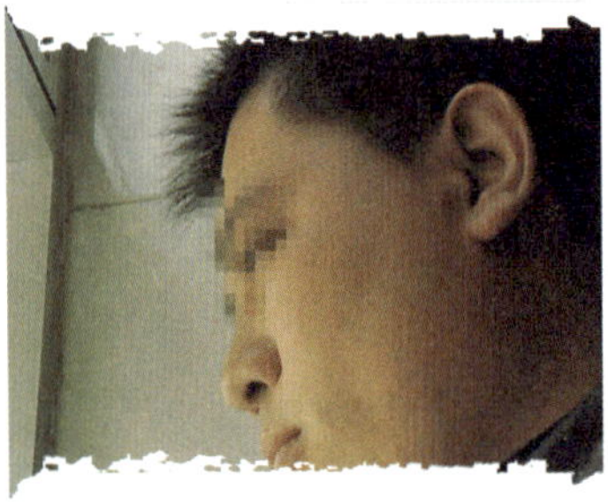

郑维更苦恼了

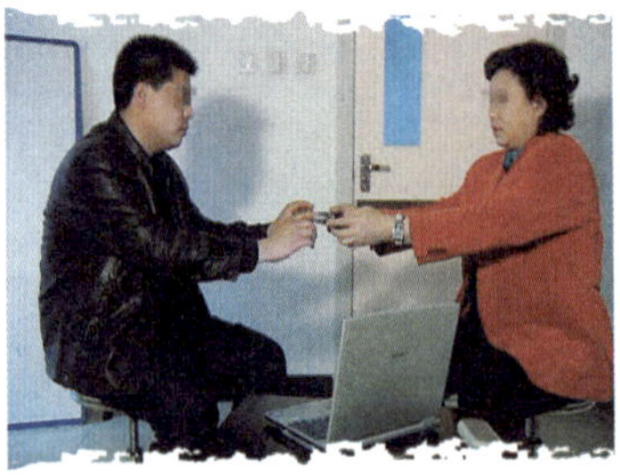

郑维遇见了退休心理医生许丽霞

许医生决定先从常规的恐高治疗入手

拓展训练帮助郑维克服恐惧高空的心理

3. 惨痛的回忆

在半梦半醒中，郑维说出了三年前的一件往事。刚到清洁公司时，郑维曾经认识过一位老乡，这位老乡才刚满 17 岁，是迫于家境窘迫才辍学出来打工的。老乡对郑维非常崇拜，经常自觉地跟着郑维组队干活。在一个烈日当空的下午，郑维突然接到了一个急活，由于人手不够，领导把小老乡派给了自己，小老乡显然非常兴奋，还没等郑维嘱咐完注意事项，就自信地跟着师傅爬上了顶楼。在这次清洗过程中，郑维显得很小心，他提醒老乡尽可能地稳住绳索，身体尽量靠近自己，自己则挪动脚步大幅度清洗。然而，就在这时，意外发生了！只听见耳边“啪”的一声，似乎是锁扣松开的声音，郑维看了看身边的老乡，他正在专心擦拭着大楼的表面，突然，绳索和锁扣的接口处崩开，老乡惊恐地看了郑维一眼，发出一声无助的惨叫。

这以后，郑维经常被一些坠楼的噩梦惊醒，一场大汗淋漓之后，他仿佛还看得见老乡下坠之前看着自己的无助眼神。如果当时自己离他近一点，用手死死拽住，也许悲剧就不会发生，然而，这样一个年轻而鲜活的生命，就这样眼睁睁地在自己的眼皮底下消失了。

知道了症结所在，许丽霞做出判断：郑维不是恐高症，而是恐惧症。现实生活中恐高症并不鲜见，在恐惧症中恐高的患病率是排在第一位的，通常俗称的“恐高症”属于场所恐惧症的一种，整体发病率为0.59%。每200个人当中就有一个人患上这个病。

但是，不能一概把“怕高”叫作“恐高症”。当一个人站在深谷的边缘，可能会有一种坠落万丈深渊的不祥感，这种不祥感会提醒人停下脚步，立即后退。这是人体的一种自我保护机制，属于正常的生理心理反应。但是，如果一个人站在高层建筑的屋内就惊恐万状，并极力回避，这就不正常了。有些人明知保护措施很充分，但往往感到自己会从高处跌落，担心自己无人援助，又不能迅速离开，甚至出现濒临死亡的感觉。这种惧怕的程度与实际危险不相称，明知恐惧不必要，但无法控制，并有回避行为，就构成了“恐高症”。

常规的恐高治疗告一段落

郑维的那一次回忆带来的自责和悲痛，这种感觉才是令他最恐惧的，此外，他又非常在乎他所从事的工作，职场带来的压力又加重了这种恐惧的感觉，于是，他把这种感觉转移到了登高。想要彻底治好郑维的病，最重要的就是要

曾经的伤痛回忆才是郑维恐高的真正原因

消除他这种感觉。

郑维和医生敞开心扉地谈了很久，慢慢地，郑维摆正了心态。他认识到，老乡的生死并不是自己一个人能掌控的，老乡盲目的自信和疏忽大意，才是酿成那次惨剧的真正原因。自己能做的，也仅仅是缅怀和铭记教训而已，想清楚这些，郑维好像释怀了许多。

新的治疗开始了，郑维到底能不能成功地面对？让我们祝福他！

（薛建峰　杨力　梁婷婷）

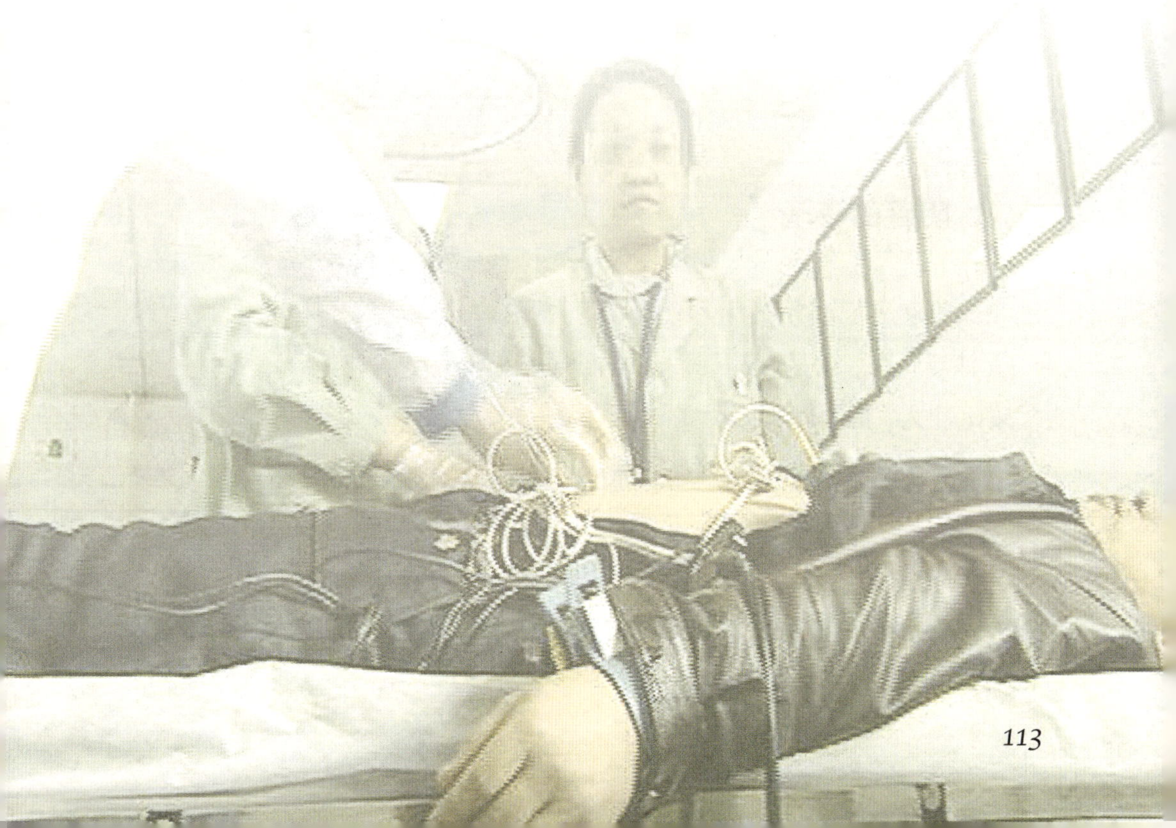

疑影重重

一天深夜，小云正在熟睡之中，突然一个黑影出现在她的屋里。这个黑影径直走向了小云的床边，慢慢地伸出了手。小云从睡梦中惊醒，站在眼前的竟然是自己的弟弟。弟弟说自己睡不着想要姐姐陪，然而姐姐却发现弟弟与往日有了些许的不同。小波这么晚了还不睡到底为了什么，难道仅仅是睡不着这么简单吗？就在几天后，小云突然发现了小波藏在床单下的秘密。

1. 阴森的夜晚

想象一下这样一个环境：四周是漆黑一片，伸手不见五指，只有你一个人，周围传来很多奇怪的声音。这个时候你会想到什么？可能你会说现在都住在屋子里，从来没有体会过这种感觉，可是你有没有想到，在远古社会，我们的祖先没

弟弟缠着姐姐要听故事

姐姐给弟弟念故事书，陪了他一个晚上

姐姐上楼查看每一个房间

她发现所有的灯都被打开了

有居所、没有火的时候，每天夜晚都处在这样的黑暗里面，那是什么样的感觉？

弟弟一个人走过一条黑暗的胡同，那条胡同很长很可怕，一个人走总会觉得害怕。胡同旁边有道水沟，黑洞洞的砖头墙，还有不停地狗叫声，虽然有月光，但还是感觉阴森森的。他为什么独自一个人在这个漆黑的地方行走，而旁边的两个人在焦急地等待着什么？

事情发生在深秋的一个午夜，在石家庄这座河北的城市中，所有的人都已经进入了梦乡。半夜里弟弟醒了，把姐姐也叫醒，说想要喝水，喝完水又说饿了，姐姐又给他做了点饭。由于双亲很早就已经离异，姐弟俩都跟随父亲生活。而父亲又常年在外地工作很少回家，所以快大学毕业的姐姐不仅担起了家里的全部家务，还要照顾正在上初中的弟弟。平时弟弟都是和姐姐分开睡的，可是那天弟弟却与往日不同，他缠着姐姐要听故事，还像小孩一样钻进了姐姐的被窝。外面已经是深夜了，弟弟一点睡意也没有，闹得姐姐也没有办法，只好答应陪他一个晚上。可姐姐没有注意到，她的弟弟整个晚上都藏在被子里。

第二天早上收拾房间时，姐姐发现弟弟尿湿了床单。自从那个晚上之后，弟弟的行为越来越古怪，而且经常很晚回家。这天姐姐正在打扫弟弟的屋子，突然一股怪异的气味钻进了她的鼻子里，姐姐一看，弟弟又尿床了。姐姐是学医的，她知道这么大的孩子尿床不太正常，所以她决定咨询一下医生。

弟弟今年 14 岁了，是个初中二年级的学生，这个岁数的孩子怎么还会尿床呢？为了了解弟弟的身体状况，姐姐来到了石家庄市第一人民医院，找到了泌尿外科的王主任，想向她咨询一下弟弟的状况有什么异常的地方。医生说，通常尿床发生在3岁以内，因为那时候孩子大脑发育不完全，神经反射不健全，那时候尿床的不算病态。但是5岁以上的孩子还尿床，这种情况就应该叫遗尿了。弟弟这时候尿床已经有一两个月了，这很不正常。医生建议姐姐带弟弟来做一个全面的身体检查。

姐弟俩住在石家庄郊外，一到晚上周围特别的黑。这天刚睡着了的姐姐突然被家里看门狗的狂吠声吵醒。那种声音很怪，让人说不清楚，就是感觉阴森森的。姐姐觉得好奇就四处瞅了瞅，走出她自己的房间，突然，她发现所有的灯都被打开了！姐姐检查了一下门窗，并没有被打开的痕迹。她慢慢向楼上弟弟的房间走去，父亲到外地出差了，屋里只剩下弟弟和她两个人，那么开灯的也只有弟弟了。姐姐来到了楼上弟弟的房间，发现弟弟已经睡着了。她回到自己的房间准备睡觉，可是总有一种怪异的感觉缠绕着她。

很快，弟弟去医院的检测结果出来了，令人感到奇怪的是他的各项检查结果都很正常，可是一个正常的14岁男孩到底为什么会尿床呢？这种情况医生也感到奇怪，如果确实查出身体有病，可以采取相应的治疗，可在弟弟身上没有发现任何器质性的病变。

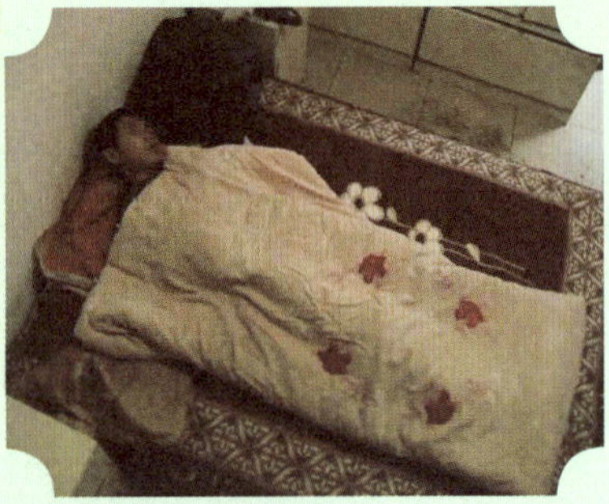

姐姐发现弟弟已经睡着了

一般小孩尿床是很平常的事情，尤其是3岁之前。因为那个时候大脑和神经还没有发育完全，神经传导比较缓慢，当有尿的时候可能自己没来得及控制就会出现尿床、尿裤子等现象。可是一旦超过5岁还出现尿床，这就要特别的注意了，因为

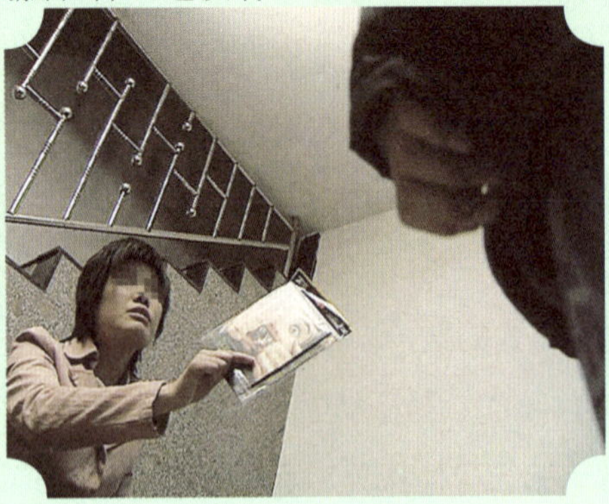

姐姐发现弟弟藏有一堆恐怖片

想象一下这样一个环境，四周是漆黑一片，伸手不见五指，只有你一个人，周围传来很多奇怪的声音。这个时候你会想到什么？

这个时候大脑和神经基本已经长好，再出现尿床的现象，很可能是由于生病引起的。可是弟弟在检查完身体之后被医生认定没有器质性的问题，难道还有别的原因吗?

2．床底的恐怖片

为了查清弟弟尿床的原因，在医生的建议下姐姐带着他来到了石家庄第一人民医院心理科，找到了徐丽霞大夫。

第一次姐姐只是告诉大夫说弟弟不爱讲话，有尿床现象，晚上容易早醒，12 点就醒来，但是姐姐也不知道什么原因。大夫觉得仅凭这些现象还不能下结论，就让姐姐回去再观察一下，与弟弟好好沟通，看看有什么原因。

最近弟弟总是一个人躲在屋里不让别人进，这天姐姐趁着弟弟上学，准备帮弟弟把屋子打扫一下，突然在弟弟的床下扫出了一些东西。那是一堆光盘，全都是恐怖片。等弟弟放学回家，姐姐问他怎么回事，他也说不出来。不论姐姐怎么问，弟弟就是不说这些碟片是从哪儿来的。弟弟为什么藏了这么多的恐怖片光盘呢?

姐弟俩又一次来到了心理诊所，姐姐把弟弟的种种怪异的举动都告诉了徐大夫，可是弟弟在一边却一言不发。

徐丽霞大夫回忆说："第二次来的时候，姐姐告诉我，说她在家里发现抽屉里有很多恐怖片的碟片，我这才知道弟弟的尿床可能是因为受到了惊吓。"为了了解弟弟的真正状态，徐大夫决定从找到的恐怖片入手，寻找突破口，从而接近弟弟的内心世界。

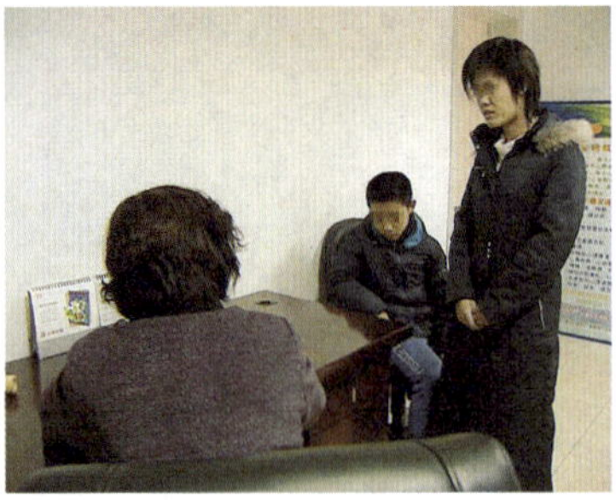

姐弟两人又一次来到了心理诊所

在心理监护室，徐大夫开始给弟弟做测试。她先找了一张普通的动画片播放给弟弟看，并让姐姐陪伴在他的左右，弟弟在看片子时有说有笑显得很轻松，他的血压和心跳都没很大的起伏。就在这时徐大夫换了一张姐姐从弟弟房中找到的光盘，并把姐姐带到了一旁，她希望能够发现弟弟恐惧的真正原因。果然，从片子一开始播放，弟弟的表情就变得不自然起来，他的眼神全部被画面所吸引住了，同时他的呼吸次数出现了急剧的增长。徐丽霞发现，弟弟紧张的时候血压升高了，呼吸次数增加很多。弟弟原本的呼吸是每分钟 18 ~ 20 次，但是在看了很短的一段鬼片后，达到了 50 次，非常急促。这样看来，弟弟每天晚上看碟片就等于一次惊恐发作，惊恐发作的时候血压、心跳、呼吸都会明显升高和加快。

所谓的惊恐发作，就是人在惊恐时表现出来的几种特征，比如呼吸加速、血压增高、心跳加快等等。其实这些都是表面的现象，真正影响这些的是身体里一种叫作肾上腺素的激素，这个东西是通过大脑的支配而产生的，是远古时代的祖先在进化过程中遗传给我们每个人的一个逃避危险的法宝。在古代，人类并不是最强的动物，所以时刻被危险所笼罩，当发现危险临近的时候，肾上腺素就会自动分泌。这时瞳孔就会放大让人看到阴暗处隐藏的危险，同时肺部会扩张，呼吸次数、血压和心跳次数都会上升，这样就有更多的氧气进入血液，从而做好逃跑或搏斗的准备。这种情况与弟弟所表现出来的惊恐发作非常相似，但是却有一个不正常的地方。

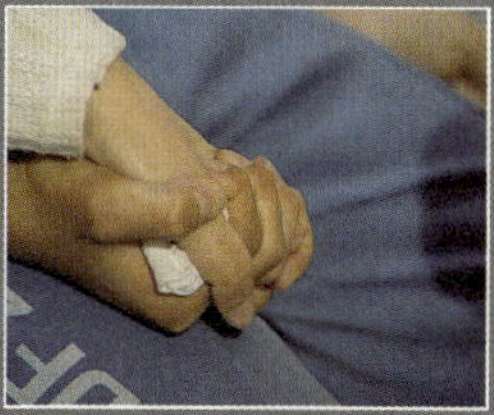
弟弟在一边一言不发

弟弟认为妈妈已经变成鬼了

弟弟总是觉得有东西在身边游荡

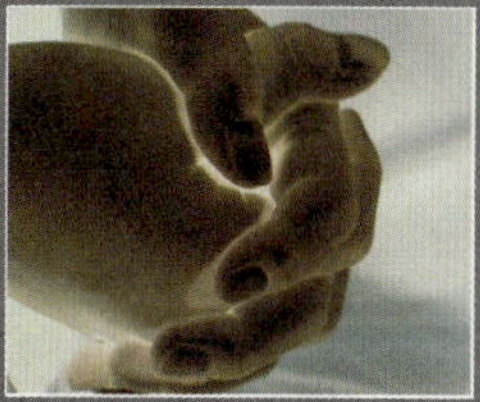
弟弟越来越感觉到好像妈妈就在他身边

医生帮助弟弟进行了认知和行为疗法

当人们感到害怕的时候，大多数人会选择逃避，可是弟弟在看恐怖片时表现得那样的恐惧，可他不仅没有将这些令他害怕的片子扔掉，反而还藏了起来。是什么原因让他那样恐惧又无法放弃？

人的感情是有强度的，人所做出的动作和提出的愿望都为了满足最强的感情需求。比如很多英雄人物在做过惊人的壮举之后，被问到怕不怕时，回答几乎都是一样的，肯定怕，但是当时顾不得那么多了。这就是另外的感情超过了恐惧。那到底是什么样的东西逼迫着弟弟独自看完每一部恐怖片呢？

3．走出黑暗

徐大夫打算采用精神放松法给弟弟治疗，这是心理学中一种很常见的方法，通过身体的放松使得心理也相应地放松，便于心理医生迅速深入地了解那些不易接触的人。屋子里只有弟弟和徐医生两个人，在徐医生的引导下，弟弟慢慢地进入了平静的状态。

以前，弟弟是一个很阳光的、喜欢运动的孩子，有一个完美的家庭，可是就在5年前，妈妈突然在他的生活里消失了，那个时候父亲只是告诉他妈妈去了很远的地方，随后一直是姐姐在照顾着他。突然有一天他看到一个片子，讲述的也是母亲离去的故事。那是弟弟的同学几个月前借给他的一张恐怖片，当时他也没怎么在意，就拿回家看了，片子里有一个场景，一个小孩的母亲变成了鬼，弟弟记起小时候爸爸说过妈妈已经去世了，当时他不怎么明白，而看完这个片子后他认为妈妈已经变成鬼了。他感到非常害怕，那天晚上他总是觉得周围有东西在身

医生鼓励弟弟一个人走过一条黑暗的胡同

边游荡，吓得连上厕所也不敢去，半夜醒来之后发现床冰凉冰凉，而且湿湿的。弟弟因为实在无法忍受恐怖的感觉，开始找姐姐讲故事，跟姐姐一起睡。然而随着日子慢慢地过去，弟弟越来越相信影片中所说的那些是真实的，渐渐的他开始相信有鬼的存在。之后他又找同学借了几张片子，越看就越感觉这些片子里面演的都是真的，到后来他甚至感觉到妈妈就在身边，好像要和他说话似的。

弟弟和姐姐拥抱

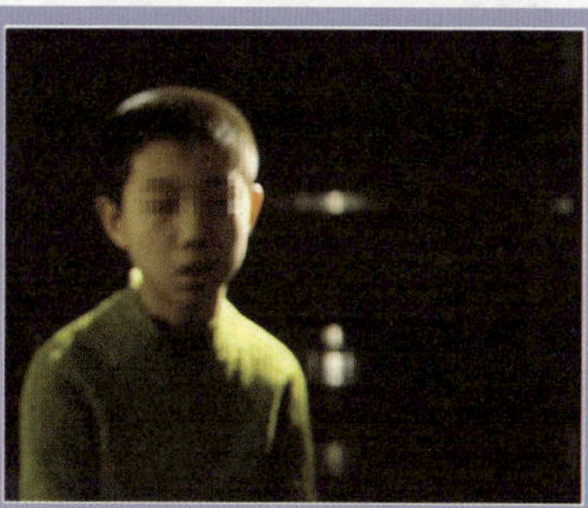

弟弟终于能够走出黑暗了

心理专家说，反复地看恐怖片会起到一种催眠暗示的作用。一开始这个人有理性不会相信，但是由于天天都这样，他自己就会进入角色了，扮演片子里面的角色，特别容易进入催眠的一种状态，进入催眠状态以后就难以自拔了。

催眠、暗示，鬼容易被相信的原因其实很简单，因为鬼是由人创造出来的，体现了人的愿望。弟弟通过相信鬼来完成自己找到妈妈的心愿，这就是问题的真正原因。事情的真相终于明白了，在随后的日子里医生帮助弟弟进行了认知和行为疗法，他渐渐摆脱了恐怖片的束缚，很快最后的治疗开始了。

作为一个完整系统的心理治疗，从认知到行为，最后还有一个成长和证明过程，所以医生设计了一个挑战，到生活实践里面去证明，准备到比较恐怖的地方，甚至是坟地、荒郊野外，容易产生那种联想的地方去挑战一下。在那里医生需要给他放松，需要给他一些鼓励，从实践中证明自己是很重要的。

经过精心的准备，弟弟被要求一个人走过一条黑暗的胡同。

弟弟还没有在视野里出现，姐姐有些忍不住了，一个劲儿地向弟弟来的方向张望。谁也不知道现在弟弟的情况，只能在报话机里听到弟弟的喘气声。所有人都在焦急地等着，徐医生不断鼓励着在黑夜中的弟弟。

突然一个亮点出现在了漆黑的胡同里。是弟弟，弟弟出来了，弟弟终于从黑暗里走出来了。弟弟就那样从黑暗的胡同里头走了过来，看见他走进那个胡同的时候，大家都替他捏了把汗，但是最后走出来的时候，所有人都特别开心，姐姐上前抱住了弟弟，她感觉弟弟在这一瞬间长大了。

母亲的爱是最伟大的，缺乏了母爱的孩子变成了世界上最不幸的一群人。他们更需要别人的关心和帮助。如果以前父母能够给他更多的爱，那所有这一切是不是就能够避免呢？

（薛建峰　梁婷婷　杨力）

天阴心慌慌

一天，正在上班的刘军医生突然接到了一个电话。电话中的女孩讲述了自己父亲种种奇怪的举动，并且在阴天就会与平时判若两人的异常行为。刘医生决定去电话中的那家进行探访，然而她刚一进门就发现这将是一次艰难的诊治。

1. 对阴雨天的恐惧

一天上午，广州医学院第二附属医院心理门诊科的刘医生正在坐诊，一个咨询电话打了进来。一个女孩子在电话里说她父亲这两年一直有一些很奇怪的行为：一到下雨天他就很害怕；一回到家就把自己关在房间里面，躲在房里一声也不吭。通过这个简短的咨询电话，刘医生感觉到这个患者似乎比较害怕雨，对雨有一种很强烈的焦虑的反应，很紧张。

老吴蜷缩在床的一角瑟瑟发抖

为了和患者深入的交流，刘医生下班后找到了电话中留下的地址。

刘医生的第一次家访并不顺利。门铃响过之后，刘医生看到前来开门的这个患者表情很紧张，也不是非常愿意让她进去，总是用一种疑惑的眼神看着她。刘医生对患者说，是他女儿打来咨询电话，请她过来探视一下患者，并向他讲述了打电话的过程。但是这个患者表现出强烈的抗拒，不断摇头，希望刘医生马上离开。刘医生明白了，这个患者是不太合作的，也不愿意把他内心的感觉向医生说明。这是刘医生第一次见到患者的印象。

患者姓吴。虽然老吴表现出拒绝的意思，但刘医生还是想办法跟他进行了简单的交谈。在他们谈话的时候，刘医生时刻注意老吴的一举一动，并从中分析着老吴的心理状态。老吴对刘医生是很警惕的，他坐在离刘医生很远的地方，无论问他什么都不予理睬，或者就说："没有什么事情，你回去吧。"但是通过他的外部表现，以及一些微小的肢体动作，刘医生还是看到了他的焦虑和不安全感。他发现老吴一把年纪了还用手抱着靠垫，抱得紧紧的，一只脚还时不时地抖动着，或者双手搓来搓去，显得焦虑不安。虽然坐在沙发上，也总是给人坐立不安的感觉，一会儿往左偏一下，一会儿又往右偏一下，显得很不耐烦，并且经常眉头紧锁，老是叹气。第一次家访虽然没和老吴有太多接触，但总算对他有了初步的了解，刘医生的感觉就是，老吴显得非常焦虑和紧张，对于医生比较抗拒，没有什么信任感。从与老吴谈话时的小动作中，刘医生看出他是一个自我保护意识很强、很没有安全感的人，这种人非常难以接近。

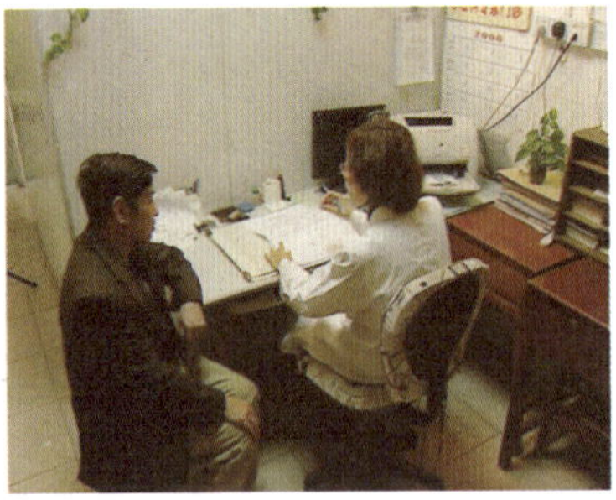

刘医生在和老吴谈话

小动作能够透视一个人的内心世界，例如搓手、不自主地抓头发，这些不经意的小细节往往暗示着这个人也许正在对某件事情紧张敏感。其实很早就有人研究人的动作与心理活动的关系，通过一些小动作别人往往能看出这个人内心在想什么—

手臂动作，不停地把玩手边的东西。没有经验的人会以为这个人的注意力在别处，而不是在谈话的对方，但眼光厉害的人一下就能看出来，其实这个人内心十分在意对方，甚至是倾心于对方。因为他十分紧张，才会不自觉地用手边的一些东西临时转移和释放这种紧张的情绪。又比如，一边说“我”一边用手指向自己的胸膛。这种动作表示没有自信，由于没有实在感，才会借着指自己而确认自己的存在，并使对方接受自己的意见。

刘医生想从老吴口中问清事情的原因，因为只有这样才能最准确地了解患者的心理状态。可是老吴总是重复说自己没病，不用看医生，然后就是沉默。对于老吴的固执，刘医生没有强求，只是转而向老吴的女儿了解情况，从女儿口中她了解到老吴最近两年的异常之处。

老吴的异常之处开始于两年前。那天下了初春的第一场雨，经营着一家服装店的吴菲喜欢在这样的气氛中待在家里看书，可是一阵奇怪的“嗡嗡”声引起了她的注意。她顺着声音找去，发现屋子里面很昏暗，隐隐约约看见她的父亲抱着被子在屋子里。打开灯，眼前的一幕让吴菲惊呆了，只见她的父亲正蜷缩在床的一角瑟瑟发抖，一边战栗一边发出恐怖的呻吟声。这样突然的举动让吴菲不知所措，她不明白为什么一向稳重的父亲会这样。

患者用手紧紧抱着靠垫

吴菲回忆当时的情景说：“当时我很害怕，吓坏了。父亲在那里裹了被子，耳朵用棉花塞起来。可是第二天他又没事了，我们也就没当回事。”虽然没事了，但父亲反常的举动仍然让吴菲放心不下，她多次

患者经常眉头紧锁，老是叹气

天阴沉沉的

老吴多次走向窗边张望

询问，可父亲总是避而不谈。观察了好几天，也没有发现父亲再有什么不适的现象。没过多久又有一场阵雨袭来，吴菲在家里突然接到了父亲的电话，让吴菲去接他。电话里父亲很紧张很害怕的样子，好像发生了很大的事情。其实父亲只是在离家不到三百米的公园里散步，可是怎么突然之间就不能自己回家了呢？仅仅只有几百米的距离，为什么非要别人去接呢？普普通通的一场小雨怎么就把父亲吓成了这样呢？带着这一连串疑问，吴菲从公园把父亲接回了家。一路上父亲把她的手抓得紧紧的，脸上表情很紧张。回到家里，父亲把门窗都关死，然后自己躲进房间里，什么话都不讲，问他什么也不说。这一系列反常的举动让吴菲百思不得其解，她决心一定要找出父亲性情大变的秘密。

南方初春的小雨一场接着一场。这天，归心似箭的吴菲在下班后匆忙往家赶，她想到父亲一个人在家心里就有些担忧，她担心再发生什么意外。可那天回家却发现家里的门是开着的，这让吴菲感到很奇怪，她想，是不是父亲刚刚出去忘记关门了，可是父亲做事情一向小心，这次怎么会连门都忘了关呢？一种奇怪的征兆瞬间包围着吴菲，她一边往屋里走，一边喊：“爸……爸……爸？怎么不锁门啊？”一转身，她看见父亲晕倒在地，全身湿漉漉的，脸色发白，头上还在冒着热气。吴菲吓坏了，扑上去拼命地摇晃着父亲吴正德，试图将他叫醒。她不明白，一向健康的父亲为什么会突然昏倒在地？难道这天一下雨就成了一道紧箍咒？父亲为何身陷怪圈？突然的晕厥为何发生？难道是父亲偶然间突发什么病症了吗？

心急如焚的吴菲将父亲送到了急救中心。她在门外焦急地等待着医生的诊断，父亲倒地的一幕让她久久不能释怀。她回忆说：“那天把父亲送到医院，我心里很担心，甚至都做了最坏的打算，担心是不是脑溢血、心脏病。然而仅过了十多分钟医生就把他送出来了，说没什么事。我觉得很奇怪，这到底是怎么了？”

吴菲对这个诊断结果将信将疑。从那以后，她发现父亲的举动和过去判若两人，时常疑神疑鬼，一到阴雨天不是发抖就是晕倒，还时常把自己关在房间，可是雨过天晴他的状况就逐渐好转，父女之间的话也越来越少了。到底是什么原因让父亲突然变了个人似的？是不是有什么难以启齿的苦衷呢？各种猜测充斥着吴菲的头脑，无奈之下，她只好求助心理医生。

吴菲的描述，让刘医生陷入了苦恼，因为老吴的反常既接近焦虑症，也类似恐惧，到底该下哪个诊断呢？

焦虑与恐惧都属于精神症的一种，但它们的划分却有着严格的区别。恐惧症，它是有对某些特定的物体或环境出现恐惧、抵触的情绪，并且伴有焦虑的

雨天

似乎阴天代表着某种不祥的预感

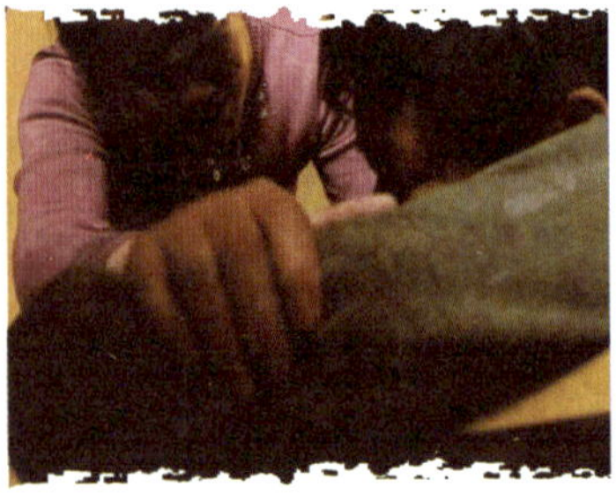

女儿安抚父亲

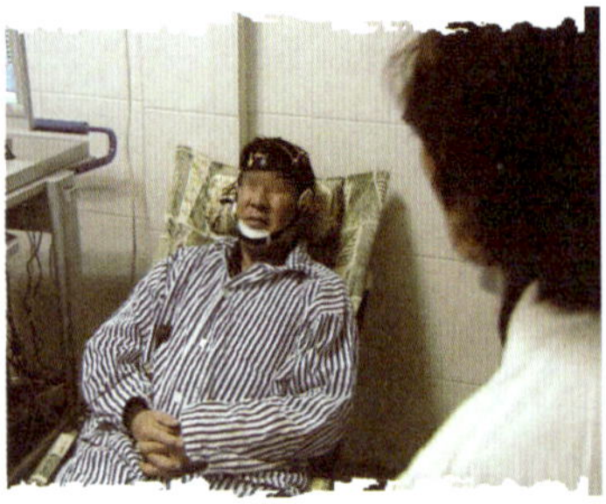

老吴在接受一次心理敏感度的测试

一些症状，而且有明显的规避行为，这就是恐惧症。比如怕蛇等软体动物的人，会在看到这种东西的时候逃跑，就是一种规避反应；还有的女生会尖叫，这是一种本能的规避危险的动作。而焦虑症常常是没有特定的对象或者环境，经常是无缘无故地处于一种焦虑的状态，多愁善感的人就比较容易患上焦虑症。

通过一段时间的观察后，刘医生判断，老吴的症状更接近于恐惧症。刘医生发现老吴每次发作都发生在下雨的时候，这个线索十分明显，也是现在唯一的线索，刘医生准备从这个点找到突破老吴心理防线的办法。

2. 加油站与高压线

第二次家访刘军特意选择了一个阴沉沉的天气，她带了几张放松心情的音乐光盘去找老吴。这一天她感到老吴的精神明显比上次紧张，但是他并没有拒绝刘医生的到来，也许老吴也意识到了自己的孤立无援。

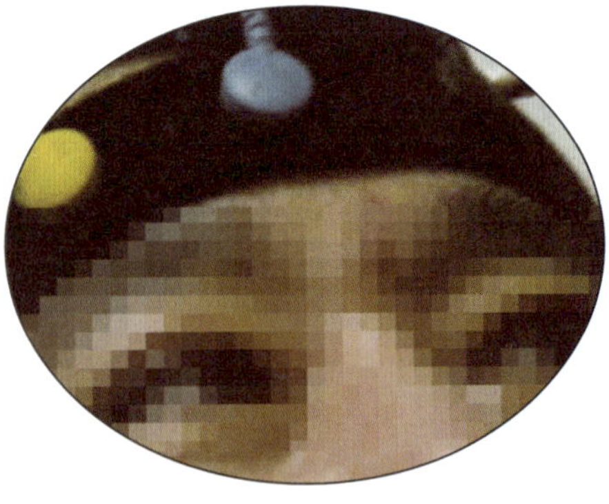

吴正德显得很宁静

刘医生抓住时机试图和老吴建立一种相互信任的医患关系，期待老吴能告诉她焦虑的原因。可是老吴的沉默让刘医生的希望再次落空，老吴的封闭让刘医生几乎放弃。不过打破沉默的机会就在一瞬间，刘医生敏锐地发现老吴多次走向窗边张望，他在看什么？窗户外面有什么如此牵挂老吴的东西呢？

虽然这一次家访仍然没有太大进展，但刘医生总算看到患者有了一些进步。在聊天的时候老吴不是那么紧张了，还跟他聊一些生活上的事情，但是一触及下雨天，或者是老吴的一些古怪行为，他就闭口不谈了。刘医生发现，在他们的交谈过程中，老吴先后两次离开座位跑到窗口望望窗台外面的东西。这让刘医生产生了一些疑惑，老吴到底为什么要离开位置看窗外的东西？

刘医生借口请老吴领她参观一下家里，老吴同意了。刘医生趁机站在老吴先后两次看的那个窗户的位置，他站在窗户那里，看到外面有四样东西：学校、加油站、空地、超市。刘医生发现，老吴家的窗户被报纸遮挡着，似乎阴天代表着某种不祥的预感，老吴似乎要把这种不祥之物阻挡在窗外。刚才老吴不停地离开座位走到窗户前向外张望，难道窗户外面真有什么让他焦虑的东西？那么，学校、加油站、空地、超市又分别代表了什么呢？每一个物体的背后隐藏着什么呢？

刘医生决定首先证实阴天下雨对老吴的影响到底有多强烈。在广州医学院第二附属医院心理治疗室，刘医生对老吴进行了一次心理敏感度的测试。测试的道具是一张特殊的光盘，里面收录了各种平日里最常听到的声音，从自然环境、动物的叫声到汽车火车应有尽有。刘医生选择了跟天气有关的音效。刚开始是柔和的风声、流水声，吴正德显得很宁静，慢慢地，光盘中开始播放打雷的音效，大雨滂沱的声音，这时候，吴正德的心理测评仪上出现了异常的反应，他显得很激动，眼睛一下子睁开了。而刘医生发现这段声音正是刮风下雨打雷的声音。

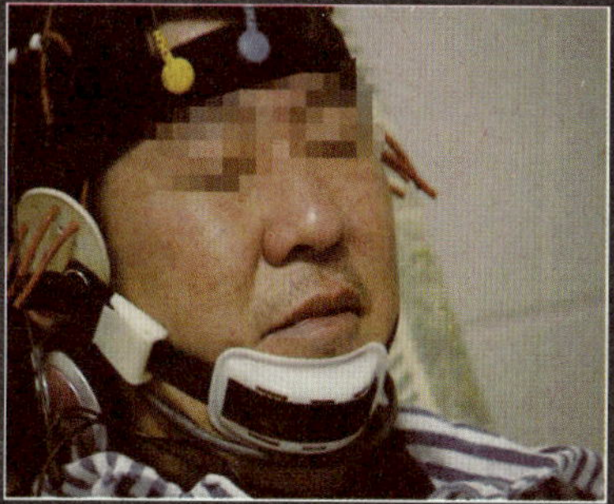
心理测评仪里出现了异常的反应

通过这个测试，刘医生发现老吴

的确是因为雷声雨声引起了内心极度的恐慌，但是按常理来说，打雷这样的自然现象，不应该成为年近五旬的老吴害怕的对象，何况，老吴是近两年才出现这种反常行为的。这让刘医生疑惑不解。

刘医生曾经在家访的时候发现老吴三番五次地观察他家窗外，显然他是在担心些什么。因此，雷电引发的担心才是医生需要破解的下一个目标。刘医生在察看了窗外的景物之后，他尝试着联想了一下：空地没有什么特殊含义，应该最先排除。学校——是担心孩子吗？老吴的女儿吴菲长那么大了，暂时也没有婚嫁，对孩子的担心也应该排除。超市——有可能要屯货防灾，担心做生意亏本？那么加油站又有什么意义呢？果然，疑点就出在加油站上，就在刘医生提及加油站时，一个重要的线索出现了，老吴曾经与人合伙开过加油站，就在加油站基建期间，他几乎天天在工地忙活，当加油站马上要竣工的时候，他却不知道什么原因中途退出了！当加油站竣工在即，眼看就要盈利了却要放弃，这究竟是什么原因呢？刘医生断定，这一定是老吴最害怕、最担心的事情。目标锁定，刘医生决定正面接触老吴。在缓慢地启发下，老吴慢慢说出了埋藏心

老吴来到安徽

底的秘密！

某年夏天，吴正德到安徽出差，没想到，此行让他亲眼看见了一次高压线遭雷击事故。那天下了一场大雨，天气阴暗，老吴住的招待所对面有一所学校，学校附近有 1 万伏的高压线，不知道什么时候，一道雷电把它击断了。一道很亮的闪电火光，把学校围墙的底部击穿了一个洞，地面的泥土都被烧焦了。幸好学生都放学了，否则，后果真的难以想象。

原来加油站的斜对面有一条高压线，据了解，加油站的承建必须符合距离高压电线 30 米以外的要求，而他们的加油站刚好就是 30 米。从此后，处事小心的吴正德为此忧心忡忡，而且对加油站附近的高压线格外敏感起来。一到雨天，吴正德就担心雷电出现，慢慢地，这样的担心无处不在，不堪忍受的吴正德不得不放弃了加油站的经营。

在了解了老吴担心的原因后，刘医生断定，老吴这种害怕下雨天的心情的源头就来自那场他亲眼看见的雷击事故。被雷电击中的后果是不堪设想的，但是被雷击的感觉是怎样的，一般人都难以想象，正因为这是种未知的感觉，所以才加深了人们对它的恐惧。此外，老吴是个要强的男人，他既不想在生意伙伴面前失去诚信，又对高压电线耿耿于怀，他既不愿意在家人面前丢脸，又对雨天的压抑无法排解。如此再三的矛盾，在他的心里面不断进行着斗争。

每一个人都会有害怕的时候，然而有些人的害怕却会持续困扰着他，并且影响到他的日常生活。从老吴的事情来看，他是一个做事谨慎、认真的人，这样的性格使得他的思维方式进入了一个比较狭窄的通道，不会灵活地思考。如果在他发现一些问题之后能和大家

一道很亮的闪电火光

沟通一下想法，而不是把担心埋在自己的心里面，也许事情就不是这样了。不是有一句老话吗，如果有欢乐，那么告诉朋友就会得到两份快乐；如果你有痛苦，告诉朋友你就只有一半的痛苦了。但是现在老吴已经这样了，一遇到阴雨天就提心吊胆可怎么办呢？

3. 消除恐惧

模拟雨水的水滴开始打在老吴的雨衣上

找到了病因，刘医生开始针对老吴进行心理辅导，让他慢慢认识到这样的担心是多余的。人的大脑具有很强的学习功能，在学习的过程中不断积累经验，经验越多应变的准备就越充分。所以当老吴发现高压线距离加油站很近的问题后，立刻联想他亲眼看见的雷击操场景象，于是雷击、爆炸、学生受到威胁这样的情景，在老吴的想法中被反复强化、夸大，于是大脑就会做出逃避的指令，让他不能控制自己的行为。刘医生帮助老吴分析雷雨对加油站危害的实际发生比率。他们发现加油站爆炸事件中，由于下雨雷击的原因根本没有，而且所有加油站都安装了可靠的避雷设备以及多种安全措施，可以有效避免爆炸的危险。当老吴了解实际情况后，思想上的包袱慢慢减弱了，端正了认识。但他还必须面对那些让他恐惧不堪的电闪雷鸣、瓢泼大雨。

刘医生决定让他接受一次考验，他必须强迫自己面对环境，面对环境中的自己以及所要做的事情，这样才能让他真正回到现实生活。老吴必须在感受下雨的同时，敞开自己的心扉，去接受从前排斥的东西，去纠正原来错误的想法。刘医生模拟了一场下雨的过程，她对老吴说：“你自己在这场大雨中待一会，看看会发生什么？无论发生什么，你都一定要坚持住！”

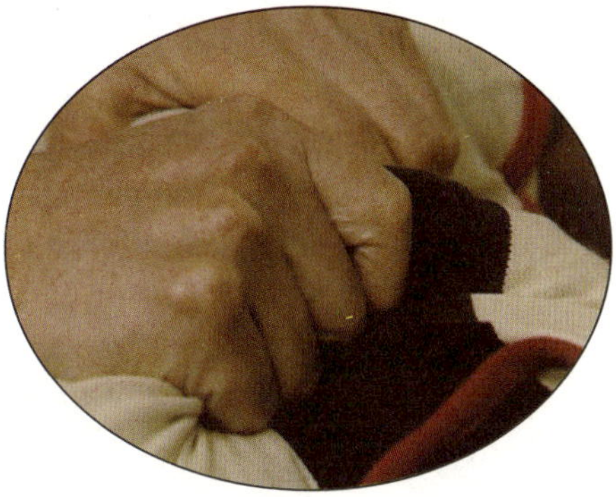

老吴十分紧张

模拟雨水的水滴开始打在吴正德的雨衣上，伴随着刘医生的说话声：“现在正在下雨，雨越下越大，越下越大……淋透了你。”

刚开始的时候，老吴觉得反应还算正常，闭上眼睛聆听和感受周围的一切。水越来越大，脑子里就开始胡思乱想了，想到下雨的时候，外面全是水，很不舒服。这时，刘医生又播放出远处打雷的声音，伴随着打雷声。刘医生说道：“雷声很远，很远，远在天边，它不可能来到你身边，你很安全，很安全，完全不必过分地顾虑，更何况，你现在在家里，头顶有避雷针，身上的绝缘装备很齐全，根本不需要担心。”十分钟后，吴正德从浴室里出来，显得很疲惫。然而，要完全克服吴正德对雷电的恐惧，还得继续施加一些手段，强化治疗的效果。

刘医生又为老吴安排了一次电流测试。她蒙上老吴的眼睛，拿出理疗用的微电流治疗仪，让老吴触摸，微电流缓缓地通过老吴的手指，他感到手上麻麻的，痒痒的。刘医生说道：“电并不一定是可怕的东西，你仔细感受一下，对不对？电流也无非是这样，并没有你想象的那么可怕，你已经感觉过了，无非如此，对不对？”

通过治疗后，吴正德基本消除了对雷击的恐惧，感觉轻松很多，他认识到自己以前的举动很多余、很可笑。

一场大雨再次降临了这个城市，老吴的生活怎么样了呢？他还会恐惧雨天的到来吗？他莫名其妙地幻想雷击的后果，杞人忧天的日子过去了吗？也许老吴的故事就发生在你的身边，多和朋友交流交流，缓解自己的压力，为自己安装一个减压阀。

老吴的事情真实地发生在南方的雨季，老吴的很多联想在我们看来似乎有些不着边际，但是一个自我封闭的人是很有可能出现这样的问题的。生活在大千世界里，人人都会遇到这样那样不顺心的事，而且往往会使心情陷入忧郁，要及时缓解自己心中的压力，比如写日记、进行体育运动、找人聊天、听音乐等等都有很大的好处，尤其不要积压心情，这种心情的积压会成为心理疾病的隐患。

（薛建峰　梁婷婷　杨力）

神 秘 窗

神 秘 窗

眼睛是心灵的窗户，通过一个人的眼睛，可以了解其内心活动。这种办法对于普通人而言可能有效，但对于一些心理素质很好的人来说，似乎就不大可能了。小小的一双眼睛，能否为我们展示一个人的心灵呢？我们心灵的窗户又在哪里呢？这里讲述的就是一个女孩寻找她心灵的窗户，并把它打开的故事。

1. 诡异的窗户

这是一个初冬的晚上，气温已经下降到零度以下，窗外的寒风锐利刺骨，被一阵阵刺骨的寒风从睡梦中刮醒的杨冰下意识地坐了起来。朦胧中，她似乎记得自己睡前曾经关掉了窗子，没有多想，她起来把窗子关紧。

王欣一次次在寒风中打开窗户

沉沉睡了大约半个小时，寒冷的感觉又席卷了全身，杨冰艰难地睁开眼睛，

杨冰向宾馆客服部反映房间的异样

她惊讶地看到，窗子竟然又打开了，而室友—同事王欣睡得正酣。杨冰记性很差，她怀疑上次关窗会不会是自己在困倦中的错觉，这一次，她强迫自己清醒起来，再次把窗户关上。

然而，不知过了多久，窗子竟然又再次打开了。这到底是扇什么样的窗子？为什么它偏偏和自己作对？这是单位组织的旅游，宾馆的房间在十楼，外面的人不可能把窗子打开。这扇诡异的窗子，让杨冰越想越觉得恐怖，她只有强忍着寒冷，任凭寒风的肆虐。

第二天，为了不惊动他人，杨冰只把房间的异样情况反映到宾馆的客服部，让客服部的员工们将窗子封死了。

又一个夜晚到来了，杨冰放心地进入了梦乡，因为她知道，开窗子的怪事不可能再发生，然而，就在凌晨两点的钟声敲响时，对面的床上突然传出了令人毛骨悚然的声音……

王欣被紧急送往附近的医院，所有的人都感到非常奇怪，一个一向健康的女孩怎么会突然犯病，而且，她犯病的样子有些吓人，上气不接下气地翻滚、呻吟……医院给王欣做了各项检查，除了轻微贫血和缺氧，似乎再也找不到其他的原因。一时间，王欣这个寡言少语的文静女孩成了大家关注的焦点。由于她病得太突然，单位的领导都建议她住院进一步检查。这时，一位男同事主动担起了照顾王欣的工作，他叫陈志高，对王欣一直很有好感。陈志高平时就挺注意王欣，他觉得王欣跟其他女孩子不太一样，好像有什么心事。

那扇神秘的窗子和这个心仪的女孩之间究竟有着怎样的关系？陈志高对此一直耿耿于怀。为了弄清楚这个问题，住院期间，他一直陪伴在王欣左右。终于，王欣说出了一个令人匪夷所思的秘密：一次次打开窗户的，不是错觉，不是窃贼，更不是什么神灵，而是她自己！

世界上很多科学解释不了的事情都有可能是人为的秘密，这个宾馆的神秘窗事件也是一样。据杨冰讲，当天晚上她曾经几次怀疑那个窗子就是同处一室的王欣自己打开的，但是考虑到王欣是一个文静、细心的小姑娘，平时人缘很不错，不可能跟自己开这样的玩笑。而且，王欣睡得很好，天那么冷，谁都不可能打开窗户和自己过不去。然而，事实就是事实，一次次打开窗户的，的确就是这个被认为是文静、善良的王欣，这到底是为什么呢？要揭开答案，还得从王欣这个人说起。

王欣今年22岁，中专毕业后一直在北方工作，质朴文静的性格让许多同事对她非常倾慕。在家里，王欣也是一个孝顺乖巧的孩子。然而，就是这样一个乖巧文静的女孩，却有着一个让家里人非常无奈的毛病：不管什么天气，她都喜欢开着窗户睡觉，如果不开窗户的话，就会觉得闷得慌，特别难受。她的家人也证实，只要谁把窗户关上，不到半小时，王欣就像窒息了一样，喘着粗气，瘫软在床上，满身大汗，而且脸色苍白，胸口发闷。

就在医院住院期间，王欣依然要求敞着窗子，这个善良的女孩和窗子之间到底有什么解不开的谜团？更令人奇怪的是，一旦陈志高接近王欣，她的举止就会变得非常怪异。陈志高回忆说："有一天我去看她，觉得屋子挺冷的，我看她想要坐起来，就想过去扶她，可她就是不让我扶。"

睡梦中的杨冰，下意识地坐了起来

客服部的员工们将窗子封死了

2. 腼腆的女孩

王欣的情绪和举止为什么这么善变？窗子的开和关为什么会让她产生这么大的反应？就连王欣自己也说不清楚，于是陈志高对王欣提出了一个中肯的建议：去看

这扇诡异的窗子，让杨冰越想越觉得恐怖

心理医生。为了尽早查出原因，恢复正常的工作和生活，王欣将信将疑地接受了这个建议。

她来到了北京师范大学的心理诊室，接受了一名男心理咨询师的咨询。王欣显然十分拘谨，她一直没有进入状态。考虑到王欣是一位女孩，一位女咨询师替代了男咨询师的工作，这样一来，王欣明显放松了许多。这个不经意的细节提醒了咨询师，难道王欣对异性有什么特殊的想法吗？

经过交谈才知道，从小王欣就是一个文静、腼腆的女孩，可她从来不敢跟异性近距离接触，异性越是对她表示亲近，她越是反感，就连同胞哥哥也不例外。她说："跟男孩子在一起的时候，我觉得心里面既讨厌又害怕。"王欣的哥哥也说："虽然我是她哥哥，但是也会感觉到她有点抗拒我，只要是身体有接触的时候，她都挺抗拒的，像抗拒陌生人那样。"

王欣始终弄不明白，男女之间为什么会产生那么美妙的感觉。她对心理咨询师说："看到一个男的跟女的接吻，我会觉得很恶心，而且想很快地逃离那个区域。但是过后我又很好奇，想知道他们到底在干什么，也很想知道别人在亲吻的时候有什么感觉。"

大家都觉得王欣是个怪人，慢慢地就连同性的朋友也越来越疏远自己，王欣也变得越来越孤独。对于王欣来说，记忆里只有一件和窗子有关的往事。那还是在王欣上初中的时候，一位爱慕王欣的男孩曾经递给她一张纸条，上面写着：王欣我爱你，请你嫁给我，如果不反对，就请别理我。其实，纸条的意图很简单，这位用心良苦的男孩是希望王欣能够接受自己，而且没有办法拒绝自己。看来，男孩发现了王欣不敢和异性相处的秘密。王欣不喜欢跟男同学接触，不爱搭理男同学，既然王欣不愿意搭理男同学，那不爱搭理他就证明同意和他交往了。

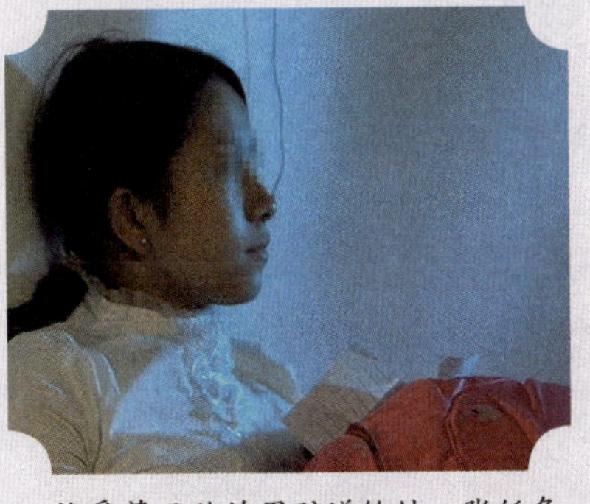
一位爱慕王欣的男孩递给她一张纸条

纸条的出现打乱了王欣的正常生活，她把注意力全都集中在纸条上，一旦自己

当男心理咨询师为王欣咨询时她显得十分拘谨

纸条的出现打乱了王欣的正常生活

咨询师在帮助王欣

咨询师叫王欣看一些照片

如果不开窗户的话，王欣就会觉得闷得慌

拒绝不了这位男生的求爱，就意味着要像其他情侣一样，建立亲密关系，而这正是王欣最反感的。她回忆说："弄懂这个意思以后，我就觉得心里憋得慌，如果我不搭理他，他就得逞了，所以我越想越难受，就把窗户打开睡觉。"就这样，憋闷的王欣下意识地打开了窗子，没想到，窗子打开后，她果然有了坦然、轻松的感觉。而且慢慢地，她好像再也离不开这种感觉了。

王欣的心理到底有什么样的阴影？为什么非得打开窗子才会有舒服的感觉，而对异性，她为什么会那么抵触呢？为了进一步了解王欣对异性的看法和感受，咨询师决定使用眼动仪来揭开王欣开窗的秘密。

眼睛是心灵的窗户，通过这扇窗户可以探究人的许多心理轨迹。因为人类对信息的采集和加工在很大程度上依赖于视觉。人眼的视线角度、注视位置、停留时间的长短、视线移动的速度以及轨迹等等，都能反映一个人心理的微小变化。咨询师即将给王欣做的眼动仪实验，也就是希望用这个捕捉视线的精密仪器，透过王欣的眼睛来剖开她内心深处的秘密。

测试开始了，咨询师先打开了一张女孩的图片，这时，王欣的注意力非常集中，她的关注点先后落在女孩的脸部、发型和服饰的位置。随后，咨询师更换了一张男性的图片，看看王欣会有什么反应，这一次她的关注点和上一次几乎一样，仍然是脸部和服饰。最后，咨询师调出了一张男女亲密动作的照片。就在这时，王欣的眼神突然离开了画面，游移不定。咨询师提醒王欣集中注意力，她的眼神才逐渐固定了下来，然而这一次，她的关注点和前两次都有了很大的不同，既不在脸，也不在服饰，而是在男女亲密的肢体动作上。

王欣这时候的心理是很复杂的：“我很想逃避那个画面，但是又很想看，看了以后又觉得很不应该。”这显然很矛盾，种种迹象表明，王欣对性存在着强烈的好奇心理。为了印证这个判断，咨询师准备通过王欣的脑电波变化来进一步分析。

3. 童年的误解

咨询师拿出了一个男性的人体医学模型，王欣必须用手触摸它的全身。测试开始了，王欣的触摸从模型的头部开始，这时，她的脑波还是趋于稳定的，但随着触摸位置的转移，突然，王欣停住了，她的脑波出现了剧烈的变化。当摸到模型的腰部和臀部时，王欣感觉和自己的身体不一样了，她不愿意，也不敢再往下摸。

看到男女接吻的镜头，王欣会觉得很恶心

王欣对男性身体的下半部非常敏感，这意味着，王欣很可能从小就没有接受过性知识教育。王欣自己也坦言，就在那时，一个画面从她的脑际

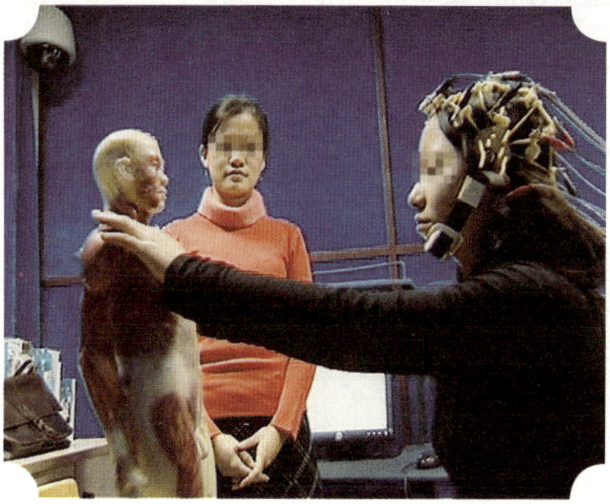

王欣从头部开始触摸男性人体医学模型

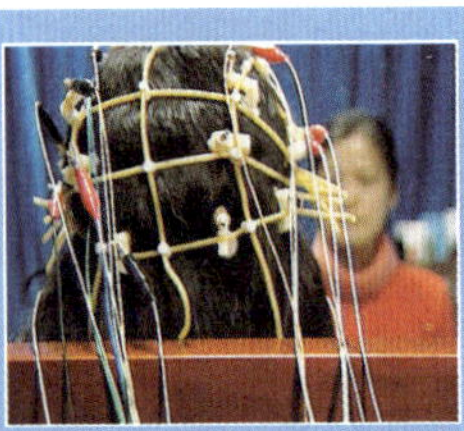

咨询师将通过王欣的脑电波变化来进一步分析

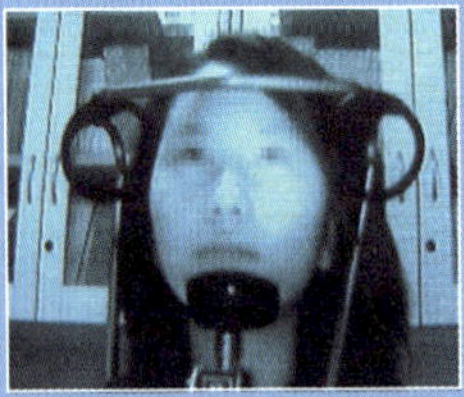

王欣的脑波出现了剧烈的变化

王欣在接受测试

中闪过，画面中出现了一张儿童的脸，这个儿童不是别人，正是自己。

王欣小时候和奶奶住一间屋子，她看见天刚刚黑下来，爸爸和妈妈就到他们那间屋子里去，关着门，发出很奇怪的声音，也不知道在干吗。终于，一天晚上，四岁的王欣顺着这种响声，偷偷地走到了父母的房间外，眼前的一幕让王欣惊呆了，她看见爸爸趴在妈妈的身上。她当时觉得一定是爸爸在打妈妈，可是第二天妈妈又对爸爸特别好，于是她就想，是不是所有的女孩子长大以后，都要被男生欺负的。从那时起，王欣就发誓，长大以后不让男生欺负。

很多孩子在小时候都有类似的经历，看到父母在亲热就觉得可能是爸爸在欺负妈妈，就会感觉到怎么会那么恐怖呢，有时候甚至还可以听到声音，小孩子会认为是不是欺负得很厉害，马上就形成一种恐惧的感觉，而这种恐惧的感觉对孩子来说是一种错误的概念。

年幼的王欣误解了父母的行为，所以，当同龄的异性向她表示好感时，她会认为那是对自己的挑衅和侮辱。性知识的缺乏，在她幼小的心灵留下了不可磨灭的阴影，但是这种阴影和窗子又是怎么联系在一起的呢？这种阴影伴随着王欣的年龄增长，到了少年时期，一个男孩递给她纸条，她就感觉到这对自己是一种压力，感觉到特别胸闷。于是在这个时候她打开窗户，而打开窗户以后就感觉舒服多了，于是她就把这个行为跟开窗户的行为联系在了一起。开窗子的行为，其实只是负面的性意识在王欣内心压抑的条件反射，负面反射在一直深化，最终导致了她生理上的病变，如果这样错误的意识继续延续，王欣将断送她终身的幸福。

任何一个男女，到了一定的年龄都会对性产生关注和探索。但在一些家庭环境中，父母多半倾向于采取封闭管教，所以较少让孩子能接受正面的指导和启发，有些人随年龄增长和见识的累积，这种困惑会自然而然地得到解除，但是也有很少一部分人得不到解除而把早年的困惑长久地保持下来，以至于成年之后，在性心理和性行为方面都出现了障碍。王欣就是一个很典型的例子，据她讲，她从小就没有接受过此类的教育，她身边最亲近的人就是她的哥哥，但可惜哥哥是个异性，关于这方面的苦恼和话题，她永远都不可能找哥哥去倾诉，所以她才会对性产生这么深的误解。

然而，王欣是幸运的，事情的转机就发生在治疗接近尾声的时候。那天陈志高叫她出去，虽然王欣有点不太愿意的样子，可是陈志高还是坚决地拥抱了她。那一刻，王欣感觉到了一种从未有过的温暖，感受到了陈志高的心跳，那种感觉让她难以形容。就这样，在陈志高一次突然的拥抱之后，朦朦胧胧中，王欣体会到了爱情的甜美，她心里的那扇窗子已经不再神秘。

其实，对性的好奇是每个人成长当中必定会有的。如果大家遇到了这样的困扰，不必羞于启齿，大胆地面对才能为自己找到真正的幸福。

谁在害我

有一个神秘的影子一直在跟踪着她，这个夺命的影子要置她于死地，她的生命时刻处在危险边缘，到底是谁在害她？

1. 善意的谎言

常言道：害人之心不可有，防人之心不可无。这句话是教育我们不要去害人，但是千万要提防自己身边的小人。江细霞就是一个抱着这种想法的人，她认定在这个世界上，总有个人想害她，所以，她一直非常防备，但是她想象中的这个人到底在哪里？如果真有这个人，他又会是谁呢？

患者好像没有力气一样，别人得拖着她走

12月的一天，一位特殊的患者来到广州医学院第二附属医院心理门诊，她的突然出现，吸引了一大群旁观者的目光。她看起来好像没有一点力气，是被

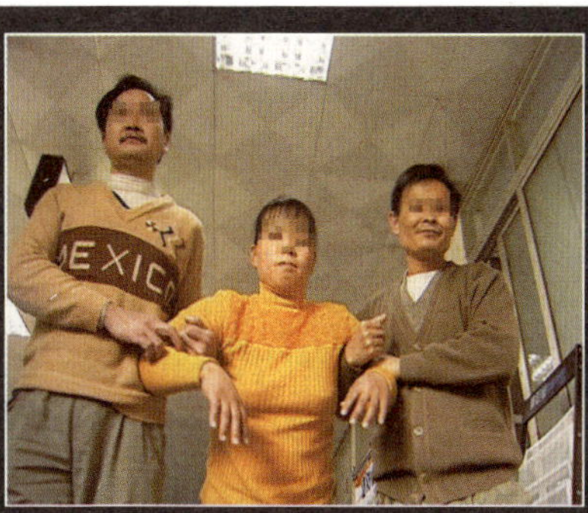

女患者的步履像拖着铅一样沉重

别人拖着走来的。这位女患者的步履像拖着铅一样沉重，从外表上看，她似乎受了很重的外伤，但为什么她要往心理门诊的方向走去呢？很快，她在一个诊室停了下来，接诊的是黄学军医生。黄医生回忆起她们第一次见面的情形："她在诉说的过程中不断地哭泣，掉眼泪的时候全身都在发抖，整个看病过程中只提起过她姐。"这位浑身颤抖的女患者看起来似乎对某件事物恐惧万分，她到底在害怕什么？她来到这里，是有什么难言之隐吗？她提到的姐姐又和自己的病有什么关联？在黄医生的细心倾听下，一个曲折而又惊心动魄的故事慢慢展开了。

江细霞和欧阳鉴洲，广东省从化市的一对普通夫妇，两人开了一家水果店，供三个孩子上学，日子过得自在而安稳。然而，一次飞来的横祸让他们的命运出现了转折。

这一天，欧阳先生接到了江细霞姐姐的一个电话，她让妹妹江细霞到自己的住处帮忙，考虑到姐姐离婚后单身一人，而且平时常给自己帮忙，江细霞没有多想就答应了。然而，令她万万没有想到的是，一场灾难正等待着她。

水果摊收摊后，江细霞径直来到了姐姐的那幢三层小楼。夜深了，姐妹俩的话还没谈完，像往常一样，江细霞决定在这里留宿一晚。姐妹俩在一张床上酣然入梦，不知睡了多久，迷迷糊糊的，门外好像有一些响动。突然间，江细霞的脖子好像被什么东西给勒住了，她吓得大叫："你不要害我，你不要害我，你要钱我就给你。"一片漆黑中，江细霞根本看不清歹徒的脸，

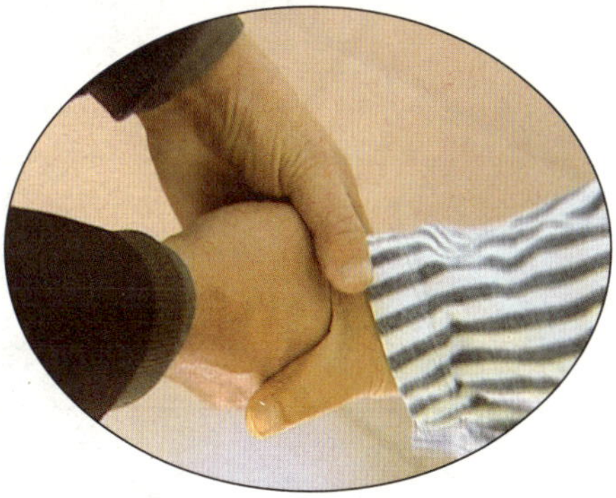
患者在诉说过程中不断地哭泣

就在这时，墙上突然出现了一个恐怖的影子，而当她正要拼命挣扎的时候，一阵剧痛令她失去了意识。后来的事就什么都不知道了。当江细霞苏醒时，已经是一个多月以后了，虽然头部被缝了一百多针，但她已经度过了危险期，意识也已经基本恢复。然而，事发当晚到底发生了什么，江细霞连一点模糊的印象都没有，更奇怪的是，住院期间她姐姐一直没有出现。她担心姐姐那晚也出了事，急忙向周围的人询问，她的同学、朋友全都说她姐姐在南方医院，于是她就天天问："姐姐好点没有？"她还央求丈夫带她去看姐姐，丈夫说："你现在怎么去？走路都不方便，以后好一点了，能走路了我就陪你过去看她。"

虽然想不起来当晚发生的事情，但听说姐姐也在康复之中，江细霞仍然对生活充满了希望。然而，还没出院的姐姐还是让她牵肠挂肚，可丈夫说姐姐在南方医院没有什么大碍，同学、朋友却说姐姐伤得比她还厉害。显然，家人和

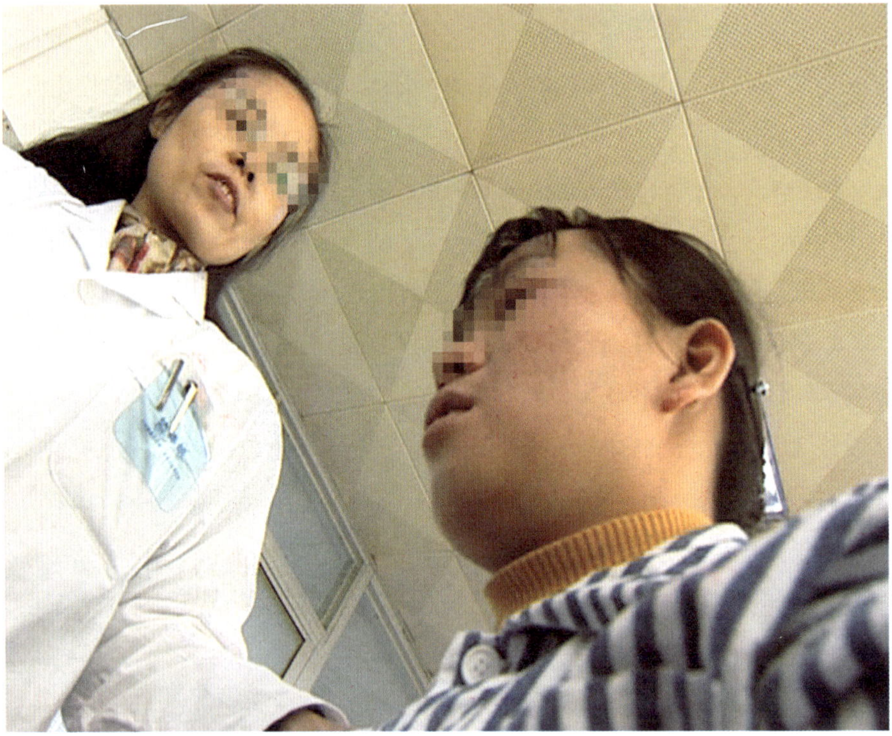

医生细心倾听

朋友的说法大不一样，一边明明说姐姐已没什么大碍，但另一边却说姐姐病得比较重。姐姐到底怎么样了？其实，在事发当晚，姐姐已经离开了人世，但是为了江细霞的康复，家人一直对她隐瞒着事实。

看着姐姐的照片，江细霞时时刻刻都期盼着姐姐能早日康复，一家人团聚。

谎言有善意和恶意之分，一个患了绝症的患者，如果他不知道自己的病情，反而能以平和的心态去面对治疗，因为负面的情绪往往会极大地影响身体的正常免疫功能。所以，对于医生而言，最好的方法是让患者在谎言之中自始至终都能保持一种良好的心态。对于江细霞的家人来说也是一样，蒙骗其实就是出于一种善意的理由，因为江细霞和她的姐姐感情实在太深了，姐姐惨死在家中，如果把这个消息告诉江细霞，她的身体状况是不能承受的，大家最担心的就是这个消息会把她击倒。然而，让江细霞的家人万万没有想到的是，事情的发展远远超出他们的意料。

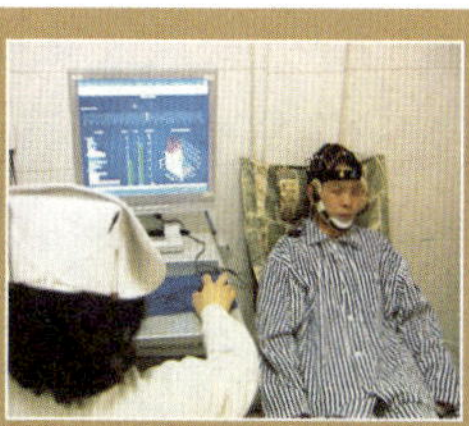

医院的检查结果表明江细霞没有脑部后遗症

黄医生陪同江细霞走了一段路

幻觉里总有个拿着铁锤的黑影埋伏在她的身边

江细霞的性格突然改变了

江家笼罩在江细霞生病的阴影中

2. 幻觉中的人影

这时候在欧阳先生内心也承受着巨大的煎熬，考虑用什么方式让妻子知道真相呢？就在他一筹莫展的时候，一个意外戳穿了这个善意的谎言。

一天来了一个探望者，他原来是在外地工作的。江细霞问他是什么时候回来的，他说是姐姐出殡的那天回来的，这一下把江细霞吓坏了，整整哭了一天。她问丈夫，也问那些同学、朋友，为什么要骗她、瞒着她？

就在她悲痛的同时，江细霞猛然发现，自己的身体突然不受控制了！这一天，江细霞正想给房间里的丈夫端去一杯水，就在她即将走到房间门口的时候，原本麻利地双腿突然酥软了。除此之外，原本灵活的双手也突然间颤抖无力起来，她已经不能独立生活，就是拿一个一次性的杯子都办不到，整天发抖，即使在睡着的时候，她的手也会不自觉地抖动，而且嘴里念念有词，让人不寒而栗。更让江细霞心惊胆战的是，入睡时她还经常出现幻觉，总感觉有个拿着铁锤的黑影埋伏在她的身边，时刻在尾随着她，要置她于死地。

在虚幻的世界中，她竭力地搜索着这个人的影子，整天说后面有人跟踪她，可那个人到底在哪里？慢慢地，现实和幻觉便混淆在一起，她已经分不清真假虚实了。江细霞的性格也突然改变了，她变得非常敏感、孤僻、偏执，就算回到家里，她也没有放松警惕。平时，家里大门紧闭，也不轻易出门访友。刚刚失去了亲人，江家又笼罩在江细霞生病的阴影中。为了给她治病，家人搀扶着她走访了大小无数医院。然而，得到的答案只有一个：江细霞的身上并没有任何器质性的病变。

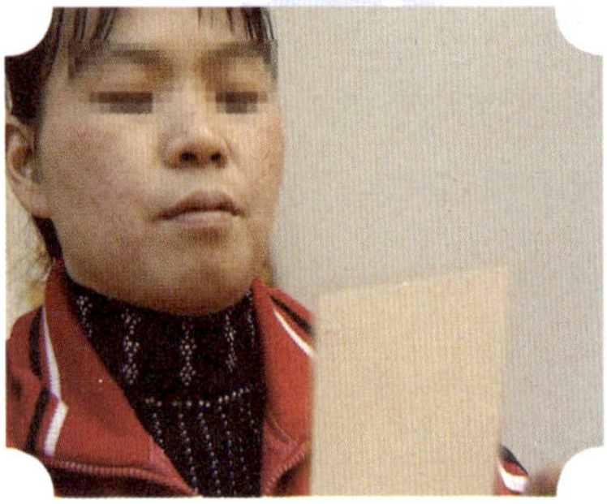

心里有阴影的患者

江细霞出院之后不能走路，家人原本都以为是受伤后的脑部后遗症，但是医院的检查结果却表明在她身上不存在任何器质性的病变，而且她本身也没有生理功能

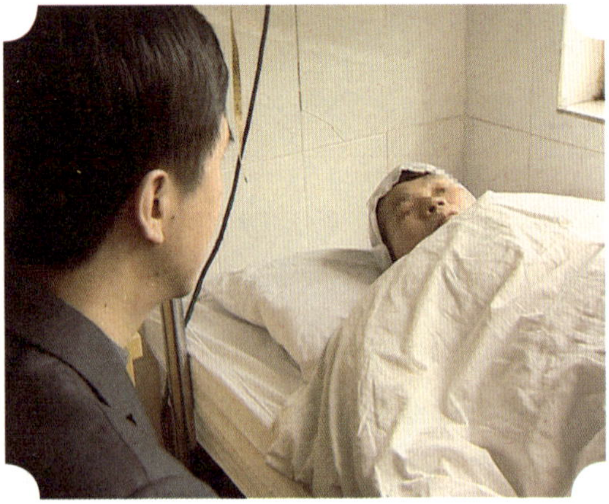

医生决定监控江细霞的脑波反应

上的障碍，那么她为什么不能走路呢？这只是家里人的疑惑，而对于江细霞来说，她最关心的并不是自己为什么不会走路，什么时候能走路，她最想知道的是，那天晚上到底发生了什么？为什么自己脑中总是出现同一个恐怖的幻觉？在幻觉当中，那个可怕的人是谁？他在不在现实生活当中？这一连串的问号问得她的家里人都心虚了，他们担心，江细霞的精神是否受到了严重刺激。

听完江细霞的讲述，黄学军决定从她反常的动作入手，找出关键的线索。黄医生陪同江细霞走了一段路，整个过程中，江细霞的手一直拽得很紧，而且手心都握出了汗。很快黄医生发现了一个关键的细节，走路的时候，比较紧急的情况下她能走路，反而是那些很平的地方她不能走。在平坦的地方反而不能走路，这会不会说明，她行走的缺陷完全是由自己的心理控制的呢？为了印证这个判断，黄医生偷偷地松开手，她发现江细霞其实完全可以自己行走。她对自己的身体有点不太信任，患者心里有一个阴影，要消除她心里的阴影才会解除她身体的问题。

可是怎么样才能消除她的阴影呢？江细霞曾经不止一次地提到，当她接近睡着时，总会出现同样的幻觉，那么，从幻觉里是不是能找到什么关键线索呢？千万不要以为幻觉是一种神秘的东西，实际上，幻觉只是人们认知功能上的一种障碍。幻觉可以分为幻听、幻视、幻触等。正常人有时在紧张、疲劳、高烧，或者服用了某种精神药物的时候，都会出现幻觉。

就拿高烧的患者来说，人在发高烧的时候，中枢神经系统是处于失去控制能力的状态当中，这时候，人的意志会出现模糊和无法控制，会把心里想到的物体、体验与现实世界联系在一起，从而刺激大脑产生貌似真实的错误知觉，通常幻觉中出现的人、物、事都是这个人曾经经历过的。所以医生认为，江细霞产生的幻觉极有可能就是她根据事发当晚的经历和她目前的心理状态，而在头脑当中虚构出来的

一位警察来到江细霞旁边，用力地握住她的手

一个恐怖的世界，那么，在她的幻觉世界里到底有什么东西呢？

黄学军医生决定在江细霞睡着的时候，监控她的脑波反应，并强调她在出现幻觉时一定要看清对方的脸。在音乐的安抚下，江细霞慢慢地进入了梦乡。时间一分一秒地过去，突然，江细霞的脑波出现了异常的反应。她的幻觉果然出现了。

在黑漆漆的楼道里，一个人影正举着一个铁锤，总是隐隐约约，若有若无，江细霞努力地搜寻着他的身影，终于她看清了对方的脸，那正是当晚对自己行凶的凶手。

此前江细霞曾问丈夫，那个凶手有没有被枪毙？丈夫说法官告诉我，肯定枪毙了。可她半信半疑，以为又是在骗她。尽管家人一再强调，在她出院前凶手就已经被执行死刑，但此时的江细霞对家人已经不太信任了，而且自己一直没有看到凶手被处决的公告，因此在潜意识里她认为凶手还在。警觉度高了以后，她就对各种各样的东西都有点不太放心，有可能发生的事情她都会注意，哪怕一点声音，一个影子，她都会很注意。

江细霞恢复了勤劳、开朗

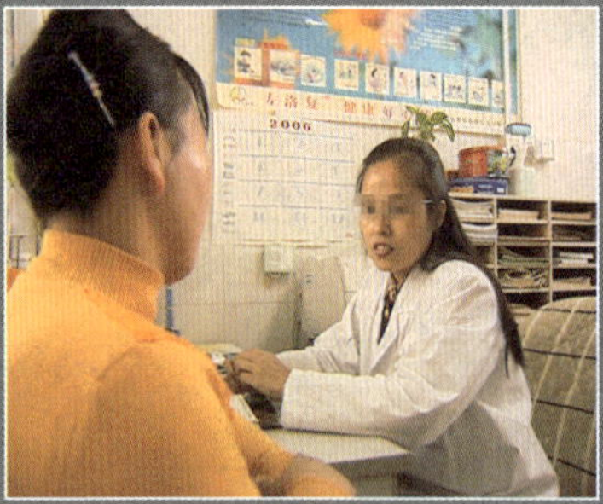

再次向医生求助

其实当晚杀害江细霞姐姐的凶手，是当地的一个无业游民，此人对江细霞的姐姐一直很倾慕，因为多次求爱未遂而滋生了杀人的念头。江细霞和这个人也有过几面之交，据医生分析，这个印象一直残留在她的意识深处，所以才会出现在幻觉中。这是一种典型的恐惧被害的心理。

医生发现，江细霞那天晚上并没有完全丧失意识，她在意识模糊的状态下，当时事发现场的很多细节，都深深地印在了她的大脑中，事后这些强烈的刺激又以幻觉的形式继续刺激着江细霞，导致她出现这种敏感、防备的心理。如果江细霞脑子里那些恐怖的记忆完全被激发，调出大脑，那么恐惧的心理将会慢慢得到减轻；也就是说，只有把全部的记忆激发出来，让她面对最恐怖的事情，才能消除恐惧。

3. 直 面 恐 惧

为了给江细霞充分铺垫安全的心理，医生为江细霞的治疗请来了一位特殊的客人。这是一位警察。一切准备就绪后，医生让江细霞开始大胆地回忆，时间一分一秒地过去，也就在这时，许多原来不敢回忆的恐怖细节在她的脑海里一一呈现。从回忆回到现实，江细霞睁开眼睛。警察还在，医生也在，她突然感到，自己是安全的。

她的腿脚仍然不如过去灵便

两个月后，也许是经过那一次大胆地想象，原来那个勤劳、开朗的江细霞又回来了，她已经不再像过去一样敏感多疑，胆子大了不少，气色也好了很多，然而，唯一让人不解的是，她的腿脚仍然不如过去灵便，这又是为什么呢？

医生认为，发生这些事以后，她心理压力比较大，老是觉得她姐这样子都会倒下，好端端一个人都会倒下，而自己现在这种情况遇到一些问题能怎么办呢？在她内心中也担心自己的身体状况，家里的几个小孩不知道怎么抚养。虽然，江细霞的内心已经消除了对被害的恐惧，然而，行动上对人的依赖，最根本的还是因为姐姐离开了自己，能干的姐姐一直是自己工作的榜样。在丈夫的不断鼓励下，她慢慢地找回了往日的自信，现在，她的身影又活跃在水果市场上。江细霞说，为了姐姐，她要活得更好。

虽然谎言是善意的，但如果江细霞的家人能够循序渐进、慢慢地把事情的真相一点一点地透露出来，也许她内心受到的冲击就不会那么大。说到底，人之所以会害怕，其实是对所害怕的事物本身的不了解或夸大，刻意的回避只会加深恐惧的心理。很难想象，在回忆那场凶案现场的恐怖细节的时候，对江细霞来讲，那将是一种怎样痛苦的煎熬。这无异于把还没结痂的伤口重新刮开，但也正是因为在治疗的过程中，她能勇敢地和自己认为恐怖的事情正面交锋，最后才能消除病态的心理。相信经过了这次劫难，无论今后的日子多苦多难，江细霞都会坚强地走下去。

（梁婷婷　薛建峰　杨力）

金身人像之谜

每逢正月十六是梅花拳祖师邹宏义的忌日，全国的梅花拳弟子都会到邹祖师爷的老家河北省邢台市平乡县后马庄村祭拜祖师。1996年的春节刚过，梅花拳弟子就开始筹备这一年一度的盛会，可就在忌日前夕，一个弟子在夜晚路过祖师爷墓地，突然看见邹祖师的墓碑上出现了几个明晃晃的金色人形。大家都说这一定是祖师爷显灵了。可是，祖师爷“显灵”的现象出现了一次就再也没了踪影。没想到，事隔10年之后，一个叫张西岭的村民又再次看到了墓碑上的金身人像。这件事在后马庄村立刻引起了轩然大波。墓碑上怎么会出现金色的人像，该如何用科学的力量去证实，这并非祖师爷显灵，而只是一种光学现象呢？经过一系列的调查和实验，记者终于发现了金身人像背后的秘密——光线的定向反射。由此，也解开了后马庄村民十多年的一个疑惑。

张西岭家住河北邢台附近的一个农村，原本只是一个普普通通的农民，几年前开始做起了印刷生意，并且越做越大，日子也越过越好。为了便于生意上的往来，他干脆举家搬到县城里住了。虽然搬到县城里，他仍旧隔三岔五要回村看一看，而且每次去的时候，总要带一帮人去拜祭自己祖先的坟。

4月的一天晚上，张西岭有事回老家后马庄。快要到村口的时候，已经是

几个金身人像出现在墓碑上

埋葬后马庄祖先的墓地

深夜了。当他的车路过村北墓地时，顺着车灯他突然发现墓地里有些异常。他决定下车去查看一下，可还没走到墓地，他就被眼前的景象惊呆了：几个金身人像出现在墓碑上！张西岭吓得倒身就拜，可是当他再抬起头看时，墓碑上的金像又消失了。

据张西岭介绍，这个墓地埋葬的是他们后马庄的祖先，梅花拳祖师邹宏义和他的子孙。相传在五百年前，邹宏义武艺超群，创立了一门叫梅花拳的功夫。这门功夫至今仍在后马庄的村民间世代相传，而邹宏义也被尊为梅花拳的始祖和后马庄的祖师爷。自从张西岭见到祖师爷的墓碑上出现了金身人像后，后马庄的村民们就更加虔诚地来墓碑前祭奠，甚至方圆百里内的乡亲们也都来这里烧香祷告，祈求平安。

村里一位大爷说："大家都说祖师爷显灵了，离得越远看得越清楚。但是我一直觉得奇怪，墓地里有的是既有坟又有碑，有的却只有碑没有坟，为什么金身人像只出现在埋坟的碑上，而没有埋坟的碑就没有人像呢？"

村主任回忆说："早在 1996 年春节期间，也就是正月初七的晚上也出现过人像。头一天晚上显像的时候我不知道，我是两三天以后才听说的。一开始知道这事的人少，但是两三天以后知道的人越来越多。有人说后半夜村北的坟上显现金像了，我感到奇怪，就跑过去看看，结果一看还真有其事。也有人说能看清显的什么，但是我看不清，我只是看见墓碑上发出金黄色的光。去墓地里看人像的不光是我们村里的人，还有不少外省过来的，河南的、山东的都有，开着车过来看。”

原来，这样的一幕早就出现过。几位村民走亲访友后一起回家，他们路过村北祖师爷的墓地时，发现了墓碑上的异常。

村民张僖印回忆说：“当时有人说祖师爷坟前的碑都看不见了，只看见有人影在那里，听说以后我也跑到那儿一看，石碑上果然有一个轮廓，看起来像一个人像，金色的。”

后马庄祖师爷显灵的事一时间闹得沸沸扬扬，虽然也有人不相信，可后马庄的村民们却非常相信，甚至还有村民拍了照片。在那张照片上可以看到，石碑上祖师爷金像的身体全显出来了，头和身子十分清晰。不过，现在很多装神弄鬼的照片往往都是PS过的，因此也有人怀疑，这张照片是有人动过了手脚。他决心要把这件事情弄清楚。

这个人叫左军山，是河北省邢台市电视台的记者。金身人像第一次出现时，他正好在平乡县采访，当他听说后马庄梅花拳祖师爷显灵的事情后，立刻赶到后马庄一探究竟。在后马庄，他像其他村民一样，也看到了石碑上的人像。左军山说：“我不相信显灵，我相信这种现象，我相信我看到的。”

和左军山一起到后马庄采访的还有几个记者，尽管没有人能解释这是怎么回事，记者们还是决定把这奇怪的现象拍下来。可是，最后大家都无功而返。左军山说：“我当时就知道，谁都拍不成。因为什么？所有的媒体记者，都是冲着白天的采访去的，他们没有准备晚上拍的片子，光线没有准备足，胶片感光率不够，所有的设备都是按白天正常采访准备的。”

左军山回到邢台市里以后，他进行了周密的准备，再次前往后马庄。这一次他在后马庄一待就是几天，也拍了不少胶卷。可是当他兴冲冲回去冲洗胶卷的时候，胶卷上竟然什么都没有。据他回忆，当时拍的胶卷多长的曝光时间都有，30秒的，甚至三分钟、五分钟、八分钟的曝光都有。

左军山没办法拍下祖师爷墓地的人像，后马庄的村民们因此议论纷纷。他们认为祖师爷显灵是来造福后马庄的，祖师爷不愿意在外人面前露面，用照相机根本就不可能拍摄到祖师爷显灵的相片。而左军山却觉得这种说法没有根据，他说：“虽说我搞摄影属于业余爱好，但是我认为从摄影原理来讲，只要人肉眼看到的就能拍下来，只是拍摄水平高低而已。”

神秘的金像一直没有被拍摄下来，左军山觉得这是自己照相水平的问题。但是太多的失败，让他也有些心灰意冷。就在他想要放弃的时候，在一次整理中，他突然发现在这些胶片里有一张出现了模模糊糊的几个人影。经过仔细和耐心的冲洗，这几个神秘的金像终于现身了！

左军山感到非常兴奋，他说：“当时，我大约三十七八岁，我的人生经历也很复杂，但是经历了这么多的事，却没有哪件事让我对冥冥中的事相信过。我只能说，这只是一种自然现象，我承认石碑上确实有图像，但是我相信，这个现象是可以解开的。”

就在左军山为自己拍下的照片兴奋不已的时候，又从后马庄传来了一个惊人的消息：村民们发现，自从照片冲洗出来后，这个金身的影像就再也没有出现了。村民们都说，肯定是左军山拍照的时候惊动了老祖先们，所以影像再也不出来了。后来，随着时间的流逝，这件事渐渐地被人们所淡忘，可是没有想到，十年以后这样的奇观又让张西岭看见了。一时间，大家觉得祖师爷又出来显灵了，村里的老人们还说，这是一个好兆头。相信这种说法的人越来越多，去陵墓祭拜祖先的活动也就比过去频繁得多了，大家都觉得这片陵墓特别有灵气。

作为旁观者，我们相信这件事情里面肯定存在某种神奇的自然现象，并且能够解释得清楚，而并非人们所说的祖先显灵的问题。但是，到底应该怎么去合理地解释这种现象呢？我们又能不能把这种现象说得很明白呢？

照片冲出来后，金身人像就不出现了

《走近科学》记者赶到后马庄对祖师爷显灵的事进行调查。经过询问，记者了解到，自梅花拳祖师爷邹宏义去世的几百年来，无论是平乡县志等历史资料还是民间传说，都没有记载过祖师爷墓地出现“金身人像”的事情。第一次出现祖师爷“显灵”是在十年前，那么十年前祖师爷墓地里发生过什么事情呢？经过村里人的仔细回忆，出于对祖师爷的尊重，在十年前的春节前夕，村里派人把邹氏墓群的墓碑全部用黑漆重新刷过了一遍。问题会不会出在油漆上呢？是不是当时给老祖师墓碑刷的漆经过特殊处理，因而晚上就会发光呢？

记者开始调查当时所用的油漆。然而，时过境迁，后马庄的长者们对于这个细节早已没有了太多的印象。村主任向记者介绍说：“老祖师的墓上立完碑以后，梅花拳弟子出于对老祖师的尊重崇敬，就用黑漆把墓碑又刷了一遍。”他指着墓碑上油漆刷过的痕迹对记者说：“你看，在刻碑之前都是用漆刷的，这样刻字的时候好看，可是时间一长，原来涂的黑漆有的部分已经开始脱落了，看起来斑斑驳驳的，颜色深浅也不一样，于是弟子们说，买二斤黑漆再刷刷吧。”

可是，后马庄的村民觉得这种奇特的现象不太可能是因为重新刷过的油漆造成的，他们说：“刷墓碑的油漆就是当时在街上买的普通黑漆，怎么会发夜光呢？”记者猜想，是不是后马庄有人调配了带夜光的油漆，而其他的村民并不知情？

村民张禧印却说：“别人都说油漆是有人掺了夜光体材料，说后马庄出了能人，可是咱们知道，这是不可能的，村民没有那么高的技术水平。”

既然不是墓碑油漆的原因，那会不会是石碑材质不同造成的呢？村北这块墓地主要埋葬着祖师爷邹宏义和他的儿子、孙子，由于时间久远，有的墓碑已经被破坏。然而经过调查，制作墓碑的石材也是普普通通的材料。奇怪的是，使用的是同样的材料，为什么有的石碑显像，有的石碑就没有呢？

村主任也向记者证实了这一点，他说：“陵墓里的祖碑是祖师爷的墓碑，另外还有他的三个孙子和重孙子的墓碑，祖碑上还刻着‘梅花拳忠先师正气常在’。这块碑和那块碑都是一起做的，用的都是同样的材料，也同样刷的黑漆，但是在这块石碑上就什么也不显，另外几块石碑却有显像，这就是我们没法解释的事情。”

事情调查到这里似乎头绪皆无了，怀疑墓碑和怀疑油漆都已经不成立，而且同样的石材和油漆，怎么别的地方没有出现人像，可偏偏这里就有？为了解开这个疑团，记者又重新走访了后马庄，通过这次的调查记者发现，十年前首次出现这种现象时，正好是农历正月初七到二月二期间。记者由此想到，农村过春节不像在城里只放七天假，在农村一直要过完正月十五才算过完年，有些地方甚至要延续到二月二“龙抬头”以后。在这段时间里，农村家家户户张灯结彩，处在一片浓烈的过节的氛围中，但是等到这段时间过去之后，金身人像似乎就再也不出来了。难道说，金身人像和过春节有什么联系吗？

村主任的一番话似乎印证了记者的猜想，他说：“春节期间，村里到处都安上了彩灯，这附近也没有旅游景点，因此有人就开着车晚上到陵墓里来玩玩，金身人像显形就是在这种情况下才发现的。”

而十年以后张西岭发现金身人像的那天，月光不是很亮，周围也一团漆黑，这个时候为什么又会出现人像呢？这和之前猜测的情形完全不同。这时候又有人提出来，是不是因为车灯的光线反射出来的呢？对于这种说法，张西岭本人也感到很疑惑。

到底是不是光线反射造成的幻影呢？为了彻底揭开后马庄祖师爷显灵之谜，记者决定在墓碑前做个实验来进行论证。记者利用新闻采访灯当光源，让光源对准墓碑不断调换角度，当墓碑出现反光现象时，记者依稀看到上面果真有人影出现。

对于这种现象，首都师范大学物理系副主任钱小陵解释说：“我认为，这是由于石料表面有一些突起的地方，但是局部又比较光滑，因为上面还涂了一层涂料，这种局部光滑又有突起的地方，就相当于有了一个定向反射。白天，光从各个角度射过来，形成漫反射，这种漫反射本身是不能成像的，等于完全看不到定向的像形成。但是到了晚上，因为光线是从一个定向的角度射过来的，所以它的定向反射就比较清楚了。”

专家所说的定向反射指的是，一束入射到光滑平面上的光，其反射的方向和入射的方向是一致的，通常我们只有站在和入射角度一致的地方，才能看到物体的反射，高速路上的夜光漆利用的就是这个原理。而之所以有的石碑没有显像，则是因为光反射的角度正好不在人的视线范围之内。

对于专家的这种说法，又有村民提出了质疑。村民们说，他们所看到的墓碑上只有金像而没有墓碑上的字迹，这和专家的说法存在一定的误差。在调查的过程中记者也注意到，当新闻灯光源打在墓碑上时，墓碑上有人像，同时上面的字迹也很清楚，并且出现的人像没有左军山拍摄的照片上那样完整。这又是为什么呢？

第二天，记者再次来到墓地时，发现墓地的附近摆放着几个正在雕刻的石碑。由于天气炎热干燥，新石碑上刮起大量的粉尘。记者突然想到，会不会是这些灰尘被风吹到了石碑上，因而造成光的反射不明显呢？当天晚上，记者把祖师爷的墓碑用清水洗干净，这时再转换新闻灯的角度，终于看到祖师爷墓前出现了完整的头像。

钱小陵主任解释说："这就是浇湿的作用，实际上这个反射是水的表面在反射，水表面反射掩盖了它原来的凹凸不平的那个局部。"

为了进一步再现照片上的景象，记者把曾经出现金色人像的墓碑全都冲洗了一次。经过清水的冲刷和记者不断耐心的调换角度，十年前的现象又回到了大家的眼前。

可是，为什么这样一个看似不起眼的自然现象会让人们这样关注，并且衍生出各种各样的传说来呢？对此，左军山是这样说的："如果没有梅花拳，就不会有为这个墓碑显像的事发生的各种纷纷扰扰，因为我听说在其他的村庄也曾出现这样的事，却从来没有传得这样神秘。"

记者前往调查

至此，困扰了后马庄村民十多年的金身人像的秘密终于揭开。虽然事实证明并非祖师爷"显灵"，但这并不妨碍梅花拳这门传统的功夫代代相传。相反，后人们会因为对邹宏义的敬仰，而将它发扬光大。

说起来，一件很玄妙很奇特的事情，可能结果就这么简单。正因为有了漫反射这种光学现象在其中发挥作用，在某种特殊的条件下，人们就会感觉到墓碑上有金身人像的存在。不仅如此，这个墓碑的设计也是形成这种奇特现象的原因之一。这个墓碑上有一个非常有意思的设计。呈现出人像的墓碑在漆了黑漆的部分上面，有一个灵牌的设计，而这个设计本身也是带漆的，但它的周围部分却不带漆，所以在反光的情况之下，它的周围却不产生反光，而恰恰在上端这个像灵牌一样的东西就形成了看起来像脑袋的图案，而如果没有这个部分的话，大家可能也就想不到它是金身人像了。正因为这个原因，这个影像看起来就像是一个人，峨冠博带，身上穿的是很漂亮很豪华的袍服，从远处看起来，就好像是一个人穿着袍服坐在那里一样。

也可能有人会问，既然春节期间有灯光反射，农村里也有灯，也会出现反光，可是为什么十年之间再也没有出现过这种现象呢？专家说过，这种现象只有在碑体非常干净，漆表面没有任何灰尘的时候才会出现，经过了春节那段时间之后，人们不点那么多灯了，自然也就没有反光的条件了，而一年之后再过春节时，经过这一年的风吹雨打、日晒雨淋，墓碑上布满了灰尘，因而也不能反光。之前记者做实验的条件也是要先用水清洗一遍，把墓碑擦干净了，才能够出现这种奇特的现象。如此一来，这个困扰了当地十年的问题终于水落石出了。从此，张先生再也不用没事就从县城回到自己过去的家，带人去祭拜这个所谓的神灵了。

当然，通过祭拜的方式表达自己对祖先的怀念，这种行为是值得推崇的，但是千万不要说这是因为有所谓的金身人像显灵，这是违反自然科学的。生活中也许有很多事情，我们单靠科学一时半会解决不了，但是还有很多问题我们是完全可以从科学的角度去仔细地分析它，并最终解释它的。

（朱婷婷）

破解红纹石碑

两千多年前，汉武帝曾经派出赫赫有名的贰师将军李广利，率领大军远征西域，而这次远征的目的只是为了得到一种被称为神骏的马。这种马叫作汗血宝马，被人称为神骏。汉武帝不惜重金、不惜民力、不惜让上万的士兵命丧黄泉也要得到这种马，由此可见它是极其稀有珍贵的。汗血宝马不仅跑得快，还有一个很大的特点，奔跑一段时间之后，马的全身会流淌出殷红如血一般的汗水，因此得名汗血宝马。后世有人考证，所谓的汗血宝马就是现今土库曼斯坦出产的一种名马，叫作阿哈尔捷金马。到底是不是这样，目前没有定论；汗血宝马的得名是否与流汗血有关，如今也没有定论。不过，我们今天讲的故事多多少少与这件事有点关系。最近在福建闽侯县的很多地方都纷纷传闻，当地有一座大石碑，竟然会流出像鲜血一样殷红的液体。

闽侯县青圃村是一个非常庞大的村落，村里房屋高低错落，常住人口有一万五千多人。经过一番打听，记者来到了村头的一座道观，传说中那座会“流血”的石碑就建于这座灵济宫中。

从外表上看，这座石碑非常高大，据介绍已经有数百年的历史，碑身上的花纹雕刻已经有些模糊。不过，记者仔细查看后却并没有发现什么异常之处。

关于石碑的传说究竟从何而来呢?

事情发生在一个潮湿的夜晚，几个正在灵济宫里纳凉的村民突然发现，石碑上似乎有些异样。借着朦朦胧胧的月光，村民们看到了非常奇怪的一幕：石碑正自上而下流淌出几行红色的液体。

据灵济宫管理委员会工作人员林香江说，这种带有红色的液体，当地人称作“流血”，是一种非常少见的现象。

在场的所有人都连连称奇，不过，当地上百年来却一直流传着与之相关的传说。

据当地人说，能亲眼看见这种奇怪的现象，是可遇不可求的。正如记者在现场看到的那样，石碑上并没有什么异常。不过记者很快就发现，石碑上的确有一个奇怪的地方，在碑的底座上，竟然布满了红色的花纹，密密麻麻如同蜘蛛网一般交集在一起。这究竟是怎么回事呢?

石碑

林香江告诉记者：“曾经有一个人买了一只白玉无瑕的玉镯，后来这个人死掉，被埋到棺材里，有人从棺材里把玉镯拣出来再戴在手上，经过两三百年，这个玉镯上就布满了血丝。我们当地的说法是，因为玉镯长年戴在手上，人的血被它吸进去，上面就有了血筋。”

当地村民认为，石碑上红色花纹的形成也是同样的道理：由于当地非常炎热，而石碑本身比较光滑冰凉，因此村里的许多小孩经常爬上石碑玩耍纳凉。石碑上被手和脚触摸到的地方布满了血筋，林香江认为，就是因为天长日久，人们的血气被它吸进去了。

与许多碑体一样，这座石碑是由一只巨大的石雕动物驮附的，而那种奇怪的红纹则大量集中在它的身上。更奇特的是，它的身上到处是大小不一的坑洞，头部和眼睛也已经被人挖去。而这些坑洞有新有旧，有一些甚至明显有着刀刻和锯割的痕迹。

又是谁要这样对待它呢？

原来，当地还有一个传说，石碑上刮下的石粉能够治病。如果饲养的家禽不吃食物，只要从碑身上刮下一些石粉拌在饲料中，很快它们就会恢复正常。时至今日，村里的小孩如果患上了拉肚子等毛病，他们的父母往往都会将刮下的石粉给自己的孩子服用。把刮下的石粉放在碗里，用开水冲调以后给孩子喂下去，有压惊、降温的作用。

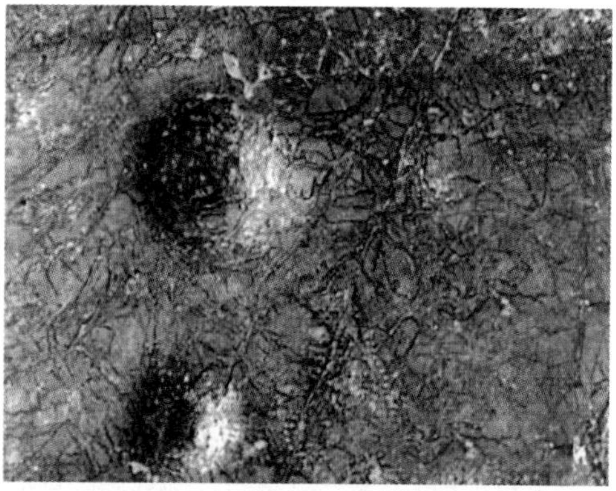

石碑上的坑洞

传说让这个石碑显得非常奇特，全身布满了暗红色的斑纹，看起来就像金丝银络的纹理一样，而且从它身上刮下来的石粉还能用来治病。于是，当地人把这件事情传得更加邪乎，说它是神灵显圣，还说它是吸食人血的古灵精怪。这些说法当然是站不住脚的，但是，为什么这两种奇特的现象会集中在这一块碑的身上呢？

这块石碑是几百年前立在这里的，当时的福建还是一个相对闭塞的省份，国家也没有什么大的机构设立在这里，为什么这里会有这样大的一块碑呢？看来要想了解这一切，必须从历史当中寻找线索。

据工作人员介绍，整个碑亭占地面积一共是 81 平方米，碑身的位置恰好分布在中间。石碑的外围是一个完全木质结构的碑亭，整个亭子竟然没有采用一根铁钉，而最让记者吃惊的是，这座碑亭的顶上竟然采用了二重檐的结构。在我国古代，一般只有皇家的殿堂和园林才能采用这种独特的建筑结构，明朝紫禁城中的大部分宫殿建筑正是如此。那么，与京师千里之遥的福建小山村中，为什么会出现这种皇家建筑形式呢？福州大学的甘满堂教授为此曾多次来到灵济宫进行走访考察。

甘满堂教授介绍：“这个亭子是明代保留下来的，北方来的文物专家说这个亭子具有辽金风格。”

甘满堂发现，除了民间罕见的二重檐结构外，碑身上模糊的碑文同样也存在着一些秘密。经过仔细辨认，记者发现这样一个字眼：“朕”。在整篇碑文中，这个字重复出现了 4 次。尽管事隔数百年，但碑身上的一段文字仍然清晰可辨：“卫朕之功，施以灵符，天医妙药，有起死回生之功。”

这块传说中能治病的石碑，究竟隐藏着一段什么样的故事呢？

林香江向记者讲了一个历史小故事，她说：“公元 1417 年，明朝永乐皇帝北征的时候背上长了个毒疮，御医束手无策，无奈之下只好贴出皇榜，在民间召医。”皇榜昭示天下后，民间众多医师跃跃欲试，最后福建闽侯的一名医生用了当地的一种草药，将永乐皇帝的背疮治好。永乐皇帝因此很感激，就下召重建灵济宫，并且把重建庙的缘由刻写在石碑上，并且在石碑之外又建了一所碑亭。

尽管碑文记载了一段鲜为人知的历史，但人们的疑问并没有因此而消除，围绕它为什么会出现这么多的奇怪传说呢？声称曾目睹过奇怪现象的并非只有一两个人，可为什么记者反复来过数次，却从没有见到过什么奇异现象呢？不仅记者充满了疑惑，对福建各地都非常熟悉的甘满堂，也同样对灵济宫石碑上密布的红色花纹感到疑惑不解。他说：“我到过福建很多地方，去过无数的庙宇，但像闽侯灵济宫这样的石碑却没见过。”

当地甚至有人传闻，这块碑很可能是由类似鸡血石一类的岩石打造的。为了弄清事实的真相，记者找到了福建省地质测试研究中心的梁诗经研究员。在仔细勘查之后，他认为这块石碑的材质很可能就是普通的石灰岩。

据梁诗经研究员介绍，石灰岩是地壳中分布最广的矿产之一，主要在海洋中沉积而成的。为了证明自己的观点，梁诗经将碑身的一些粉末带回了实验室。当他往取回的粉末中加了少量盐酸之后，容器中立刻产生了许多气泡。他解释说：“石灰岩的化学成分是碳酸钙，加入盐酸以后，它与盐酸发生作用，形成二氧化碳和氧化钙。通过起泡，我们就可以判断出这是碳酸钙的岩性。”

虽然石灰岩在我国比较常见，但常年在各地野外考察的梁诗经却认为这块石碑不可能出自福建本地。他说："福建省内石灰岩分布的面积不大，并且福建的石灰岩成分中渣子比较多，材质不纯，颜色也较暗。像石碑这么纯的岩石，在福建比较少见。"

甘满堂在查阅了大量资料后，也证实了这个说法，他说："福州也有一本章回体小说叫作《闽都笔记》，其中有两章对闽侯灵济宫的御碑建造过程有记载，书中说这块碑是从南京运过来的。"

稍懂明史的人都知道，明朝有两个都城。朱元璋和朱允文的时代都城在南京，而到了明成祖永乐十九年之后，朱棣将国都迁到了北京。而灵济宫石碑是永乐十七年立的，也就是说，从当时的国都南京运点什么东西到福建去，是绝对可能的。

并且，记者查阅史书时发现，这块碑刚立的时候是洁白如玉的，而几百年后的今天，碑身上却布满了这种暗红色的斑纹，这到底该怎么解释呢？当地村民用它的石粉来治病，它真的有如此强的疗效吗？

尽管在初次见到石碑时，梁诗经也曾对石碑被破坏的程度大为吃惊，但得知村民用刮下的石粉来治疗家禽和小孩厌食时，他也表示了一定的认同，他说："石碑的主要成分是碳酸钙，因为这种材质在海里边沉积，其中一定会含有很多海生动物，比如牡蛎壳。作为中药中的一味常见药，牡蛎壳有治疗高血压的作用，而牡蛎壳的成分中还有碳酸钙，这种石灰岩本身是具有一定镇定作用的，李时珍在《本草纲目》中也曾提到古人将石灰岩粉末服食以助消化的例子。"

甘满堂对此解释说："有一些村民因为偶然喝了石碑粉末拌和的水，治好了病，人们就会对此夸大其词，其实这只是一种心理效果而已"。

记者在现场发现，虽然整块碑的材质相同，但是红色纹路的分布有一个很明显的分割线，碑座上密密麻麻地布满了红色

碑上布满红色花纹

的花纹，而碑身上只在人能够得着的地方有一些痕迹，这又能说明什么问题呢？

就当调查似乎难以继续时，记者忽然想起曾发生在山东曲阜的一件事：山东曲阜的孔林中，有一块清朝时建立的石碑，到了每年9月份祭祀孔子的时候，这块碑上就会像流眼泪一样不断渗出水珠，因此当地人称之为“流泪碑”。而总共有三千多块碑刻的孔林中，也仅仅只有这一块出现了这种奇怪现象。最后经过调查后才得知，这块碑的材质为石灰岩，由于它本身具有很强的吸水性，加上游人出于好奇反复用手抚摩，从而在碑身表面逐渐形成了一层油膜，而每年八九月份时曲阜的空气最为潮湿，当湿度达到凝结程度时，由于这层油膜的隔断，水分不能渗透到石碑中，因此才会在石碑表面形成大量的水珠。

那么，同样是石灰岩材质的灵济宫石碑，为什么传闻流出的却是红色的液体呢？经过询问记者了解到，它出现这种现象的时间同样很有规律。

林香江介绍：“出现这种奇特现象都是在梅雨季节，干燥的季节却没有出现过。每年3月到5月份，天气变化无常，时雨时晴，当天气变得非常恶劣的时候，石碑背上就会流出这种红色的液体，好像血一样。”

福建地处东南沿海，海洋性气候特征非常明显，终年温暖湿润，而每年的三四月份又是一年当中最为潮湿的梅雨时节，大雨常常是持续不断地下满两个月。但如果仅仅是这个原因，那么它应该和山东的“流泪碑”一样，流淌出的是透明的水珠，可为什么村民们看到的却是红色的液体呢？就在这时，福建省地质测试研究中心传来了新的化验结果。在从石碑上取回的岩石样本中发现有氧化铁的存在。

石碑风化的非常严重

由于年代久远，再加上石灰岩比较容易受到风霜侵蚀，因此这块石碑已经风化得非常严重，有些地方甚至已经产生了许多肉眼看不到的裂纹。由于当地气候潮湿，当空气中聚集的水蒸气渗透到裂纹中，与石碑里含有的铁元素发生氧化作用，就形成了密布于碑身底座的红色花纹。

梁诗经说："村民们用手在石碑上摸，时间长了就变得特别光滑，因而上面的裂纹就特别明显，看起来像血脉一样。而石碑上面人手摸不到的部分因为不是太光滑，所以就不明显。"

可是，村民们口口相传看见石碑会流出红色液体又是怎么回事呢？为什么它们只发生在非常潮湿的梅雨季节呢？

对此，梁诗经解释说："到了夜里，随着气温下降，岩石的温度同样也会下降。在温度下降的过程中，随着温度的冷却，空气中水蒸气就会凝聚在上面，就像我们倒了一杯冰水在玻璃杯里，过一阵子杯壁外沿就会凝聚很多水珠，当水珠凝聚到一定程度时就会往下流一样，两者的道理是一模一样的。"

因为石碑身上有很多红色的条纹，看起来好像是石碑身上渗出来的血水，所以就被神话成为一种血水。

假如我们把石碑想象成夏天刚从冰箱里拿出来的一瓶冰啤酒，过一阵子啤酒瓶上就会挂满了水珠，慢慢往下淌，就像啤酒瓶哭了一样，这其实也就是石碑流水的原因。可为什么石碑会流红色的水呢？这也很好解释，想想绿色的啤酒瓶上淌下来的水是什么色的，是不是像绿色的眼泪呢？同理，因为石碑的底色就是暗红色的，所以流出来的水看起来就像是暗红色的，同时，石碑的材质中含有一定氧化铁的成分，因此看起来颜色就更红了。

这本来是一种很正常的自然现象，可是却被人们传得格外邪乎。所有的人在说起这件事情的时候，都会有一些心理暗示，当亲眼看到这种情景时就会觉得颜色格外的红，就像流血一样。其实，生活中很多现象都是可以用科学的观点和方法去解释的，关键在于解释这个问题的时候，你是站在一个什么样的角度上。

（郑酉亮）

破解藏字壁

我们今天的故事与石壁有关。

说到石壁、砖壁、墙壁，大家并不陌生，北京典型的四合院中，还有一种建筑的形式叫作影壁。影壁是什么意思呢？从大门进入到家，为了安全性和私密性，要在院落和门之间建一堵墙，用于避免家里的生活情况被外人直接从开着的大门中看到，这就叫作影壁。今天说的是石壁。这面石壁在四川省仁寿县的黑龙滩，平时看起来普普通通，但是最近几年却出了些诡异的事。据当地人说，在这面石壁上不时会影影绰绰呈现出一些图案，当你想仔细看清楚的时候，这些图案却又很快消失了。

这件事情是真是假，其中又隐藏着什么秘密呢？为了探明究竟，记者亲自去了一趟四川。

黑龙滩是西南第一大人工水库，号称“川西第一海”，85 座岛屿星罗棋布，而传闻中能出现图案的石壁，正是位于其中最大的一座孤岛上的龙岩寺中。在管理处工作人员的带领下，记者来到了这里。

进入龙岩寺，首先映入眼帘的是一座栩栩如生的石刻佛像。据工作人员介绍，这座佛像修建于唐朝年间，几经损坏后又被修葺一新。通过仔细察看佛像两边的崖壁，记者发现，除了一些古人的字刻外，并没有什么特别之处。既是如此，石壁上会显现出图案的说法又是从何而来的呢？

黑龙滩景区管理员陈吉双介绍了当时他发现石壁图案的情形，他说：“有一天，快要下雨了，天也快黑了，我想到寺庙里还有很多东西要打扫，就赶紧来到寺庙里。”

在这座四面环水的孤岛上，除了偶尔传来几声蛙鸣，寺庙里显得格外空旷寂静。陈吉双认真清扫着庙内的每一个角落，就在这时，他隐约发现大佛旁的崖壁上似乎有不少污渍，就在他上前查看时，奇怪的事情发生了。他看到佛像的一侧出现了很多图案。

已经看管寺庙多年的他非常纳闷，这块石壁上一直都是空空如也，什么时候突然多了这些图案呢？回到家中的陈吉双辗转反侧，难以入睡。为了解除心中的疑虑，一大早他就赶到了庙里，但是一切似乎又都消失了，昨天出现图案的石壁处什么都没有了。

随着日子一天天过去，越来越多的人开始传言，曾经在石壁上看到过奇怪的图案。黑龙滩镇村民缪晓明就是其中的一个。事情发生在一个阴沉的傍晚，平时喜欢钓鱼的他坐在湖边垂钓，正当他收获颇丰时，突然间风雨大作，由于没有带任何雨具，他只好跑到寺里躲雨。缪晓明说：“正在躲雨的时候，突然头顶上掉下来一颗雨滴，于是我抬头去看，突然间发现佛像右边的石壁上有一些非常模糊的痕迹。”他感到很奇怪，这个寺庙他以前常来，以前这上面什么也没有，是光秃秃的，怎么会突然出现这些东西呢？

他顺手在香案上拿了一支蜡烛，走上前去仔细查看，这时候他发现，石壁上果然出现了模糊的奇怪图案。他说：“石壁上面的图案非常奇怪，以前从来没见过。当时我很吃惊，不知道是怎么回事。”

据缪晓明回忆，图案很快就消失了，

龙岩寺

就像记者在现场看到的一样，石壁上没有任何其他的痕迹。

那么，这个所谓的传说会不会是景区宣传的一种手段呢？记者决定独自进行走访。

记者先在周围村子里进行了一番调查，据村民们反映，确实在石壁上看到过那些奇怪的图案，有一个村民还说：“我们小时候，经常爬上去看，看得很清楚。”

可是，为什么记者去了那么多次，却从来没有看到过那些奇怪的图案呢？这时候，村民的一句话引起了记者的注意。那位村民说：“阴雨天时就可以看到，天晴时候是看不到的。”

人们发现神秘图案的时间几乎都是在阴雨天气，这一切究竟在预示着什么？记者和工作人员再次来到了崖壁前，根据目击者所说的位置把水泼在了上面。果然，一些模糊的图形仿佛从石壁中慢慢渗透了出来，竟然是一幅完整的题字。

究竟是谁在崖壁上留下了这些文字？为什么它只有在泼水后才能出现呢？为了弄清事实真相，记者来到了仁寿县档案馆。

仁寿县文物管理所长钟建明向记者介绍了有关石壁的情况：“现存的这些字里面，咱们能看清楚的，是‘霜月澄凛，天风清劲，御史公刚明之气锤于私云’‘霜月澄凛，天风清劲’等几十个字，这两句是描写天气的一种景象。”

据钟所长介绍，其中御史公指的是五代时曾任御史大夫的孙光宪，他的祖籍就是现在的仁寿。这些字是不是后人为了纪念他而题写的呢？对于这个问题，由于县志中没有其他相关记载，因此找不到答案。不过，记者在光绪七年《仁寿县志》中发现了如下的记载：“龙岩者，镌石为龙，卧崖下，即文与可镌《怪石墨竹》处。”

龙岩指的就是龙岩寺，而县志中提到的文与可则是北宋时代的一位书画名家，他姓文名同，字与可，是大文豪苏轼的表兄。这个人爱竹如命，平时喜欢种竹、养竹、画竹、写竹，他的墨竹图非常出色，我们现在经常用到的成语“胸有成竹”就与他有关。文与可除了喜欢竹子和作画之外，还有一大爱好就是赏玩山水，在四川很多地方都曾发现过他留下来的岩画或刻画，他绝对是当时的一位文化名人。根据现有的资料来看，文与可当时确实来到过龙岩寺附近。根据历史记载，他还曾出任过当时仁寿县的知县。

文与可与石壁题词之间有什么关系呢？

带着新的疑问，记者再次来到现场。既然右侧的崖壁泼水后出现了文字，那左侧的石壁会不会也有着类似的情况呢？当我们将水泼在上面后，很快，这一侧同样也出现了模糊的图案。

据钟建明所长说，文与可是北宋熙宁四年，也就是 1071 年到仁寿任知县。在仁寿的 4 年间，他经常在闲暇时去谷中探幽观竹，吟诗作画，画竹的高超技艺便来源于他长期对竹子的仔细观察和写生。

根据县志记载，文与可画的画就在龙岩寺石壁上，所以钟所长认为，石壁上出现的图案应该就是文与可所作。

也许是时间久远的缘故，这块石壁上的图案有些风化了，纹路斑斑驳驳比较模糊，不过依稀能看出竹子的痕迹。这会不会就是县志中记载的墨竹图？它和另一面崖壁上的题字又有什么联系？为什么它们都只有在遇水后才能浮现？几个目击证人所提到的都是阴雨潮湿的天气，那么隐藏在石壁后的字画与当地的气候条件又会有什么关系呢？为此，记者走访了仁寿县气象局。

据仁寿县气象局局长林强介绍，黑龙滩作为川西一个比较大的水库，这里的空气湿度相对于其他地方而言，会更大一些。他说："尤其是在下雨和阴暗的天气状况下，加上水体的共同作用，这里的湿度会呈现出一个更高的极值。"

气象局工作人员推测，正是由于空气中含有过多的水分，从而导致石壁部分受潮，然后才使隐藏其后的图案出现，而当石壁重新干燥后，图案便会再一次隐去。

由于黑龙滩景色优美，古代一些文人墨客游经此处时，经常会兴致大发挥毫泼

石壁上的图案应该就是文与可所作

墨，在这里留下他们的真迹。但是，同样是古人留下的笔墨，为什么唯独这里与众不同呢？在之前的调查中记者发现，这两块显现字画的石壁与周围的石壁相比，显得更加平滑一些，但是管理处的工作人员却说，它们与周边是一个整体，并不是人为后期镶嵌上去的。

为了找出石壁浸水出现字画的真正原因，记者找到了成都理工大学的几位教授，邀请他们一起到现场实地考察。经过一番考察后，成都理工大学地质系刘兴诗教授向记者介绍说："石壁属于砖红色的砂岩，即碳酸钙交界的砂岩，不仅在四川盆地，很多地方都把它用来做石刻。"

虽然这种砂岩比较常见，但作为一个常年在野外考察的地质专家，刘教授还从来没有听说过石壁上的图案只有浸水才能显现的。为了做进一步的分析，他用蒸馏水和池塘里的水做实验，将它们分别泼在石壁上，得到的却是同样的结果。

由此，刘兴诗教授得出一个结论："从整体来讲，这不属于化学反应。因为，如果石壁上的那幅画含有某种化学元素，一泼水就会出现反应，从北宋到现在已经上千年了，不知道有多少人把水往上面泼，当初用的化学原料早就被冲洗干净了。所以我认为这不属于化学反应。"

如果不是石材本身材质的问题，那会是什么原因呢？在之前的走访中，记者曾听到过一个说法，隐藏在石壁后的字画很可能与当时所用的墨有关。据一位村民说，苏东坡曾送给表兄一盘墨水，用这种墨水写出来的字平时不会显现，只有泼水才能出现。

村民们告诉记者，这个说法在当地流传已久，因为文与可擅长画竹，苏东坡曾从徽州买来一种神奇的墨赠予他，用了它就能有意想不到的效果。这种说法是不是真的？当时究竟会不会有这种墨呢？

对于这个问题，钟建明所长的回答是："肯定是不存在的。从科学角度说，文与可在仁寿，苏东坡在杭州，相隔太远，在当时的交通条件下，苏东坡不可能送一盒墨给文与可。此外，苏东坡一生也是诗词画样样有名，如果有魔墨，他为什么自己不留下呢？而且，如果真的有这种神奇的墨，为什么在其他地方找不到这样的遗迹呢？”

不仅如此，当地还有另一个更奇特的关于墨的说法。有一次，文与可和书童信步来到龙岩寺，眼看天色已晚，就决定在寺内留宿一宿，并与住持秉烛夜谈。在得知文与可的身份后，住持带他来到龙岩石壁前，请他画竹一幅，文同欣然答应，并让书童准备笔墨。

就在书童把墨架和墨盘放好以后，一只千年乌龟爬到墨盘里面，不小心就撒了一点龟尿在里边。在当地的传说里，这种龟尿是能够穿石的。

据专家介绍，这种说法也是不可能的。乌龟排出的尿液和其他动物排出的尿液成分是基本相似的，不可能具有太强的穿透能力，否则生物体内的器官和组织也承受不起。

既然不是石壁本身的问题，也不是当时所用墨水的原因，那么究竟是什么缘故，让当年的那些字画隐藏在石壁之后呢？这时候，专家提出了一个新的想法。

成都理工大学信息工程学院章正刚教授指出：“有一种较大的可能性就是，这是一种物理作用，说得更确切一些就是光学现象。”

为了解释这一观点，章教授为记者做了一个演示。他准备了一些花，并在前面放了一块毛玻璃，然后用浸了水的毛巾进行擦拭，水对光的那一面玻璃没有作用，却对毛的那一面起了作用，玻璃后面放的花马上就呈现出来了。

刘兴诗教授猜测：“石壁上面应该加了一层薄膜，是很薄的一层膜，把它覆盖起来了。”章正刚教授补充说：“这层膜沾上水以后，就使得它具有透光的作用了。”

专家的这种推测在生活中不乏实际的例子。浙江永康有一个小村子，村子里有一个荒废的古宅，平时这座古宅的墙看上去和别的墙没有区别，但是一到下雨天人们就会发现，它总是时不时呈现出宝塔、小桥、湖泊等景致，而且这些画面每一次出现的位置都相同。人们觉得很奇怪。后来，好事的人找了一大盆水，把墙壁整个泼湿了一看，原来上面画了一幅西湖十景图。后来经过了解才知道，“文革”期间“破四旧”的时候，很多古老建筑上面的壁画都被毁了，这家的主人担心这幅珍贵的画也会被毁掉，于是就在上面刷了一层白灰，没有

特定情况下画面才会显现

想刷了这层白灰之后，在特定的情况下，画面才会显现出来。

那么，黑龙滩的这面石壁上，是不是也有着类似的原因呢？专家把岩石样本带回成都理工大学基础化学实验室进行分析。没多久结果就出来了，虽然不能完全确定出具体的材质，但石壁上果真附着一层东西。

成都理工大学基础化学系袁毅工程师介绍说："表面有一种涂层，相当于现代家庭装饰表面时刷的一层油漆，只不过这个涂层能够吸收水分。"据介绍，这种涂料里有很多小的空隙，因此水分可以存储在里面，一旦有水分，通过光的折射作用，就可以把底部的东西显示出来。水分越多，折射越完全，能够看到的底部的内容就越明显。

以此推断，这两块石壁上的字画本身并没有什么不寻常，只是古人出于某种目的，曾在上面刷上了一层涂料，在特定气候条件的作用下便显现出来。因为各种历史传说的影响，才使人们无法从科学的角度解释这一奇怪的现象。

这种泼水显画的原理，用一张纸做试验就可以很好地说明。用一张普通的A4打印纸，在它的一侧写上几个字，从纸的背面来看，无法看清写的是些什么字。如果在纸上面浇一点油，这几个字就可以很好地显现出来。

如果把这张纸拿到电子显微镜下面观察就会发现，纸里面是纤维密布的，并不像我们用肉眼看到的那么平整光滑，而是充满了空隙。当空气填充着这些空隙时，纸就变得不透明。而把油浇上去之后，油分子很快浸润到了每一个纤维之间的空隙中，改变了纸的透光率和折射率，在这样的条件之下，我们就能看到底下的字了。

（郑酉亮）

磨山诡道

夜幕即将降临，武汉磨山风景区正逐渐进入夜晚的宁静。湖面上游弋着几条赶着归家的渔船，正在这时，平静的湖面上突然升起了一团白雾，并且迅速向磨山上移动，所到之处，狂风大作，水桶粗的树木不是纷纷横倒，就是被拦腰斩断。仅仅用了几分钟，就在树木丛生的磨山之上开辟了一条七八米宽，连绵千米的诡异通道。

这一幕令人震撼的景象发生在武汉市著名的风景旅游区——东湖磨山景区。事情发生后，整个荆楚大地为之一震，人们议论纷纷，莫衷一是。有人说这个地方正好和百慕大三角区同纬度，因此发生了这种怪事；也有人说这是天外来客，因为几天前有人看见，有3个飞碟曾经出现在这一区域。

这条诡异的通道究竟代表着什么？它又通向哪里？这件事情的本来面目又是如何呢？

磨山诡异事件发生后不久，风景区管理处的司机余勇惠接到值班人员打来的电话。余勇惠在景区工作已有三十余年，对于这种事件他还是第一次听说，他决定连夜赶往事发现场了解情况。

到现场一看，那里已经是一片狼藉，惨不忍睹。据余勇惠说，倒伏在地上的树木，大约有35~40厘米粗，由此可见事发当时的风有多大。

眼前的一幕，让余勇惠感到震惊，常识告诉他，那些倒下的树木最少也有七十多年的树龄。到底是一种什么样的力量，能在瞬间推倒如此之多的树木呢？这种力量的强大，似乎有些匪夷所思。在聚光灯的照射下，余勇惠仔细观察着事发现场的破坏情况，他发现，在这些看似诡异的现场背后，似乎还隐藏着一些规律。他说：“我从前山走到后山，突然有一种感觉，自己不是在山峰上走，而是沿着山坳在走。狂风所经之处的那条线也是在山坳里面走的，一直走到山背面，线路很清晰。”

平静的湖面上升起白雾

树木被狂风刮倒

一瞬间狂风大作

仅仅几分钟的时间，一条线条清晰的堆满伏倒的树的通道，从东湖湖边一直延伸到磨山的山腰，环绕了半个磨山。更让余勇惠觉得震惊的是，在这条诡异的线路上，倒下的几乎全是生长了几十年的粗壮坚韧的大树，而那些矮小、纤细的小树却只是树身弯曲，并没有被折断，更没有被连根拔起。他还发现，这条线路的界限十分清晰，在这条 8 米多宽的通道范围之外，树木都没有受到任何损伤，即使是生长在通道边线上的同一棵树的两个分支，也是进入通道范围内的枝杈折断，而且断口非常整齐，另一个树杈却完好无损。

余勇惠感到百思不得其解，他说：“这就是我捉摸不透的，所有的树都是向湖边方向倒下的，而且越是靠近湖边的树折断得越厉害，在山坳的另一边和山背面的树折断得就要少一些。”他说，所有折断的树都不是从根部断裂，而是从中间断开，主要是树的枝杈折断，但是这些枝杈也有一二十厘米粗。

余勇惠在现场进行调查的时候还发现一个很有意思的现象，这个通道两侧的树木都是在同一个高度被折断，而且断口较齐，就像有人用很大的力气把这些树生生地拧断了一样。而通道中间的这些树，通通是向湖边方向倒过去的。

一个国家级风景自然保护区，即使损失一棵树都是大事，何况一夜之间有七百多棵树被毁坏了。这件事令风景区管理部门上上下下都非常震惊，大家都在猜测，磨山上到底是怎么了，怎么会有这样一种看不见又无坚不摧的力量在森林里横行呢？

这条诡异的林间通道，从磨山北面的湖边开始，一直延伸直到磨山的南边山腰。磨山北面靠近湖边的区域，是这次树木折断最多的地方，也是磨山景区水泵房的所在地。据当晚在泵房值班的秦老汉介绍，事发当晚，他正在房间里休息，风平浪静的湖面上突然刮来一阵狂风，吹得玻璃哗哗作响，感觉整个泵房都摇摇欲坠，树木折断的劈噼声一直在山间回响，吓出了秦老汉一身冷汗。

根据当时目击这一事件的渔民介绍，事发之前，就曾有年老的渔民在湖边看到露出水面的龙头。而在事发当时，他们曾亲眼看到，一团像龙一样的白色烟柱从湖面冲天而起，接着就听见了树木被折断的劈噼之声。而树木上整齐的断口也让他们相信，在他们长年生活的东湖里，暗藏着像龙一样的大型生物。一位渔民说："有人在湖里看见过龙，它在湖里喝水。"

还有渔民说，当时看见簸箕大的一个龙头从水里起来，然后形成一道白烟，往天上一冲，接着又下来，然后就把树折断了。据介绍，大风在地上留下了七八个洞，洞里面还拖着槽，好像龙走过的地方，渔民们都以为是龙绞的。据当地年长的渔民反映，他们在20世纪70年代就曾经在东湖里发现过大型的水生生物，他们说："那个东西比船还要长，我们只看到脑袋，尾巴还在船尾的后面。"据说，那次他们看得一清二楚，甚至看到那个动物身上还有绒毛。

磨山离奇事件发生后，当地渔民很快在邻近东湖湖边的山崖之上修建了一座龙王庙，每日香火鼎盛，他们都祈祷着湖面从此恢复平静。当地生活的渔民们都一口咬定，磨山的诡异事件，是生活在东湖里的类似于龙的大型生物造成的，而那条绵延千米的通道和被折断的树木，就是龙在磨山移动时所留下的痕迹。

发生在磨山的这个神秘现象，越传越离奇，越传越诡异，甚至连神话传说中的龙都被扯了进来，因为当地渔民一再坚称看到了龙，并且看到了龙行走的痕迹。还有些渔民在湖里曾经见到过比 7 米长的渔船还要大的浑身长着毛的大怪鱼。

那么，在东湖这个广阔的水域当中，有没有可能生存着某种巨大的生物呢？

东湖湖面面积 33 平方千米，是全国最大的城中湖，属于淡水湖泊，曾经与长江相连，目前长江流域已知的最大的水生生物，就是被称为水中活化石的中华鲟。近年来，渔民也曾在长江流域武汉段发现过长 4 米、重三百多千克的大型中华鲟，这说明在长江中下游水域确实存在大型水生物的生存空间。那么曾与长江相连的东湖，是否有可能存在着其他的，不为所知的大型水生生物呢？

中科院地球与物理研究所工作人员杜云告诉记者："东湖的水深只有 3~4 米，20 世纪 60 年代以后基本和长江隔绝了，所以它相当于一个半封闭型的湖泊，水质的下降以及人类捕捞活动的增加，使得这里很难有适合大型水生生物存在的条件。"

杜云博士肯定地认为，东湖根本不可能存在比渔船还长的水生物，更不可能存在渔民们所说的可以绞断数百棵大树的龙了。但是磨山上倾倒和折断的大树也足以证明，瞬间造就密林中那条诡异通道的神秘能量非常大。这种能量到底会是什么呢？

磨山树木被毁的事件，引起了东湖管委会何连远部长的注意，在对事件目击者走访之后，他决定利用画师之手将渔民们所表述的目击情况，通过画笔展现出来。没过多久，目击者表述的目击情况，逐渐在画板上显现了出来，看管水泵房的秦老汉证实这幅画与他看到的非常相似。

看着画家笔下抽象的二维画卷，何连远感到十分困惑，到底是什么造就了磨山诡异的倒树事件呢？这到底是一种什么样的能量呢？这时他突然想到，在事件发生后不久当地广为流传的另一种传言。他说："磨山有个传言，20 世纪 70 年代，有人曾看到 3 个飞碟在磨山的空间里飞行。"他认为，如果是飞碟所为还勉强可以解释，飞碟可能从这个方向过来，然后蹿到湖边，在这里稍微停留一下，这个过程中很可能造成大量的树被切断。

在被列为中国UFO三大悬案的空中怪车袭击贵阳事件中，贵阳市北郊的一个林场四百多亩马尾松林被迅速摧毁，遭到毁坏的松林也是在树干部位被整齐地折断，与此次磨山倒树事件在某些细节上，的确十分相似，而且发生地点也都在密林之中，很多树木都是在等高位置被折断。难道这些折断的大树上整齐的切口，真的是UFO撞断的吗?

根据磨山倒树现场的状况以及泵站值班者的目击情况来看，在事发当时，这条连绵千米的通道上，曾经有一股强烈的气流通过。但是，为什么在通道边线上的同一棵树上的两根粗壮的树枝会有不同的命运呢?

武汉大学水利水电学院副教授钱忠东分析认为：“一个分杈折断了，而另一个分杈完好无缺，与这两个分杈跟强烈主流的距离有直接的关系。当这个树杈离主流的距离很近的时候，它所受到的影响是直接的，通常靠近主流方向的分杈会被折断，而离主流稍微远一些的树杈，从流体力学的角度来看，它的受力要比离得近的树杈小得多。”

当气流从一个狭窄的通道通过的时候，在它的周围会产生很多旋涡。同理，磨山树丛之间本身就是一个很窄的空间，当有强大的气流穿过时，周围也会产生旋涡。旋涡的力量非常大，于是周围，也就是通道边缘两侧的树都被折断了，而中间的树在强大气流的作用下通通倒在地上，并且倒向了湖边。我们可以想象一下，什么东西能够产生如此强大的气流呢?大家首先想到的会是飞机或火箭之类的人造飞行器，因为这些飞行器是靠向后喷射气体产生推动力向前走的。这就符合第一点，有强大的气流通过狭小的空间，于是产生旋涡将这些树折断。但是，飞行喷射的气流与它的运动方向是相反的，而据目击者反映，他们看到的白烟运动方向和树倒下的方向是一致的，从这个角度上讲，不可能是飞行器喷射出来的尾喷造成的现象。

通道两边的树都被折断了

这个诡异的通道究竟是怎么形成的呢？

磨山倒树现象的真正原因无法破解，这让何连远感到困惑万分。他想起泵站的值班员秦老汉清晰地记得，在山上树木发出折断的怪响声前，泵站房外曾刮起过一阵短暂的怪异强风，这股强风来得异常突然。这次的倒树事件，会不会是这股大风造成的呢？何连远决定向武汉中心气象台的气象专家们寻求帮助。专家告诉他，这种风力突然加大的情况，很有可能是因为飙风。

原武汉中心气象台总工程师郑启民介绍说："飙风是一种强对流、中小湿度的天气系统，它只是一种风的突变的标记。当风很小的时候，同时在没有下雨的情况下，很可能瞬间出现风向的转变，以及风速的加大，并且至少加大到6级以上，这种天气现象被称为飙。"

可是，如果这件离奇的事件是由于飙风造成的，为什么在这场强风中，离秦老汉值班室几米开外的一个沙堆却丝毫没有受到影响呢？因为据专家介绍，飙风的影响是不可能仅仅局限在一个狭小的范围之内的。

在自然界中确实有些风的力量可以轻松地将坚韧的树木折断，比如龙卷风。龙卷风是从强对流积雨云中伸向地面的小范围强烈旋风，它的上端与积雨云相接，下端有的悬在半空中，有的直接延伸到地面或水面，一边旋转，一边向前移动。龙卷风出现时，往往有一个或数个如同象鼻子一样的漏斗状云柱从云底向下伸展，同时伴有狂风暴雨、雷电或冰雹。龙卷风经过水面，能吸水上升，形成水柱，同云相接，俗称"龙吸水"。如果磨山上的诡异事件真是龙卷风造成的，那么目击的渔民看到龙的说法似乎也可以理解了。

泵站房外曾刮起过一阵短暂的怪异强风

郑启民总工程师介绍："龙卷风的一个特征就是，它具有旋转的特征，它所造成的倒树，也是具有旋转性的，并且它的破坏性更强，可以把树连根拔起。而从这次事件的调查情况和现场反应来看，并没有这种旋转结构。"

气象专家的说法否定了磨山诡道是形成于龙卷风的说法，但专家认为发生在磨山上的这件离奇的毁林事件，很可能源自另一种气象学现象。专家们说：“这种推折树木的神秘的力量，很可能来自离地面十几千米高空的，一种被称为下击瀑流的现象。”郑启民说：“所谓下击，是指非水平方向的移动。人们在生活中经常遇到的大风，是从水平方向吹过来的，而这种下击则是从高处向下，是高空的冷气流向下冲击到地面上。而所谓暴流，就是指它的速度很快，有的可以达到每秒六十多米。”

气象专家的分析在事发当日的气象云图上得到了验证。从雷达微波显示的云图上看，事发当天东湖上空乌云密布，因此可以推算，当时的空气湿度较大，云层较厚，也就是说整个云层里空气的对流非常强烈。当一股冷空气突然从万米高空，以极高的速度俯冲下来时，就形成了一股无坚不摧的巨大能量。

形成这种下击瀑流的过程要酝酿很长时间，而一旦发生，时间却极为短暂，甚至不到一分钟时间，能量在瞬间就爆发殆尽，因而它的破坏力极强。

气象专家还说，这样的下击暴流事件并不少见，只不过因为这次发生在磨山风景区，并且毁坏了七百多棵树，形成了一条接近千米的大通道，所以才让大家如此关注。

现在，风景区管理部门在事件发生的地方立了一块碑，详细地记叙了事件发生的经过。读者们如果以后去武汉旅游，可以到这里亲自去看一看大自然的力量。我们再次回想这件事情，最初有人说是飞碟，有人说是水龙，关于事件的说法有很多不同的版本，而这些想法都是人类对未知世界探索过程中的一种渴望。在探索的过程中，我们可以大胆地猜想，发挥自己的想象，但是一定要保证一个前提，那就是利用科学的方法去伪存真，只有这样，才能还原事物的本来面貌。

（薛建峰）

恐怖湖之谜

在云南省有一个非常漂亮的湖泊，叫勐梭龙潭。据当地居民说，如果从龙潭边的大树上掉下一片树叶落到湖面上，都会有飞鸟飞下来把树叶衔走，所以勐梭龙潭是非常干净的。不过，尽管勐梭龙潭很漂亮很干净，当地人却对它议论纷纷，甚至谈湖“色”变。

勐梭龙潭到底发生过什么事情，让人们觉得如此恐怖呢？

勐梭龙潭是云南省的一个高原湖泊，三面临山，四周绿树环绕，湖水晶莹剔透，水域面积大约4平方千米，是一个风景秀丽的湖泊。然而与龙潭的美丽极其不和谐的是，龙潭边林立着数以千计的牛头骷髅。

为什么会有这么多的牛头悬挂在龙潭边？牛头和勐梭龙潭到底有着怎样的关系？悬挂牛头是佤族人为了保护龙潭还是他们心中另有担忧？而勐梭龙潭更让人觉得恐怖的是，它至今还流传着一个关于死亡的可怕故事。

很多年前3月份的某一天，西盟县有一个新婚不久的青年，名字叫岩拿布勒，他去山林里狩猎，但一天下来，他一无所获。岩拿布勒感到身心疲惫，眼看黄昏即将来临，他想起了家中怀有身孕的妻子，更加焦急万分。此时，岩拿布勒路过勐梭龙潭，看着清澈龙潭里自由游动的大鱼，饥饿难耐的他顾不得寨里老人们告诉过他的无论如何都不能捕勐梭龙潭里的鱼的告诫，射中了一条肥硕的大鱼。

岩拿布勒感到既兴奋又忐忑不安，怀着极其复杂的心情，他拿着鱼回到家中。当妻子得知岩拿布勒捕的是龙潭的鱼时，感到惊恐万分，因为妻子从小就听老人告诫说，龙潭的鱼有灵性，千万不能吃龙潭的鱼，吃了必死无疑。但岩拿布勒坚持说要烧鱼吃，在岩拿布勒的坚持下，妻子也担心一天不吃东西会饿着肚子里的孩子，夫妻两人便怀着侥幸的心情享受了这顿美味。

当天晚上，老人的告诫果然灵验了，岩拿布勒的妻子感到肚子疼痛、头晕恶心，而岩拿布勒因为吃鱼过多而当场死亡。

当地流传的岩拿布勒吃龙潭的鱼中毒死亡的事，到底是真是假？美丽的勐梭龙潭背后到底隐藏着什么秘密呢？孟梭龙潭的鱼真的如此恐怖吗？带着一个个谜团，记者来到勐梭龙潭。

在这里，记者发现天刚蒙蒙亮当地居民便拿着塑料瓶到龙潭边的清泉处汲水，这已经成为他们每天的生活习惯。居民告诉记者，龙潭的水是神水，能治百病。但当记者提到龙潭的鱼，村民更多的是对死亡的恐惧。

村民邵建波说："潭里的鱼不能吃，人们都说这里的鱼有毒，吃了会出人命的，而且以前的确出过这样的事情。"

而一个女村民则说："我最害怕的就是这个湖了，我的老公就是死在这个湖里的。"

直到今天，当地居民对勐梭龙潭的鱼仍然充满了恐惧，他们都说岩拿布勒吃鱼中毒死亡的事是听当地老人讲的。为调查这一事件的来龙去脉，记者找到了如今佤族寨子里年龄最长的 79 岁的隋嘎老人。被问及龙潭的鱼时，隋嘎老人马上告诫记者说，龙潭的鱼受神灵保护，绝对吃不得。

隋嘎老人说，岩拿布勒因不听老人的告诫，捕龙潭的鱼吃而中毒死亡，这一消息在寨子里纷纷传开。第二天天亮，村人

龙潭三面临山

跑到湖边，他们惊讶地发现，原本清澈透明的湖水变得极其混浊。龙潭的水变了色！这让村民们惊恐万分，大家一传十十传百，说岩拿布勒射龙潭的鱼激怒了神灵，为求得水神的宽恕，村民们举行了隆重的祭祀仪式。

与佤族寨子里其他村民一样，隋嘎老人对岩拿布勒吃龙潭的鱼中毒死亡的事情也坚信不疑。而隋嘎老人的爷爷也因为吃了龙潭的鱼肚子变大了，时常头晕恶心。

隋嘎老人带领记者来到岩拿布勒曾经居住的地方，他说岩拿布勒没有后人。由于年代久远，岩拿布勒曾经的住处已经是杂草丛生，一片荒芜。隋嘎老人说，岩拿布勒吃鱼中毒死亡的事情是听爷爷说的，他也说不清楚岩拿布勒是哪个年代的事情。

西盟县真的有岩拿布勒这个人吗？他真的是因吃龙潭鱼中毒死亡的吗？西盟县是否还有类似的事情发生？带着这些问题，记者来到了西盟县志馆。然而遗憾的是，西盟县志馆的很多档案资料已经遗失，记者无法查证当地是否有更多的人中毒死亡。

记者在湖边看到龙潭里的鱼十分活泼，这里的鱼真的像当地人描述得那样恐怖吗？为了查明原因，云南大学生物系教授王若南来到勐梭龙潭。王教授对鱼类有着多年的研究经验，她首先对龙潭的鱼进行了分析。她说："勐梭龙潭的鱼类中，有鲢鱼、草鱼、鲤鱼、江鳅和鳝鱼等种类。"

在淡水系统中，有毒的鱼常见的是河豚，但王教授分析，勐梭龙潭的水源环境决定了这里不会有类似河豚的毒鱼生长。龙潭里的鱼都是在云南常见的品种，那没有毒性的鱼为什么会让当地人如此恐惧呢？

调查中记者想起隋嘎老人曾经说过，岩拿布勒吃鱼中毒死后的第二天，龙潭水曾经变过色。面对眼前的清澈的龙潭水，记者不禁怀疑，龙潭的水真的会变颜色吗？水又是怎么变颜色的呢？为此记者询问了当地佤族人。

村民小李说："我曾见过潭水变浑的时候，它不是整片一起变浑，而是从中间或者其中一边开始，一点一点地在湖面上蔓延，一点一点地变浑。"

佤族人说，龙潭水每年的二三月份都会浑上几天，浑的时候颜色好像淡茶色，直到今天，当地人仍然相信，水变颜色是神灵的告诫。

龙潭的水变颜色当然不是神灵的意志，因为引起湖水变色的原因有很多，一般来说，阳光能改变湖水的颜色，早中晚由于光线强度和角度的不同，人们看到的湖水颜色就会有所差别。另一个引起湖水颜色改变的原因是，流入湖泊的地表水在沿途中经过了很长路段的流淌，可能会裹挟着一些淤泥等杂物，而淤泥中又容易混杂一些有毒的矿物质，如硫化物或汞之类的物质。硫化物呈黄色或黄褐色，含汞的物质呈红色，所以当这些有颜色的物质进入湖中后就有可能引起湖水变色。

那么勐梭龙潭的水变颜色是不是这个原因？有毒的鱼和会变色的水到底有没有关系呢？

龙潭中如果有有毒的矿物质，鱼类吞食了这些矿物质就会从无毒变成有毒，可龙潭中是不是含有有毒的矿物质呢？云南师范大学地理专家陈勇森和潘玉君教授对勐梭龙潭的种种神秘传说早有耳闻，他们来到现场对龙潭的周边环境、地形地貌以及水的来源作了详细调查后，很快排除了这个可能。

陈教授介绍说："龙潭湖的地下地质结构属于砾岩区，是由地下水或者地下水形成地表河，而河里的沙对地下水具有过滤的作用，如果水在流入湖泊的途中裹挟了有毒物质，当它经过地下水时会过滤掉部分有毒的元素，因而这些有毒元素的含量很微小。"

调查中专家注意到，每年 12 月份到次年 2、3 月份，龙潭的水位有着明显的变化。

潘玉君教授说："每年 12 月份到次年 2、3 月份，恰好是西盟地区气候最干燥最热的季节。干，表示降水量比平时要少；热，又决定了勐梭龙潭水面蒸发量会很大。"

原来，干热的气候造成了龙潭水量减少，龙潭的水由运动变为相对静止，再加上龙潭周围植被茂盛，靠近龙潭边大树倒在水中腐烂，这样便为微生物的繁殖提供了条件。潘玉君认为，勐梭龙潭湖水至浊的原因，可能与这里的微生物有关。

龙潭边林立着无数牛头骷髅

传说龙潭的鱼受神灵保护

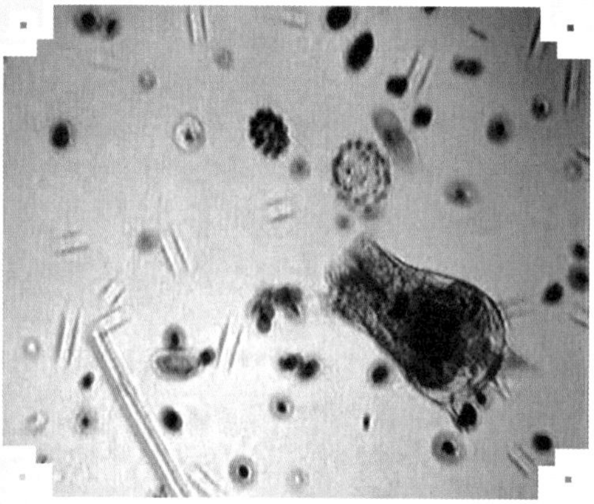

干热气候造成龙潭微生物大量繁殖

每年12月到次年2、3月，龙谭水位会有明显下降

为查明是不是微生物引起的湖水变色，云南大学生物系教授王若南再次来到勐梭龙潭对水体进行了取样。

在显微镜下，王教授发现水样中果然有很多藻类。这是一些什么藻类？藻的大量存在和湖水变颜色又有没有关系呢？

王若南教授说："龙潭里生长着大量甲藻，藻本身的颜色是黄褐色的，当这些甲藻呈爆发式生长的时候，个体数量非常多，就会使湖里的水变成像茶水那样的颜色。"

那么，龙潭中的藻类有毒吗？带着从勐梭龙潭取的水样，记者来到中科院水生所，专门为此请教了藻类毒素专家宋立荣教授。在水藻中，宋教授果然发现了有毒的水藻。他说："在勐梭龙潭的水藻里，我们仍然可以发现一些有毒微囊藻的蓝藻。"

这些藻类的毒性到底有多高？难道这些藻会使龙潭的鱼变得有毒吗？宋教授对水样中的藻类毒素进行了鉴定。他发现，龙潭微囊藻毒素的浓度偏高，毒素浓度可能占到细胞（干重）的 0.2%。

宋教授分析认为，尽管人的肉眼看不见，但龙潭中一直都存在着微囊藻。浮游生物以藻类为食，鱼又以浮游生物和藻类为食，通过食物链的传递，日久天长，藻类毒素便会在鱼体内富集。

海洋中有一种和藻类相关的灾难性事件，那就是赤潮。大量的海藻在一定的水温、盐度和风力条件下会爆发式生长，而在这些爆发生长的藻类中有一些是含有毒素的，因此，当赤潮发生时，海洋中的鱼大量吞食有毒藻类就会引起鱼类中毒死亡。如果人吃了这种体内富集了毒素的鱼，后果就可想而知了。

那么，勐梭龙潭的微囊藻毒素对鱼的毒性影响到底有多大？人食用了龙潭的鱼会不会因此而中毒死亡呢？

为了查明湖水里面的鱼到底有没有毒，王教授对龙潭不同水层、不同水域的鱼进行了考察，组织人员也进行了有针对性地捕捞。他们发现，潭里的鱼大多以藻类为食，但以藻类为主要饵料的是鲢鱼。

记者带着从潭里打捞上来的鲢鱼来到了当地疾控中心，请他们对龙潭的鱼进行测定。当工作人员得知要测定的是勐梭龙潭的鱼时，表现出了极大的兴趣。一位疾控中心工作人员向记者打听道：“你们怎么打捞龙潭的鱼，龙潭的鱼不是不能吃吗？”记者说：“是呀，当地也是议论纷纷，说吃了龙潭的鱼以后必死无疑。咱们这里能测吗？”工作人员十分爽快：“那我们测测吧。”

疾控中心人员对鱼肉、鱼的内脏等重要器官进行了详细检测。龙潭的鱼体内到底有没有毒素？人吃勐梭龙潭里的鱼到底会不会中毒死亡？岩拿布勒吃龙潭鱼中毒死亡的事情到底是不是真的呢？

很快结果出来了，化验的结果与老百姓说的不能食用，吃了会呕吐、恶心等症状完全不符，用来化验的那条鱼是完全符合国家安全食用标准的。

龙潭里的鱼根本没有毒，这个事实令当地佤族人颇感意外，难道是检测结果出了差错？通过食物链的传递，龙潭中藻类毒素能够在鱼体内累积，但那为什么龙潭的鱼吃了有毒的水藻，本身却没有毒素呢？

对此，王若南教授解释说：“肝脏是人体器官中用于解毒的组织，食物都要经过肝脏的过滤。一般情况下，如果食物中有毒素，在肝脏里会积累得比较多，但如果毒素的量较大，也可能会积累在肌肉或骨骼里边。总体说来，吃进体内的少量毒素经过自身的消化分解以后，剩下的已经很少了。”

藻类毒素摄入鱼体内后绝大多数能够被鱼自身分解，再加上龙潭内藻类毒素的含量远远未达到鱼的致死量，鱼不会因吞食毒素而死亡，人吃了鱼也就肯定不会死亡。但佤族人为什么从古至今，祖祖辈辈对勐梭龙潭如此敬畏，如此虔诚地相信龙潭的鱼有毒而不能吃呢？为此，记者采访了当地民族研究专家王文光教授。

佤族人崇拜水

王文光教授说：“龙潭里的鱼有毒，人吃了会死亡的传说我也曾听说过。从文化角度来说，这和佤族人崇拜水有关系，因为这个民族认为水里面有精灵，由于鱼和水的关系非常密切，所以他们把鱼有微毒这件事情扩大化，以此不让人去捕鱼，保护水资源，通过这个故事来达到人和生态高度和谐统一的目的。”

采访中，王教授还告诉记者一个有趣的故事。佤族人最初从山洞里出来生活的时候，不会说话，也不会干活。有一天，他们来到湖边，一个佤族人尝试用湖水洗脸、洗澡，洗完之后突然就能开口说话了。大家非常高兴，纷纷效仿，这样佤族人之间就可以互相交流情感了。从此，佤族人对水格外崇拜，把水视为神灵，称为圣湖。王教授还说，龙潭边林立的牛头，那是佤族人多年来祭祀水神的结果。

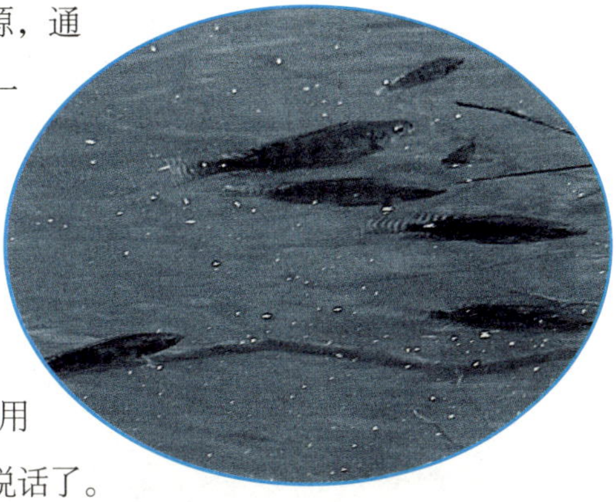
吃龙潭里的鱼不会导致死亡

勐梭龙潭是佤族人主要的水源地之一，每年三四月份，是当地最干旱的季节，这一时期用水格外紧张，而龙潭恰恰在这一时期湖水变了颜色，于是便引发了人们的恐慌。通过调查虽然不能确定是否有岩拿布勒其人，但我们至少知道吃龙潭里的鱼是不会导致死亡的。佤族人很可能是想用一个毒鱼的禁忌告诉大家，要保护水源、保护人类生存的环境。现在，我们明白了佤族人的良苦用心，我们也希望这个传说能够一直流传下去，让这个美丽的湖泊一直美丽下去。

（齐义民）

调查滇池“水怪”

这春天，多家报纸刊出消息称，滇池里爬出来一只“大怪物”，把游客和市民都吓跑了。关于水怪，人们从来都是远远地看到一点身影，而这一次却是确确实实让人们见到了真形。报上的文章介绍了“水怪”的样子：“这个下颌弯弯的‘大怪物’样子看上去非常怪异，眼睛细小，并且头上还长了许多刺，背部壳上面有3排整齐的疙瘩，看起来像鳄鱼皮一样坚硬，身后还拖着一条像蛇一样的尾巴……”

这样一个怪模怪样的东西，岸边居住的人都说从来没有见过，经常接触野生动物的森林公安也没有见过，它到底是不是传说中的水怪呢？当我们亲眼看见一只所谓水怪时，一定要辨明它的身份，它到底是什么？是新物种？还是形态变异？抑或是外来物种？走近科学记者通过采访当事人和专家，经过一番调查终于接近了真相。

这春天，人们在滇池发现了一个从来没有见过的怪东西。它的背上长着几排坚硬的、像骨板一样突起物，眼睛非常小，脖子较长。捕获它的人不知道这是什么东西，只是觉得它外表看起来像爬行类动物。这个怪物被捞起来以后，立刻在当地引起轩然大波，因为对于不少人而言，这是个新鲜事，谁都不知道它到底是什么，甚至有人说，这就是滇池里的“水怪”。

滇池索道旁边的水域，就是报纸报道的水怪出现的地方。昆明旅游索道公司副总经理赵奇告诉记者，发现水怪的那天，他正在工作，突然一位保安跑了进来，告诉他说：“那边发现了一只怪物。”

赵奇看他的神情既紧张又有点恐怖，心里想，那会是个什么怪物呢？保安接着对他说：“有那么大。”说着双手比画了一个很大的圈。

滇池里怎么会有怪物呢？赵奇越想越觉得不可思议，犹豫了一会，他决定过去看看。

他一边跟着保安往滇池边走，一边觉得这可能是个玩笑，脚步也就渐渐慢下来了。可事实上那位保安并没有和他开玩笑，他们真的捞上来一个奇形怪状的东西。

那天，滇池索道公司的保安员小黄在湖边打捞垃圾，捞着捞着，就在他抬眼的一瞬间，突然觉得雾蒙蒙的水面有些不对劲，他看见不远处有个奇怪的东西在水里一起一伏。小黄说：“仔细一看，发现它的下边弯弯的，有一个像嘴巴一样的东西，当它浮上水面的时候，又变成了一个尖尖的小三角。”

“滇池水怪”的媒体报道

小黄顿感好奇，他慢慢将这个怪怪的东西赶到岸边，捞了上来。可是捞出来看清楚后，他仍然不知道这个怪怪的东西是什么，只好找人报告经理：赶快来处理这个怪物。

等赵经理拨开人群，亲眼看见这个怪物时，他也不敢相信自己的眼睛了。

赵奇说：“当时我过去一看，觉得这个东西的外形很奇怪，我从来没见过，不知道这是什么东西，所以只好说这是个怪物。”他还曾私下对别人说，当时看了那个东西觉得很恐怖。

就是这样一个水中怪兽，它那凶悍的咬力令人生畏，让人们很快联想到鳄鱼。

但是赵奇却说：“这个水怪虽然凶猛，可它的外形却更像一种很温顺的动物。”他还说：“我猜它属于龟类，因为它的整个形状就像个乌龟。”

云南本地有不少淡水乌龟，和水怪一样，它们的背后都有一个大硬壳，因此赵奇觉得水怪像乌龟，但乌龟是一种胆小而温和的动物，水怪的其他特点都和乌龟截然不同。他说：“说它像乌龟吧，它也不是那种标准的乌龟，因为它的龟壳很特别，上面生有很多棱角，竖立着，而且脑袋特别大。一般来说，乌龟受到惊吓的时候，会把脑袋缩进壳里，所以人们都说乌龟是缩头乌龟，但是这个水怪不会，人一碰它就变得很凶猛，脑袋也不会缩进龟壳里面。”

形状像乌龟

赵奇无法断定这只水怪到底算不算是只乌龟，旁观者也说不清它到底是什么。有人说：“有点像大龟一样。”有人说：“像鳄鱼。”有人说：“我看像恐龙不像鳄鱼。”还有人说：“它的鼻子看起来怎么那么像穿山甲。”

综合大家的描述，这样一个既像乌龟，又像鳄鱼、又像恐龙、又像穿山甲的动物到底会是什么呢？

赵奇询问了常年生活在滇池边的渔民，他们也都说从来没有见过，感觉特别稀奇。

一个从未见过的怪物在滇池中现身，谁都说不清楚它到底是什么，难怪报纸上把它称作了“水怪”。可这个水怪是实实在在存在的一个生物，能不能让动物专家来这里解读一下呢？当记者提出这个想法时，滇池的保安员却说，水怪现在已经不在这里了。难道，它又被放归滇池了吗？

事实上，当时确实有人说要把它放回水中，因为不知该怎么来安置它。赵奇也说：“当时认为这可能是滇池里的一个物种，因为是第一次发现，所以有很高的研究价值，因为以前谁都没有见过。”

这个东西到底会是什么呢？以前有过不少关于“湖怪”“水怪”的传说，但是人们顶多只是看到一些影像资料，或者照片、怪物留下的痕迹等等，没有人真正捕获过具体的生物。然而这一回，人们在滇池中发现的这个怪物让当事人感到非常吃惊，但又吃不准这到底是个什么东西。想把它放回到滇池，又害怕它真的是一个新的物种，或者是一个奇特的物种，所以不敢轻易把这个“宝贝”放了。无奈之下，人们想到了一个办法，那就是有困难找民警，给110打个电话。

在110报警电话里说滇池发现了一个怪物，110怎么也无法相信。因为这件事与一种稀有的动物有关，于是110派昆明市森林公安局的警察来到了现场。

看见来的是警察，又听说他们是专门保护野生动植物的，赵经理猜想，这些人整天和野生动物打交道，一定知道这个怪物是什么。自己忙了半天，应该问问清楚，以后就不会大惊小怪了。没想到问话一出口，倒让那些警察为难了。

昆明市森林公安局民警郭亮呈说：“当时我们也不能给出一个很准确的回答。我们出警这么多年，也从来没有见过这样的东西，当时第一反应就是把它保护起来。”

就这样，一只水怪在人们的关注中被森林公安局的警察带走了，它被暂时送到了云南省野生动物收容中心。

在云南野生动物收容拯救中心的一个水池中，记者终于近距离看到了这个从滇池里打捞上来的所谓怪物。这个“水怪”平时行动迟缓，但是常常发起出人意料的迅猛进攻，刚一见面，就在与记者互相打量的时候，它突然发起进攻把记者的摄像机镜头击碎了。

“水怪”经常发起迅猛攻击

正像之前人们描述的那样，水怪的外形看起来更接近乌龟，不过个头比一般的淡水龟要大得多，龟背上有三排棱状的突起，使它看起来确实有些像远古生物。那么，这个远古生物一样的水怪被打捞出来后，能否在现在的环境中生存呢？

记者发现，在水怪的嘴里有个蚯蚓一样的东西。工作人员告诉记者，当初正是这个“蚯蚓”暴露了水怪的食性。

云南野生动物收容拯救中心副总经理丁烨锋介绍说：“这个动物我们从来没见过，对于它的习性就更不知道了，它喜欢吃什么也完全不了解。”所以，水怪刚被送到收容中心时，大家都十分犯愁，不知道应该给它喂食些什么东西。这时候有人提出来，既然水怪来自滇池，滇池里有各种各样的水藻和鱼虾，那它是不是以吃水中的鱼虾为生的呢？于是，人们把鱼放在它的嘴边，原本以为它会张开大嘴美餐一顿，却发现它十分冷静。而就在这个时候，工作人员发现水怪嘴里的那条“蚯蚓”开始蠕动起来。这一下大家明白了，原来那是它嘴里长着的诱饵，一定是为了诱惑小鱼准备的。原来水怪不仅外形奇特，本领也很独特，于是人们据此判断水怪是吃鱼的，可是送到嘴边的鱼它却根本不理。

云南野生动物收容拯救中心兽医唐杨春回忆说：“刚开始它不吃食物，我们猜想，这很可能是因为它来到一个新的环境，会出现一些应激反应，所以它开始没吃东西。”

那么，到底是不是应激反应造成的绝食呢？几天后，饲养员数了数放进池子中的鱼，果然数目少了，这说明水怪开始进食了。再过几天，当水怪熟悉新环境之后，终于露出了它对鱼的兴趣，这才让人们对水怪有了初步的了解。

云南野生动物收容拯救中心总工程师徐麟木说：“后来我们发现，在安静的环境中它会主动吃一点食物，这样看来，我们喂的饲料还是对的。”

云南野生动物收容拯救中心每年都会接收很多野生动物，有些动物就是从滇池边捡来的。中心里有很多有经验的动物保护工作者、饲养员和兽医，他们认识这水怪吗？丁烨锋说：“水怪被送到我们这里来以后，我马上就去找动物饲养部门的人员过来看。结果，所有的兽医、饲养员，没有一个人知道这个是个什么东西，大家都说从来没见过。”

水怪既然是从滇池里出来的，就应该是云南本地的动物，可是人们查遍了云南的动物，又查遍了中国西部的动物，都没有发现与水怪外形相似的种类。

和它外形比较相像的是一种大头鹰嘴，被叫作平胸龟的乌龟，可是它的背上又没有三角棱脊。

丁烨锋说：“由于大家都不认识，于是我们开始意识到，这是不是一个新的物种呢？或者说，这是不是某种动物的形态的变异？”

关于形态变异的问题，只能请教动物专家了。听说这件事以后，中国科学院昆明动物研究所的尧定齐老师专程来到了云南野生动物收容拯救中心。

尧老师特意从标本室里带来了两只乌龟标本，一只是平胸龟，另一只是本地乌龟——锯缘龟，锯缘龟背上有三排明显的隆起。如果这两种乌龟出现了杂交，它们的特点被结合在一起，或许可能出现水怪的模样。这难道就是水怪的来源吗?

尧定齐老师进一步解释说：“过去确实发现有杂交的个体，但是差异没有这么大。这两种龟在遗传上，或者在它的进化过程中隔得非常远，它们的进化路程是不一样的，因而这两种龟杂交是不大可能的。”

外形相差太大的乌龟不能杂交，那么可不可能是某只平胸龟，因为环境的变化而发生了变异，突然长得和以前不同了呢?

尧定齐回答说：“是有这样的可能。比如这种平胸龟，在不同的地方就形成不同的亚种，但是这种变异有一定的限度，就是变异的范围不会太大。”

尧老师向记者展示了平胸龟变异的图片，记者从图片中看到，这些变异的乌龟只是颜色深浅有些变化，背部并没有生出什么凸起。而一下子突变成水怪那个样子，尧老师认为，平胸龟恐怕做不到。

按照“突变”的概念讲，这种变异还是有可能的。因为像龟鳖类这种两爬类生物，它们在生物的进化史上属于比较远祖和原始的生物，在这个过程中它们特别容易产生一些突变的状况。不过，话虽如此，像这只水怪这样出现如此众多复杂的突变现象还是比较少见的。因为“突变”不是“渐变”，“渐变”是生物根据自身的环境，同时综合其他各种因素产生某些有益于自己生存发展方向的变化，而像专家所说的，如果是基因突变或者变异的话，这么复杂的情况是不太可能的。

作为研究了几十年爬行动物的专家，一个完全没有见过的龟类出现在滇池里，而且找不到相近的品种，这件事让尧定齐感到不可思议，同时也让他打开了另一扇思维的窗子。尧定齐老师说：“这让我想到，这应该不是我们平时经常接触到的物种，于是我想，这会不会是世界上其他地方的什么物种呢？”

尧定齐立刻开始查阅资料，终于，他在美洲的动物中看到了一种叫作鳄龟，也叫鳄鱼龟的动物就是水怪这个样子。

水怪终于有了身份

鳄龟是生长在北美和中美洲的淡水龟，是靠嘴中诱饵捕鱼的凶猛爬行动物，曾经一度濒临灭绝，后来经过人工饲养已经脱离了灭绝险境。

寻找了很久，水怪终于有了身份，可是这个身份却让人产生了更多的疑惑。因为在所有资料中，这种鳄龟都是美洲的产物，并不是云南甚至不是亚洲的产物，那么它是怎么远渡重洋出现在了滇池之中呢？

在得出鳄龟这个结论之后，记者立刻上网查阅了有关资料，发现十多年前在广东有人开始引进养殖鳄龟了。那么，会不会这种东西已经出现在昆明的市场上了呢？带着这个疑问，记者在当地的花鸟鱼虫市场寻找了很久，希望能找到鳄龟的身影。

记者发现，市场里果然有出售的小鳄龟，这些小龟被放生或流入滇池都有可能，但是那么巨大的一只鳄龟是怎么进入滇池的呢？淡水乌龟是生长速度极慢的动物，一只平胸龟需要十几年才能长到巴掌大小，而这只水怪鳄龟体重达到了十几千克，引进国内的十多年时间里它能长到这么大吗？这只鳄龟的年龄究竟有多大呢？

最早发现鳄龟的赵奇说：“我觉得它的年龄应该在一百年左右。”而中国科学院昆明动物研究所副研究员尧定齐则说：“看它的个头应该有几十年了，但是不见得有上百年。”同时他也说：“其实如果食物充足的话，龟也不是长得很慢，还是长得很快的。”

这只大鳄龟从哪来的？它的年龄到底有多大？在那个卖鳄龟的摊位前，记者终于找到了一点线索。出售鳄龟的商贩告诉记者，他们卖的鳄龟三四年时间就能长到十几岁平胸龟一般大小，它的生长速度比预想中更快。

记者又将报纸上的鳄龟照片给商贩们看，问他们：“像这种野生的，喂好了十年能长这么大吗？”商贩们说：“差不多。”

根据资料得知，鳄龟是世界上最大的淡水龟，如果食物充足生长速度很快，而滇池中鱼虾丰富，所以当这只鳄龟进入滇池，就会成为水中一霸。专家还告诉我们，最关键的是，作为外来物种，它在滇池中没有天敌。这一结论，对人们是否将它再放归滇池会产生非常重要的影响。

专家说，这毕竟是一个外来物种，存在一个外来物种的竞争优势，会导致本土物种受到打击。我国有二十多种龟鳖类，像云南的“闭壳龟”还有“癞头鼋”，也就是人们所说的斑鳖等生物，现在在野外已经很难找到了，因而我国的二十多种龟鳖类全是上了保护名录的。在这个前提之下，这个水怪绝对不能再放回到滇池中了。

在此还要提醒大家一下，无论是鳄龟，还是我们经常见到的巴西龟，如果不愿意养了，一定要送去相关部门处理，千万不要把它随意丢弃在天然的水塘之中，否则有可能对自然环境中的生物造成毁灭性的后果。这一切都告诉我们，外来物种侵入到我们的自然环境中这个问题不容忽视。

（李苏）

达里诺尔迷影

赤峰市达里诺尔博物馆的一位工作人员，在赤峰市一个叫岗更湖的地方意外拍到了一段神秘的录像。录像中有一个似浪非浪、似鱼非鱼的物体在湖水中快速闪现而过。

在这段录像曝光之前，赤峰市一家报纸就曾刊登过一篇题为《达里诺尔十大“谜团”》的文章，其中就有关于这个不明水生物出没的记载，这次拍到的神秘物体是否就是达里诺尔湖中的不明水生物呢？

岗更湖紧邻达里诺尔，并有水道相连，为了了解事实真相，记者赶往达里诺尔湖区展开调查。在调查中发现，达里诺尔地区地质条件复杂，地质活动频繁，录像中的不明生物是否与地震现象有关呢？此外，记者还从当地渔民那里了解到，在每年进行的冬捕生产活动中曾经发生破网、丢网事件，事件离奇得让人匪夷所思。那么，毁网的是不是传说中的神秘水怪呢？

在博物馆工作人员拍摄的录像中可以看到这样的画面：水面摇摇晃晃，中间有个大红圈，红圈当中似乎有东西在游动，有时候像波浪起伏，有时候又像一条大鱼。

发生离奇事件的岗更湖和附近的达里诺尔湖相连，通称为达里诺尔湖区。原本这是一大片水域，水位下降后才形成了不同的湖泊，但是两个湖泊之间是有河流水道相连的。近几年，传说有水怪的地方很多，但后来证明全都是子虚乌有，那么，这个神秘的岗更湖水怪又是否确有其事呢？

蒙志刚是赤峰市达里诺尔博物馆的工作人员，因为工作关系他要经常收集达里诺尔湖自然景致的情况，以充实博物馆的内容。8 月的一天，蒙志刚带着拍摄工具来到达里诺尔湖旁的岗更湖收集素材，湖中的野生鸟类吸引了他。他说："我看到湖边有些鸭子和水鸟，拍完片以后我开始拍一只鸭子，只见它一会儿潜到水下，一会儿又浮出水面，很有趣。过了一阵，鸭子潜到水里就不见了，我正在水面上四处寻找它的踪影，忽然看见湖面上有一个黑乎乎的东西，看上去个头挺大的。"

蒙志刚无意之中发现的这个神秘物体让他感到非常奇怪。据他描述，那个东西刚开始看起来像块木头，但仔细一看又不像，它游得特别快，一会儿蹿上水面，一会儿又潜到水下，时隐时现。

蒙志刚赶紧跑了几步，想要从更好的角度进行拍摄。没过多久，那个东西潜到水下再也不出现了，蒙志刚等了一会儿，还想再拍一些画面，可等了半天也没有见到那个东西再出来。

那个隐身水下的不明物体到底是什么？由于岗更湖和达里诺尔湖通过河道相连，很容易会让人联想到，这个不明生物会不会来自神秘的达里诺尔湖呢？在当地媒体曾经刊发的文章《达里诺尔十大"谜团"》中就有对神秘水生物的描述，难道它就是传说中的水怪吗？

达里诺尔湖是内蒙古四大内陆湖之一，"达里诺尔"意为像大海一样宽广美丽的湖。这个高原上的内陆湖泊与周边的河流、沼泽、草甸构成了一个多样性的湿地生态系统。达里诺尔湖面积为两百三十多平方千米，总储水量约为 16 亿立方米。据中科院地质所的专家测定，达里诺尔湖的水深约为 13 米。

蒙志刚收集达里诺尔湖自然景致的情况

蒙志刚对达里诺尔湖区的情况十分熟悉，经常在湖区一带拍摄照片，他说这次在岗更湖拍到不明水生物纯属偶然。

记者问他："你当时拍的那个东西到底是什么呢？你自己没怀疑过吗？"蒙志刚说："我自己也怀疑过，刚开始我以为是一只水鸟，但是细看又不是，后来又怀疑是块木头，但是木头是不会沉下去的，会一直漂在水面上，而这个东西一会儿在水上一会儿又沉到水里。"

由于岗更湖总面积达 21 平方千米，这样大的水域内生存着多种鱼类，因而记者也怀疑那是不是一条鱼。对于记者的质疑，蒙志刚肯定地说："我看得很清楚，它不像鱼。"记者问："为什么呢？"他说："因为鱼没有那么大呀。"他说，自己拍摄那段录像时距离那个神秘物体有五六十米远，如果是鱼，不会看得那么清楚。蒙志刚还说："我把录像拿出来给朋友们看，大家一起研究，可谁也认不出这是什么东西。"

蒙志刚在湖中拍到的那个移动的物体究竟是什么呢？当记者驱车在达里诺尔湖周边调查时，发现在这里有许多火山口。据赤峰市克什克腾旗科技局副局长王洪艳介绍，这片草原周围有一百三十多个火山口，都是当年喷发留下来的，就连周围稍微起伏一点的山脉都是曾经的火山口。

那么，是不是地质构造的变化对岗更湖和达里诺尔湖地区产生了什么影响，从而出现了蒙志刚拍摄到的现象呢？

记者向专业人员寻求帮助

在当地地质工作人员陪同下，记者对周围的火山遗迹进行了进一步调查。

据介绍，这里的火山群是我国东北九大火山群之一，正是这些火山的喷发，造成了达里诺尔湖的相对下陷。

中科院地质所研究员韩同林介绍说："从调查的结果来看，达里诺尔湖的周边在大约 1 000 万年前曾经发生过大规模的火山喷发活动，形成了火山口和火山熔岩。大约在两三百万年前的第四纪早期，在达里湖周边包括内蒙古地区曾经发生过大规模的第四纪冰川运动，冰川退出以后，这个洼地积水成湖，达里诺尔湖就是那时形成的冰川湖泊。”

达里诺尔湖反映出的现象是否和地质活动情况有关呢？带着这个问题，记者来到了内蒙古自治区赤峰市地震局。记者在这里了解到，从 1982 到 2004 年的22年间，克什克腾旗境内共发生里氏3.0至5.9级地震共计16次，4级以上4次。工作人员说，这个地区之所以如此频繁地发生地震，与这里的地质构造大有关联。

赤峰市地震局震害防御科周小龙告诉记者：“这条断裂带西起赤峰市的达里诺尔湖，往东一直到通辽地区，在赤峰境内长度为 350 千米，宽五十多千米，这条断裂带是对赤峰有影响很大的一条断裂带。

记者把发生在达里诺尔湖的一些怪现象告诉了地震工作人员，想看一下这些神秘现象是否与地质变化有关。

从人能否感知的角度讲，地震可以简单地划分为有感地震和无感地震两种。有感地震就是人体能够感到大地和房屋震动的地震，而无感地震人们往往感觉不到，只有专业的地震仪器才能够记录下它的地震波和震级大小。一般情况下，里氏 4 级左右的地震，人体就能感觉到大地在抖动，房屋在摇晃，5 级以上就可能造成大面积地破坏了。

根据资料记载，2003 年 8 月 16 日，克什克腾旗附近，也就是距达里诺尔湖两百多千米的地方就曾发生过一次里氏 5.9 级地震，在赤峰市内乃至周边地区都产生了较为强烈的震感。据当地人说，他们有时候会听到湖里传来巨大的声响，远处湖面上掀起铺天盖地的大浪，但是谁也没有特别在意。而蒙志刚所拍摄的那段影像资料，是不是恰恰记录了一段人没有感知到，但是湖水有反应的地震过程呢？

大地震动是地震最直观、最普遍的表现。地震能够造成湖水的波动，在地震之前的几个月，就曾经出现过湖水泉涌、野生鸟类活动异常等现象。赤峰市地震局震害防御科周小龙介绍说：“据我们震后调查，当时有人看见在阿鲁科尔沁旗境内有一个小湖里发生了翻花，湖水翻花冒泡，还有沙子上扬等现象，

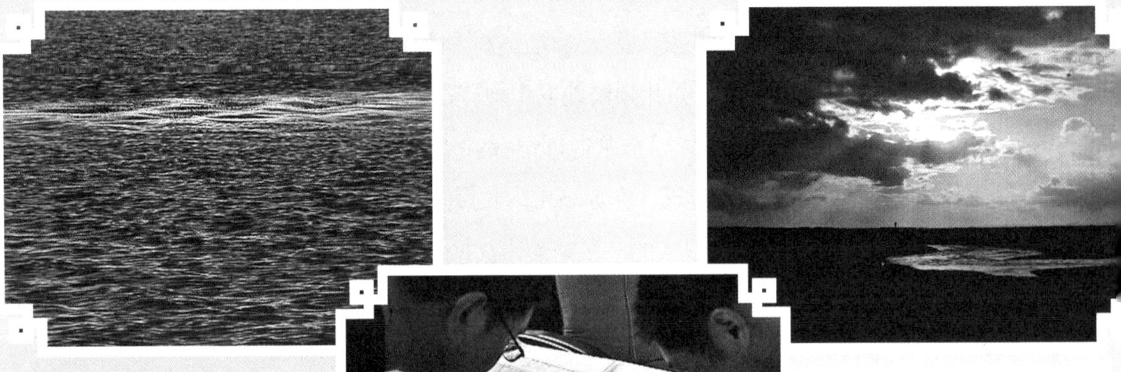

赤峰市地震局震害防御科工作人员向记者介绍断裂带情况

随后就发生了 5.9 级地震。那次地震造成的损失比较大，我相信距离震中不到 300 千米的达里诺尔湖肯定有反应。”

地震局的工作人员还说，如果有人在地震发生时恰巧在湖边，有可能看到平静的水面突然水浪翻滚的现象。但是随后的调查证实，在蒙志刚拍摄到不明水生物的那段时间，该地区并没有发生地震，所以他拍摄到的不明水生物与地震之间并没有直接的联系。

既然蒙志刚拍摄录像的时候当地并没有发生地震，这就排除了水体的变化是由于地震引发的说法，那个不明生物到底是什么东西呢？据当地人介绍，这个地方很适合冬捕，每年冬季他们都要举行大规模的冬捕活动，可是丢网、破网事件时有发生，让人觉得非常头疼。从当地电视台的工作人员提供的一段录像中可以看到，这种事情发生的频率是很高的，这似乎暗示着水底生活着大型生物，因为只有它们才可能把渔网撞破，或者把渔网带走。

达里诺尔湖的冬季十分寒冷，但这个季节又是冬捕的好时机，因为人们可以到方圆几百千米的冰面上寻找捕鱼地点，所以冬捕就这样年复一年的传承下来。

达里诺尔湖的冬捕延续了中国北方原始传统的冬捕方式，把渔网布撒在冰下的湖水中，通过机械拖网出口再将渔网收回。冬捕之前还会有传统的祭湖仪式，祈求冬捕顺利。

当地电视台曾用一段冬捕录像完整地记录下了当时发生的一起意外事件。

当时，大家正在进行第一网鱼的打捞，正当他们准备把渔网缓缓拉上来的时候，渔网突然开始急剧下沉。在场的人都惊呆了，水下到底发生了什么事情？难道网中有什么巨大的生物吗？一时间，现场的气氛紧张起来，渔民们有的说是鱼精，有的说是水怪，还有的说是精灵。渔民老史对记者说：“要不是水怪还能是什么？一般的鱼是弄不走那个渔网的，绠绳都很粗呀。”

面对突然发生的事件，捕鱼队长贺登鹏反复观察了冰面的情况，决定在正对出鱼口方向几百米的地方打冰孔，试探冰面下的情况。

一般来说，渔网在水下并非平铺的形式，而是直立在水中，无论是冰层还是湖底，一旦渔网中有大的物体就会发生拖网的状况。

贺登鹏让同伴将距离出鱼口一侧一百多米的地方打开一个冰孔，用吊上重物的丝线查看是否有渔网，结果却什么都没有发现，这说明渔网被拖到其他方向去了。

两个小时过去了，他们一共打了 20 多个孔，仍然没有发现任何情况。贺登鹏非常着急，难道真的有水生物出没吗？这时候，大家都担心起来，因为遇到这种情况，轻则破网，重则连渔网都找不回来，而一条渔网价值十几万元，是渔民们集体攒钱买的。

后来，经过仔细寻找，他们终于在距离出鱼口三百多米的冰层下面发现了渔网。

贺登鹏根据经验划定了新的出网口区域，他知道这样做有很大的风险，弄不好不但捕不到鱼，渔网也会破毁。如果确定渔网是由于拖住巨大的物体而卡在水下，他们就要选择新的出口破冰将渔网拖出。这时候，大家心里都没有底，甚至还有些恐惧。

一切准备完毕，大家试着从新的出口慢慢地把渔网拉出，但不知为什么这一次渔网变轻了，拉上来的只是长长的空网和少量的鱼。

天渐渐地暗了下来，大家思索着，当时渔网当中到底有什么呢？这个神秘的湖泊下到底隐藏着什么秘密？

带着这个疑问，记者对在达里诺尔湖区出现的种种关于不明水生物的情况展开了进一步调查。

记者首先来到湖区所属的克什克腾旗档案局，想要看看地方志中有没有关于达里诺尔湖区水怪的记载。克什克腾旗档案局局长赛音吉雅向记者介绍说："在克什克腾旗志和达里诺尔湖志中都有关于岗更牛与鲤鱼精搏斗的传说和记载。传说中的鲤鱼精眼似铜铃，口若血盆，须有尺长，金鳞闪闪。"

随后，记者又向当地群众和摄影家进行询问，他们同样怀疑水中有不明水生物的存在。

这些当地人的传说甚至在史书上都能找到痕迹，《元史·顺帝本纪》中记载说，1368年元顺帝仓皇出逃到应昌路，也就是现在的克什克腾旗，于两年之后，也就是1370年亡故。他的儿子继位，改元宣光，史称北元，并把北元国都建立在应昌路。这个小皇帝也不想治理国家，一天到晚就是纵酒嬉戏，还让人在湖上造了一艘大龙船，带着自己的随从爱妃在船上昏天黑地地喝酒。一天，湖面上忽然风浪大作，眨眼船就要翻了，吓得小皇帝赶紧跑回应昌路，找人一问，才听说湖里有一条鲤鱼精。

冬捕是特殊时期，渔网丢了以后只能开春再去找，而且肯定不在原地。据说有一次渔网是在十几千米以外才被找到，所以当地人就更加相信湖里有古怪。不过，达里诺尔湖是由火山喷发后地面塌陷等原因造成的，湖底地质情况相对复杂，遍布礁石，当地人称为石砬子。下这样大的一张拖网，被水底岩石钩住或钩破的事情也是经常发生的。可当地人却认为不是这样，他们说，水下不是有大鱼就是有水怪。

当地人之所以这样肯定，是因为离这里不远有座山叫作砧子山，山上就有当年水怪的岩画。

记者在砧子山上果然见到了几十幅当地先民留下的岩画，这些神秘图形究竟预示着什么，难道说达里诺尔湖这片神秘的水域真的有神秘的生物吗？

记者找到岩画专家询问，有了意外的收获。专家说，岗更湖和达里诺尔湖是高盐咸湖，但是有一种叫华子鱼的淡水鱼却能在这里生存，所谓的水怪是否就是华子鱼在长期这种环境下生存产生的变异呢？为了尽快知道事实真相，记者又将目标锁定在达里诺尔湖中。就在调查陷入僵局时，一个消息传来，湖区的另一个人也在岗更湖拍摄到了不明水生物。

这个人叫刘志一，是赤峰市克什克腾旗应昌路文物站的副研究员，他根据达里诺尔湖中种种关于不明水生物的描述，很快联想到湖边那座砧子山上的岩画，其中就有似兽非兽、似鱼非鱼的神秘图形。这些是否预示着湖区除了鱼类以外还有别的生物呢？刘志一说："砧子山岩画分布在达里诺尔湖北岸的砧子山岩壁上，一共有8组，35个个体，其中大部分描绘的是马和鹿，说明当时这里的植被和环境是非常好的，其中还有一些既不像动物，又不像植物的东西，使人很费解。”

砧子山位于达里诺尔湖北岸 5 千米的地方，因为酷似打铁用的砧子而得名。砧子山也是火山喷发以后留下的遗迹，说明在很久以前，砧子山是湖中的一个岛。刘志一将岩画复制成图，还编写了相关书籍供人研究。

这些岩画究竟表现的是什么，与达里湖区发生的水怪到底有什么关系呢？是不是先人也注意到湖里的现象，用岩刻的方式警示后人呢？带着这个疑问，记者找到了国内知名的岩画专家、赤峰学院王惠德教授。

王惠德教授说：“我们曾在 20 世纪 80 年代末对砧子山岩画进行过多次考察，根据对比研究，砧子山岩画的年代应该是在青铜时代之后，主要是游牧民族所留下的历史文化遗存。”

当记者询问岩画当中是否有较大型水生物的记载时，王教授持否定态度，他说：“我个人认为，这些岩画反映的都不是水生物，画中那个变了形的、似乎像水怪的东西实际是鹿。”

在王惠德看来，砧子山上所谓的水怪岩画，其实只是由于时间长了，剥落风化或残损了，剩下的一小部分因为看不太清楚，而被人们误以为它是水怪的痕迹。

很久以前，砧子山是湖中的一个岛

砧子山岩画上的神秘图案

有一种华子鱼可以在此生存

记者从查阅的关于地质方面的资料中得知，地质时期的达里诺尔地区与现在完全不同，当时整个内蒙古高原正处在不断沉降的过程中，于是形成了巨大的内陆湖泊。这些湖的面积非常大，其中也包括现在的达里诺尔湖和岗更湖。人们实地勘测之后发现，砧子山就是当年的一个小岛。当年的水位比现在高出60米左右，后来全球气候发生了急剧变化，降雨量减少，蒸发量逐渐增大，湖水便逐渐退去，砧子山也就显露出来了。于是有人提出，在漫长的地质历史时期中，是否有一些史前的未知生物在这里侥幸生存了下来，现在在湖中不时出现呢？

赤峰市达里诺尔自然保护区副主任宋丽军说："达里诺尔湖形成的历史时间比较长，大约形成于一百多万年之前。听当地许多渔民说，这里发现过很多不明水生物，但是一直没有详细地进行过调查，目前还不知道具体是什么水生物。"

根据宋主任的指点，记者来到达里诺尔湖区进行调查，向当地渔民了解湖水的情况。

据捕鱼队长蒙学臣介绍，这里的湖水有十多米深，能见度特别低，水下20厘米以下就什么也看不清了。而且这是个高盐咸湖，pH超过9。

从达里诺尔周围的地势来看，这是一个完全封闭的内陆湖，它没有排泄的通道，湖水的补给完全依靠周边的几条河流。在年降水量只有两三百毫米的气候环境下，强烈的蒸发作用会使湖水中的盐碱度逐渐升高，直到不适合任何生命的存活。

然而让人感到不可思议的是，一种被当地称为瓦氏雅罗鱼，也就是华子鱼的淡水鱼却能生存在碱水湖里，这与湖中发生的异常现象到底有什么关系呢？

从16岁起就在达里诺尔湖捕鱼的

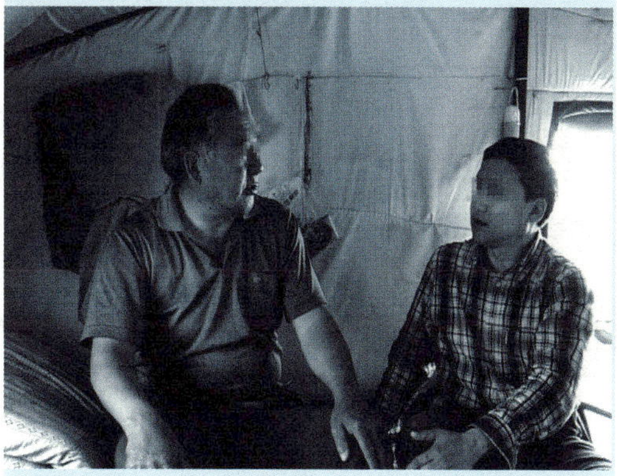

渔场职工马占军对记者介绍情况

渔场职工马占军，对达里诺尔湖的奇异现象感到迷惑，他说："说到这个湖，让我怎么说呢？这也应该算是不能理解的事，咱都说华子鱼、鲫鱼这类家鱼是淡水生物，是不可能生长在这里的，但是它们却能在这里存活。"

对于华子鱼能在碱水湖中生存的现象很多人都认为不可理解，可是在岗更湖和达里诺尔湖又确有华子鱼的存在。这个鱼种有什么特性，与蒙志刚发现的不明水生物又有什么关联呢？带着这个问题，记者请教了内蒙古自治区水产技术推广站的专家彭本初，他说："华子鱼与其他的鱼相比没有什么特殊的地方，它是一种偏肉食的杂食鱼类，食物以浮游动植物为主。它原本是一种淡水鱼，但是达里诺尔湖的华子鱼很特殊，具有抗盐碱的特性，其他水域的华子鱼在这个水域是不能生存的，唯独这里的华子鱼能在这个水域正常生存。"

彭本初发现华子鱼具有强耐碱性

彭本初进行鱼类遗传和育种的研究工作已有10年了，他和同事们在对达里诺尔湖的鱼类研究中发现，这个高原湖泊中的华子鱼确实具有很强的耐碱性。

内蒙古水产技术推广站工作人员李志明介绍说："华子鱼的抗盐碱性，从根本上讲，是基因发生了改变，它的基因序列里有抗盐碱控制基因，所以它们能在这里生存。"

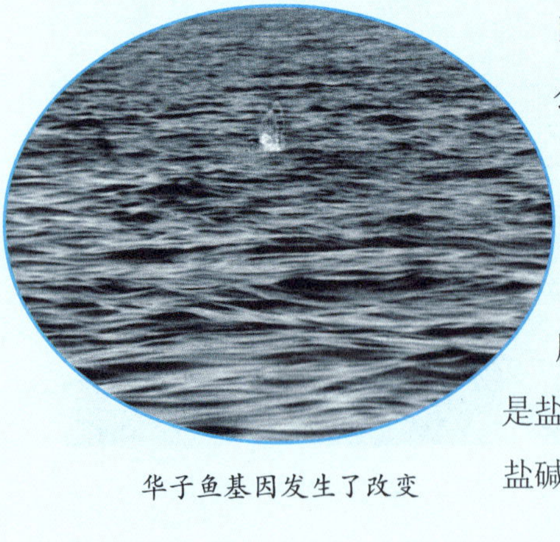

华子鱼基因发生了改变

既然华子鱼的耐碱性在衍化过程中可以改变，那么它的体型大小会不会也随之改变，成为蒙志刚偶然拍到的一种体形庞大的生物呢？

对于这个问题，李志明解释说："瓦氏雅罗鱼这个物种的特性注定它的体型就是这么大，所以它不可能变得很大。而且达里诺尔湖的条件是盐碱度高，它要适应湖水的盐碱度，只能是从适应盐碱度的角度上发生改变，这跟个体的大小是没有多大关系的。”

达里诺尔湖和岗更湖相距并不远，两个湖中同时生存着华子鱼，但是它们表现出来的耐盐碱特性却完全不一样。岗更湖的华子鱼放在达里诺尔湖中会很快死亡，这与达里诺尔湖和岗更湖的水质有直接关系。

鱼类专家认为华子鱼在洄游中是不顾一切地

内蒙古水产技术推广站工作人员孟和平说："达里诺尔湖是一潭死水，只有进水，没有出水，它的出水主要靠蒸发，所以它每年的盐度和碱度 pH 都在增加，湖水中碱的含量越来越高；而岗更湖是开放式的，它通过沙里河往外排水，它的水体每年都在交换，所以水质不会有太大的变化。"

按照专家的说法，达里诺尔湖是一个高原湖泊，只有进口没有出口，再加上多年来蒸发量大于降水量，导致湖水中大量矿物质积存，盐的含量达 5‰，而纯碱（碳酸钠）的含量达 17‰。按照一般规律，如果水体中的碱度，也就是含纯碱的量达到 15‰时，鱼类就已经不能生活了。可偏偏在这个地方，在 17‰的状况之下，华子鱼居然还能够存活。

每年到了繁殖的季节，华子鱼一定要洄游往上，也就是从达里诺尔湖与岗更湖连接的沙里河游去，据说每年挤在河口上的鱼形成的壮观的场面让人震惊。那么，到了繁殖季节，众多的鱼拥挤在这里的时候，会不会给人一种错觉，将一大群生物当成了某一个单独的生物呢？

华子鱼洄游是为了繁殖的需要，因为高盐碱湖并不能使鱼卵发育，甚至有致命影响。为了进一步了解华子鱼的洄游情况，记者在早春时节来到了达里诺尔湖地区。沙里河是通向达里湖的一条淡水河，每年 4 月末到 5 月的上旬，成千上万条华子鱼顺着这条河向上洄游进行产卵。

记者发现，整个河床华子鱼的厚度超过了 30 厘米，洄游的华子鱼的重量每条在 100 克以上。鱼类专家说，在食物稀少的达里诺尔湖，华子鱼要长到这个重量至少需要 3 年时间。

鱼类专家介绍说，华子鱼在洄游中是不顾一切地，但是这一时期它们却非常胆小，容易受到惊吓而发生鱼群，翻起白浪的现象。

在当地，华子鱼洄游产卵的过程可谓惊天动地，非常的壮观，远处看上去还真的很像一条大鱼。不过，当地传说华子鱼洄游产卵的时间却和蒙志刚拍摄的日期不相符。蒙志刚拍摄的时候是8月份，而华子鱼洄游却是在5月份发生的。就在大家感到一筹莫展的时候，保护区的另外一个同志给记者打了一个电话，称自己也在岗更湖拍摄到了一段画面，这个画面与蒙志刚提供的影像非常相似。

打来电话的人叫宋丽军，是达里诺尔湖自然保护区的干部。她在达里诺尔湖地区做例行科研监测的时候，也拍摄到了湖中的一个影像。

从她提供的影像资料来看，画面上好像是一条大鱼在水里游动，画面很清晰，连露在水面的鱼鳍都能看得清楚。用宋丽军的话来说："就像是一条鱼，而且这条鱼看起来还很大。"

记者也认为，画面上的水中生物的确很像一条游动的大鱼，同时记者也发现，宋丽军和蒙志刚拍摄的地点都是达里诺尔湖旁的岗更湖。

蒙志刚拍摄的时间是8月，宋丽军拍摄的时间是7月，拍摄地点同为赤峰市克什克腾旗岗更湖，两相对比，不难看出其中的相似之处。

因为两个人拍摄的地点都在岗更湖，从图像分析来看，宋丽军拍摄到的图像中可以清晰地看到鱼鳍，与周围的景物比较，这条鱼可能有80厘米左右。蒙志刚拍摄时由于受天气和湖水的影响，影像并不十分清楚，但从拍摄距离推算，那个水中的生物大小也在100厘米左右。岗更湖有没有大型鱼类呢？在调查中我们向当地渔民了解了情况。

渔民王队长从20岁起就在这里打鱼为生，如今他已48岁。他告诉记者："我打鱼有将近30年了，也曾在这里打到过四十多斤重的大鱼。"

两人拍摄地点都在岗更湖

据当地一些有着多年打鱼经历的老渔民反映，他们曾在岗更湖捕捉到较大的鱼，在当地一个展厅里还展出了一条100厘米以上的鱼类标本。由此看来，岗更湖水域面积较大，鱼的生长期长，很可能有体型较大的鱼类存在，但是这些鱼类并不常见。

根据当地渔民的经验，阴天时较大的鱼类有时会浮出水面换气，如果恰巧在湖边看到，距离又远，就很可能误认为是水怪一类的神秘生物，蒙志刚拍摄的就有可能是这种情况。渔民王海说："有一回我们看见一条大鱼游过来，直接把网撕破了一个洞游走了，水面露着黑脊梁，在水里有一米长。"

这样看来，蒙志刚拍摄到的也许只是一条大鱼而已，只是大鱼经常躲着人，湖水深湖面面积又大，所以一般见不到它，而那一次是天作机缘，让蒙志刚拍摄到了它，于是就被传为水怪了。

通过这件事情可以得到这样的启发：我们看待一个事物的心态是非常重要的，有的时候事情并不像我们想象的那样玄乎，可如果我们抱着一种疑神疑鬼的心态去看这个问题，所有的线索综合在一起就会觉得特别神秘。比如发生在岗更湖的渔网冲破、丢网事件，如果我们把它想象成水怪，就会觉得所有的事都与水怪有关。其实，岗更湖的形成与火山有很大的关系，水底遍布礁石，渔网挂在礁石之上被拖破了，或人拽不住了，或者渔网被水流冲走了，都是再正常不过的现象了。至于蒙志刚拍摄到的到底是鲤鱼还是华子鱼，现在还无法给出一个定论，因为谁也没有把它当场抓住，但是按照专家的理解，是鲤鱼的可能性更大，而华子鱼在达里诺尔湖中只是一个新的亚种而已。自然界的很多事情虽说我们人类还无法解释，但是有不少的事情我们还是可以用现在的科技和观点去证实，并且说明它到底是怎么回事的。

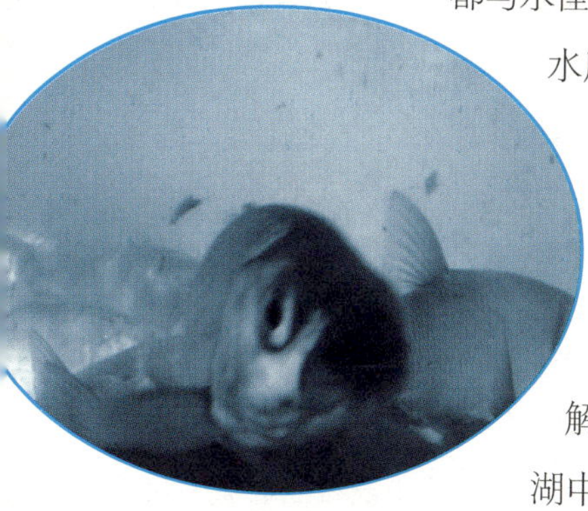
附天时大鱼有时会浮出水面换气

（刘海忱）

揭秘“变色怪坡”

一般人出门之前都要看看天气预报，第二天出行的地方是下雨呢还是刮风呢？可在重庆市郊的一个小村子里，这里的人出门却从来不看天气预报，即使这样，他们也能准备得面面俱到。

也许有人会说，这有什么稀奇呀，古老的民谚中有好多能告诉我们天气的变化情况，比如“天上勾勾云地下雨淋淋”“燕子低飞暴雨将至”。不过这里的人也不看民谚，他们出门前要看一个山崖，看了这个山崖之后就知道，明天是刮风还是下雨了。

山崖也能预报天气，难道世界上真有这样的事情？带着这样的疑问，记者赶到了重庆市石柱县。当地村民告诉记者，在五斗村附近确实有这样一个山崖，他们说，那个山崖的颜色会变成红的或者白的，当地人称为白人塘。据说，这个白人塘预测天气很准。

在村民们看来，那个山崖之所以这么灵验，是因为那上面有他们的先人——古代巴国首领廪君和他心上人的鲜血，是先人的灵魂在时刻保佑着他们。

石柱县地处巫山山脉，过去是古巴国的领地。相传，巴国首领廪君拓展疆域的时候经过这里，遇到了一位美丽的盐水女神，两人一见钟情，相互厮守过了一段快乐的时光。可是过了没多久，廪君又要继续征战。

盐水女神怎么舍得心爱的人走呢？于是，她百般阻拦廪君。阻拦不住，她便化身成很多飞蛾。

盐水女神用法术把天空变得漆黑一片，使廪君无法前行。这一下把廪君激怒了，他拿出弓箭向天上密布的飞蛾射去。

谁知这一箭射下去，盐水女神从天上掉下来。

盐水女神不幸被箭射中，从空中跌落下来化作了磐石，她的鲜血染红了整个山崖。廪君见状痛不欲生，随即也跳下山崖。如今，这一对恋人终日相伴着已经过去上千年的时间，被盐水女神鲜血染红过的山崖现在还时常泛出鲜红的颜色。

据当地村民说，当这个山坡变白的时候，一定出太阳；如果山坡变得灰暗，颜色潮红的时候，一定有倾盆大雨将至。他们还说，廪君、盐水女神虽然去了，但他们的灵魂仍然护佑着这里的居民。

山崖变色是先人的灵魂显灵的说法一直都在当地流传着，然而，山崖变色的真正原因会是什么？它是否像村民讲的那样能够预报天气呢？

为了一探究竟，记者来到了五斗村。

杨承伦家在五斗村的地理位置最高，从他家的走廊上能清晰地看到山上的白人塘。因此，杨承伦自然也就成了村子里的义务气象员。据杨承伦说："如果山崖下午发红了，那么明天就要下雨，最快在24小时左右，慢的话30个小时之内也会下雨。准确率很高，大约有80%。"

村民说自己是当年巴国首领廪君部队的后裔

五斗村是巫山深处的一个小山村，村民们说，他们就是当年巴国首领廪君部队的后裔。廪君和盐水女神殉情后，他们的先人就留了下来，世代守卫着这座山崖。这里虽然流传着大禹治水和十二仙女峰的种种传说故事，但是，不论是哪一种传说，都超越不了人们对这一座神山的敬畏。在过去每当干旱或者遇到洪涝灾害的时候，人们就会聚在山下焚香祭神，祈求先祖灵魂的保佑。

在杨承伦的引导下，记者来到了那座山下。

顺着杨承伦指点的方向望去，云雾笼罩着白人塘所在的山峰，犹如遮上了一层神秘的面纱。这座神秘的山上到底隐藏着什么秘密呢？

乍看之下，这座山没什么奇怪的，不过就是满山云雾，山上也无非就是草木茂盛而已，它怎么能够随时随地变化颜色呢？

草木是可以变色的，随着季节的变化一岁一枯荣，比如北京著名的景点香山红叶，就是枫树和黄栌到了秋季，内部的花青素和叶绿素进入调整期，因此就从绿变成了红。但是，草木的变色是一个渐变的过程，而且要有季节变化和温度改变的前提，谁也没有听说过树或草因为一两天的变化，会忽红忽白忽绿的。可是，山上的岩石怎么会变色呢？而且还是经常变来变去。

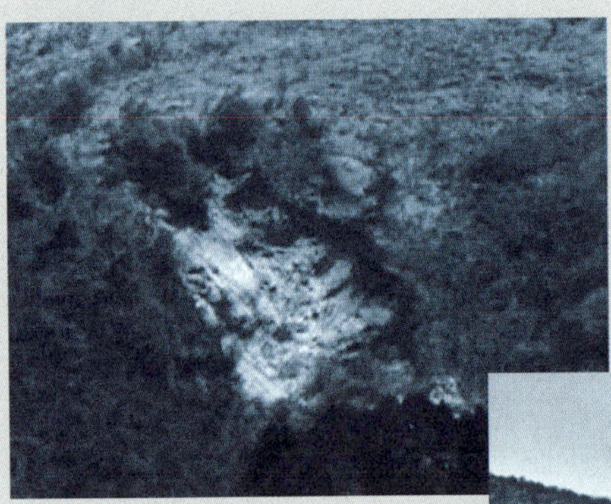

云雾笼罩山峰

乍看之下，这座山没什么奇怪的

为了亲眼看到白人塘，记者在杨承伦的家里住了下来。一连3天，白人塘始终隐藏在云雾中不肯露面。莫非白人塘真的是有灵气，怕记者揭开它的秘密有意躲藏起来了？

第五天，天终于放晴了。透过淡淡的雾气，对面山上一块灰白色的山坡引起了记者的注意，

一岁一枯荣

远远望去，很像一块暴露的地面。杨承伦说，这就是能预报天气的白人塘！由于这一带山上的植被比较茂密，所以，山上出现这样一块裸露的地方显得非常醒目。可是，这块普通的山坡真的会改变颜色吗？杨承伦对此也感到很奇怪，他不知道为什么这块山坡会出现天晴泛白、落雨变红的变化。

大约20年前，他出于好奇曾经悄悄上山窥探过白人塘，可等他摸到山上，眼前的景象令他非常惊讶，他发现那块变红的东西就是一个石头坡。

这一片乱石坡怎么还会变色呢？联想到村里人在山下对着这片山坡求雨的情景，杨承伦似乎找到了答案。他说："我想，这可能是神仙显灵了。"

山坡当然不可能有神仙显灵，但是，它为什么会变色？山坡变色和天气之间怎么会有联系呢？

到了下午，天气一片晴朗，可就在这时记者发现，白人塘真的变红了。杨承伦说："3天之内会下雨。"

为了验证杨承伦的判断，记者来到了石柱县气象局。通过对气象资料的分析，发现有一股冷空气正在南下进到石柱县境内。荣局长分析说："冷空气南下的时候，水汽密度增加，当水汽密度达到一定程度时会下雨。"

在自然界，冷空气是导致降雨的一个重要原因。在阳光的照射下，每天都会从地面蒸发大量的水分，这时如果突然遇到一股强冷空气，飘浮在空中的水分就会快速聚集形成较大的水滴和冰晶，直到空气承托不住变成雨水降落下来。

根据气象资料分析，现在进入到石柱县境内的冷空气在几天内很可能会形成一场降雨，这与杨承伦的判断显然不谋而合。可是，这会不会仅仅只是一次偶然的巧合呢？这时候，荣局长又说了句让记者惊讶的话："曾经，冷空气南下的时候，我们专门做了一个对比。"

荣瑞为了了解这块山坡是不是能预报天气，曾经到山上进行过观察。回来后，他用气象局的观测数据和白人塘颜色的变化进行了一个多月的比对验证。结果他们惊讶地发现，白人塘颜色的变化与气象观测数据分析的结果有很大一部分是吻合的。据荣瑞局长说，当白人塘出现红色的时候，预报准确率可以达到90%。

白人塘的颜色变化为什么与天气有着如此密切的联系，山坡上到底藏着什么秘密呢？

我们知道，天气的变化是一个复杂的大问题，要受到温度、气流等众多因素的影响，相比之下，颜色的变化似乎就要简单得多。光既有波的性质也有粒子的性质，这就是所谓的波粒二项性。从某种程度上讲，彩虹就是一个很好的分解白光的效果。所谓白光，其实它是由 7 种颜色组成的，也就是人们常说的赤橙黄绿青蓝紫这 7 种颜色。当出现红色的时候，实际上是物体吸收了其余的 6 种颜色，而只反射了红色这一部分波长的光线，所以我们看到它是红的。蓝色同样也是吸收了其他波长的光而只反射蓝色光，而白色则是全反射，什么都不吸收，因此我们看到的是白色，实际上它是一种复合光，黑色则是所有的光线统统吸收在一起了。如果按照这个理论来解释白人塘在晴天的时候为什么看起来是白色的，那就说明它把所有的光线都反射了；在雨雪天气之前它是红色的，说明它吸收了其他波段的波长的光线，而将红色这一个波段波长的光反射出来。这个理论是不是可以完美地解释白人塘变色的原因呢？

为了找到白人塘颜色变化的真正原因，记者邀请重庆师范大学地质专家杨华教授一起到现场进行了一次实地考察。

原来，村民们所说的白人塘是一个坡度大约为 50 度的小型滑坡，面积只有 700 平方米左右。滑坡的规模虽然不大，但是长期以来一直都在持续着，山坡上长出的花草植物基本上被不断崩塌的碎石和泥土掩埋了。

杨华教授说：“这个滑坡体上铺满了碎石块，属于石灰岩，石灰岩在晴朗的天气情况下显现白色，而滑坡体上的土壤则属于红壤。”

在重庆地区，滑坡虽然是一种比较常见的地质现象，但是，杨华教授还从来没有听说哪个滑坡可以随着天气变化而改变颜色。眼前这块滑坡之所以能随着天气改变颜色，会不会是土壤和岩石里含有某种特殊成分呢？为了查明原因，杨华教授从山上带回了岩石和土壤样本在实验室里进行详细分析。

但分析的结果表明，这里的土壤颜色和其他地方是一样的，并没有包含什么特殊的物质，就是我们常见的红壤和石灰岩。

记者现场拍摄

花草被碎石和泥土掩埋

这里的土壤颜色和其他地方是一样的，并没有包含什么特殊的物质

石柱县属于中低山丘陵地区，山多坡陡，杨华教授所说的红壤和石灰岩这里到处都是。既然白人塘的土壤和岩石成分与周围的完全相同，为什么只有山上的土石才在天气变化之前改变颜色呢？

据这里的村民说，山坡颜色的变化只有在远处才能看见，走近了就看不出来了。他们一般都在对面的坡上观察。

杨承伦家距白人塘大约两千米，为什么人们能看到两千米以外白人塘颜色的变化，却看不出身边土壤和岩石颜色有任何变化呢？对此，荣局长解释说，这主要是光线的折射影响产生的。

原来这是光的特性造成的。光是一种能够看到的电磁波，具有直线传播的性质，同时也具有反射、折射等不同的光学性能。由于白人塘比五斗村高出大约二三米，这样在太阳、白人塘和村子之间就形成了一定的夹角。在天气晴朗

白人塘

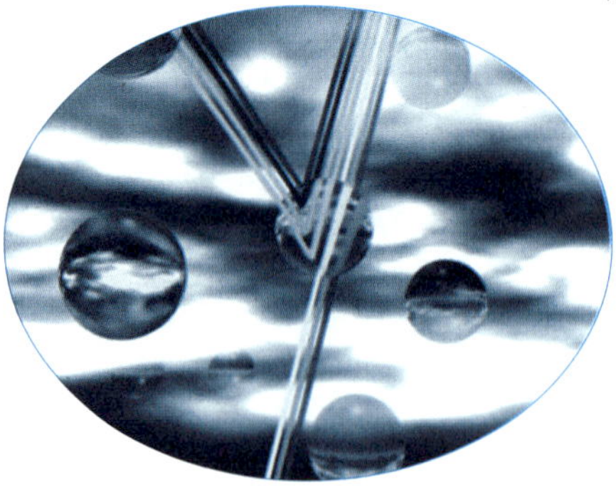

光的特性

属于丘陵地区

的时候，空气中粉尘和水蒸气等悬浮物较少，阳光很容易穿透空气照射到地面上。这时候，人们看到的主要是白人塘的反光。

杨华教授说：“在阳光的照射下，特别是在晴天，主要覆盖在滑坡体上的石灰岩块的白色光亮非常强烈，从远处看，这一块地方和周围有森林的绿色形成了鲜明的对比，形成了一片白光。”

而阴雨天气来临之前，虽然空气中的云朵并不多，但是空气中悬浮的水蒸气却在不断凝聚。在 7 种可见光中，蓝紫色光的穿透性最差，很容易在水滴的折射中消耗能量，空气中的水分越多，透射过去的蓝紫色光也就越少；而红光、橙光、黄光却很容易穿过这些障碍物直接射到地面，这时候，地面上的景物就会因蓝紫色光的减少而呈现一种暖色调。如果要下雨，空气中的水分增加，石灰岩块里吸收了水分，岩石就会变暗，而土壤的红光和黄光都显得比较强烈，所以从远处来看，是一片橘红色。

长期以来，生活在这里的人们通过观察发现了山上的白人塘颜色和天气变化之间的联系，由于无法从科学的角度解释这一奇怪的现象，再加上廪君和盐水女神的传奇故事，才为这片裸露的山坡蒙上了一层神秘的面纱。

而现在，我们终于知道了白人塘之所以能够“预测天气”的奥秘，可以说，光学原理在这里得到了一次完美的体现。同时，我们也不得不佩服五斗村的村民们，他们很善于观察生活，能够从这么细微的变化中总结出天气变化的经验来，那就是山坡变白的时候是晴天，变红的时候就要下雨了。

世界如此之大，是不是类似的情形在其他地方也会出现呢？有兴趣的话，您也可以观察一下你身边的变化，没准也能找出“天气预报”的窍门来。

（刘斯宏）

循声探源

一件离奇的事打破了江西省高安市郊区一个普通人家的平静生活。

这天上午，刘春妹正在自家楼下摘花生，突然，她听到一阵奇怪的声音。这个声音来自楼上，乍听上去就像孩子在玩闹。

刘春妹家的两个孩子正在学校上学，她猜测，很可能是邻居家的小孩偷偷跑到楼上来玩。由于担心孩子在楼上玩要时会有危险，她急忙上楼去查看。可是，房间里除了堆放的杂物，一个人影也没有。她怀疑是不是自己的耳朵出现了幻觉。可是再侧耳听听，那声音明明还在响着。

傍晚，刘春妹把白天房子里出现怪声的事告诉了丈夫，并流露出了一丝担忧。虽然刘春妹一再向丈夫强调当时楼上并没有人，可是，丈夫却觉得这件事没什么大不了的。

在农村，家里的门窗平时经常开着，再加上家里养的家禽家畜，屋子里偶尔出现一些声音应该并不算什么。因此，妻子说白天家里出现了怪声，陈典明并没有当回事。

可是，从那以后，每到上午 8 点半左右，那声音都会如期在房子里出现。让刘春妹感到更加奇怪的是，她怎么也确定不了声音的具体位置，好像那声音在有意躲避着她。她说："我去找过这声音好几次，可是我在这里它就到那里，我到那里它又出现在这里，那个声音是会移动的。"

刘春妹夫妇俩在这栋房子里已经住了6年的时间，还从来没有出现过这样的事情。现在，房子里突然响起的怪声，让刘春妹忐忑不安。而丈夫陈典明最初只是觉得，那可能是挂在房子上的东西被风吹着撞击墙壁造成的。他认为，妻子所说的奇怪的声音一定是有碰击才会发出，所以他就把周围悬挂的东西全部给摘了，可是，妻子说那个声音还有。

由于这一带村庄附近并没有地下采矿和工厂，更何况，其他村民家里也没有出现这种声音，所以，陈典明家房子里突然出现声响也就显得更加奇怪了。那么房子里的声音到底是从哪儿来的呢？

突然，一个不祥的念头出现在陈典明的脑子里，他说："我怀疑这栋房子受到的外压是不是太大了，是不是因为墙基没打结实呢？"

原来，陈典明家的这座两层小楼是分两次建造的。6年前先盖了一层，过了一年之后又加盖了第二层。出于节约资金的考虑，整个房屋没有承重用的立柱和横梁，房子的重量都靠墙壁承载着。现在，房子突然出现了怪声，陈典明担心，可能是墙体承受不了这样大的压力而出现了裂缝。要真是那样，家人的安全将随时受到威胁。

为了证实自己的猜想，陈典明将家里所有的墙基都检查了一遍，并没有什么裂缝，他感到很奇怪，这个声音到底是从哪里发出来的呢？

虽说房子没有发现问题，一家人的心里算是稍微踏实了些，可是，由于一时找不到发出声音的原因，他们还是时时感到不安。

那一段时间，陈典明天天在家里站在梯子上仔细地听这个声音。慢慢地，他发现这个声音总是出现在一定范围之内。

现在，在陈家的墙上留有一段带有窟窿的地方。夫妻俩说，当时他们发现那个奇怪的声音来自这个位置，他们以为是这个部分的砖会发出声音，于是他们把这里的砖都敲掉了。可是，砖取掉以后，那个声音还是每天出现。

虽然，陈典明夫妇感觉那声音是从楼梯间的这个位置发出的，但就是找不到原因。一来二去的，家里人都感到很害怕，尤其是孩子，白天去上学，到了晚上却不敢回家，说自己心里有压力。

经常出现的怪声，给两个孩子的精神造成了很大的压力。无奈，刘春妹夫妇俩每天晚上只能轮番陪伴在孩子身边。回忆起那段时间，刘春妹说：“一家人都很害怕，晚上困了却不敢睡觉，听到那个响声以后全家人都睡不着了。”

陈典明家里出现的那个声音让家里人觉得都没法正常生活了。这也难怪，当你坐在家里正在看书，或者一家人正开心地看电视的时候，耳边突然传来一些稀奇古怪的声音，这不跟看恐怖电影一样吗？

大家都知道，声音就是声源振动带动介质传播的一种能量，所以，声音具有波的特点，比如反射、折射等特性。当我们听到一个声音，就要先寻找它的声源，找到这个声源之后我们才能搞清楚，到底是什么东西振动引发了声音。陈典明家也同样是如此。

在著名的鬼城丰都有一户人家，他们也经常听到一些稀奇古怪的声音。因为丰都被人们称做鬼城，所以很多人在想，是不是妖魔作祟呀，后来才发现是因为这户人家的地下正好有一个喀斯特地貌的溶洞，当地下河流经的时候，或者有水出现的时候，就会有咕咚咕咚的声音出现。所以，当陈典明家出现那个奇怪的声音的时候，很多人首先想到的就是，这是不是与他们家的地下结构或岩层结构有什么关联？

陈家

喀斯特地貌也叫岩溶地貌，它是石灰岩、白云岩、石膏等可溶性岩石在水的溶蚀和崩塌滑落等机械作用下形成的一种奇特的自然景观，溶洞、暗河、石笋是喀斯特最典型的地貌特征。我国石灰岩地区的面积大约130万平方千米，这些地区都有不同程度的喀斯特地貌。在江西省，也有大面积的喀斯特地区。

周玉才是江西省地质环境监测总站总工程师，地质灾害预警预报中心主任，主要是对江西省地质水文环境进行监测，对南昌及高安地区的地质环境非常熟悉。他介绍说："江西的灰岩产生喀斯特地貌的地层，主要分布在江西的北部，以及九江地区一带，在萍乡乐平一带也有灰岩的发育。"他进一步解释说，高安属于南昌地区，属于南昌盆地红色盆地，是盆地的边缘，地层是前震旦的变质基底，这里是非可溶地层，不可能有岩溶现象，也不可能有地下暗河。

既然高安一带并不是岩溶地区，这里既没有溶洞，也不存在暗河，这经常出现的声音又如何解释呢？这一天，陈典明把注意力集中到了自家屋前这口井上，他想，会不会是这口井和怪声之间有什么联系？

他叮嘱妻子从第二天开始，不再用这口井的水浇地做饭，而用邻居家的井水。他想看看，不用这井水了，那声音还会不会再响？

陈典明家这口井大约有8米深，是建房子时陈典明自己挖的。往年井里的水有两米多深，而这一年却降到了一米左右。没想到，他们才一天没有用井里的水，那声音果然有了变化。据刘春妹观察，就在他们不用自家井水的第一天，那个奇怪的声音只响了一下。这个结果让陈典明非常兴奋，他告诉妻子："你明天不要用水，它就不会再响了。"接下来几天他又进行反复试验，终于找出了声音和用水之间存在的规律。他说："这其中是有规律可循的，上午响，是因为早晨做早餐曾用过水；下午响，是因为中午的时候也要用餐，还要浇菜园子，于是井里少了大量的水。"

可是，为什么井水下降之后房子就会响？为什么房子建了五六年都没有出现怪声，唯独现在才出现这种奇怪的现象？这些问题，陈典明却无法解释了。

这一天，陈典明从南昌请来了地质环境监测总站的总工程师周玉才。周玉才发现那个声音确实是存在的。经过详细了解情况之后，周玉才认为怪声很可能和这一带的土层结构有关。因为，这一带地下并没有常见的含水层。专家介绍说，含水层一般都是含有沙粒的土层，特别是松散地层的含水层，里面含有沙粒就比较容易有水。可是，据陈典明反映，当初在挖掘这口水井时并没有出现沙粒构成的含水层。

陈典明循声探源

夫妻俩四处寻找声音来源

没有含水层，地下水又从何而来呢？由于井中被放置了水泥圈，无法看到水井内壁的情况，专家在附近找到了一块和井壁相似的土层。这个土层的剖面和陈典明家水井的地质结构是相似的，上面是红色的黏土，然后是黄色的千枚岩强风化层，再往下是黏性土，颗粒很细，空隙性很差。

千枚岩是地球上一种古老地层，在地球内部压力和温度的作用下，使其物质成分发生改变的一种变质岩。这种岩石很容易被剥离成细小的薄片。周玉才介绍说：“千枚岩非常有可能裂隙发育比较大，且裂隙发育的部位主要在7米到9米之间。”据证实，当初陈典明挖这口井的时候，就是挖到7米左右才出水的。

这样看来，这一带的地下水是储藏在千枚岩岩层以及周围红壤的裂隙里，这些裂隙为陈典明家出现怪声提供了条件。周玉才说：“在天然的情况下，这个裂隙是很细小的，不容易被人发现。但是在采水之后，这个裂隙会增加，这样就提供了空气在地下产生振动的可能条件。”

专家分析，地下水在常年流动过程中，会使含水层的裂隙逐渐变成管道和大小不一的空洞。在地下水减少的时候，空洞与管道之间就会产生虹吸现象，并伴随着一定的响声。刘春妹每天早中晚3次从井里打水做饭，使井水不断上升下降。这样一来，她在无意当中就人为地制造了产生虹吸现象的条件。而她在家里所听到的，也就是虹吸现象出现的时候所产生的声音。

地下水的保存要具备两个条件，一是要有水的来源，不管是来自江河湖水，还是天上的雨水，总之得有来源；二是地下要有含水层。通常情况下，含水层的底部是岩石之类比较密质的这种构造，才能够保证水不渗掉，也容易积存大量的地下水。还有一种就是，岩石裂隙之间储存的水。一般说来，岩石裂隙当中储存的水量一定不会太大，陈典明家就是这种典型的岩石裂隙当中储存的水。因为石裂隙周围都是密闭的，当有空气进入的时候，水就会漫上来，于是就把这部分空气保存在了裂隙当中，当条件合适的时候，这些空气就以气泡的形式涌出来，于是，气泡炸裂，就发出了这种很奇怪的声音。

陈典明家的声音在早晨 8 点半之前，以及中午 12 点到下午 3 点之间不响，正与这家人从井里取水做饭的时间相吻合。实际上，怪声的出现也正是水面在含水层裂隙上下反复变化，制造虹吸现象产生条件的结果。不过，周玉才也说：“这种动力是很微弱的，不可能产生发生咚咚巨响的力量。”

为什么陈家的人表示，那个声音听起来很响呢？专家发现，陈典明家尚未完工的房子实际上对声音有着传送和放大的作用。

出于经济和美观的考虑，陈家的房子是用青红两种砖砌成的，由于两种砖的尺寸不统一，造成整个外墙中都留下了一条大约 30 毫米宽的空隙。周玉才说：“整个空隙里面没有任何回填的材料，这相当于在这幢房屋的四面留了一道空洞，这种敲起来回声很大。”

尚未完工的房子对声音有着传送和放大的作用

原来，这条当时在砖墙里出于无奈而留下的缝隙，恰恰为声音从地下传递上来提供了条件。井下水位的不断变化，引起含水层中的地下水不断冲击管壁所发出的声音，顺着墙壁中的空隙被传递上来，在不断地反射中，声波在楼梯间紧挨楼板的位置，被不断地叠加放大。这也就是为什么陈典明夫妇俩最初怀疑声音是从那里发出的原因了。

可是，陈典明家这所房子已经建成6年了，为什么在前几年没有出现这样的怪声呢？这也正是周玉才觉得奇怪的地方，他仔细查阅了高安地区近几年天气变化以及地下水的有关资料，发现怪声的出现与当地的降雨量有直接的关系。他说：“近年有一个比较特殊的情况，高安地区和南山地区比较干旱，那里已经连续两个多月没有下雨了。”

在通常情况下，地下水是靠江河湖水，以及雨水来补充的。然而，由于陈典明所在的村庄附近没有河流和湖泊，雨水就成了补给地下水的唯一方式了。可是，夏末，整个高安地区出现了旱情，连续两个多月没有下雨，从而导致地下水位下降。陈典明家的那口井中只剩下一米深的存水，水平面刚好没过含水层的出水口。每天做饭浇地大量用水使水面不断起伏波动，造成地下水不断冲击管壁。在房间特殊结构的作用下，使地下水冲击管壁产生的声音放大，才出现了令人不安的声音。

现在，陈典明家为什么会发出怪声的原因终于水落石出了，家里人从此不再担心害怕，孩子放学也敢回家了，一家人的生活重新恢复了常态。自然界中总是会有这样那样的一些巧合，而正是这一系列巧合的出现，才发生了各种各样离奇的事件和声音。在没有查明真相的时候，这些怪现象会让人们产生各种猜想，并且因此感到恐惧，甚至影响了正常的生活。但是，当我们用科学的方法去追根溯源，最后抽丝剥茧，将真相揭示出来以后，就会发现，原来一切都是这样简单。

（刘斯宏）

响 石

在重庆市巴南地区相传有一种能发出响声的奇石，当地人称它为“响石”，也正是因为它这个奇怪的特征，当地有很多关于响石的传说。有人说响石里面藏有灵丹妙药，也有人说响石里面有奇珍异宝。这些传说究竟因何而起，响石又是一种什么样的石头？它真的能发出响声吗？记者对此展开了调查。

打开电脑，搜索“巴南响石”，一下就能搜出很多关于这种奇石的新闻，而在这些新闻中能找到了一个相同的名字——朱顺知。据介绍，他是研究响石的专家。

由此看来，这种响石确实是存在的，而为了能更进一步地了解响石，记者首先来到了重庆教育学院朱顺知教授的家中，向他请教关于响石的信息。

朱顺知是重庆教育学院教授，从事地质、奇石研究工作已有数十年，而响石是他近些年的最大发现。在朱教授家中记者第一次亲眼见到了这块传说中的奇石，可出乎记者意料的是，这块被传得神乎其神的响石从外观上看普通得不能再普通了，再看看它旁边的那些漂亮石头，实在无法把它与奇石联系在一起。

朱顺知教授介绍说：“观赏石头一般都是用肉眼来看，而这种响石则是用耳朵来体会。它虽然其貌不扬，但是却包括了很多未解开的秘密。”

拿起石头在耳边摇一摇，石头里立刻传出哗啦哗啦的响声，这才确实能感受到这块其貌不扬的小石头的神奇之处。可它里面到底藏着怎样的秘密，又为何会发出这种奇怪的声音？朱教授所说的许多未解开的秘密又是什么呢？

为了更深入地了解响石，在朱教授的介绍下，记者来到了响石的发源地重庆市丰盛镇，从当地居民那里又了解到了一些关于响石的新信息。

与当地居民的交谈不仅让记者验证了响石具有极高的市场价值，还得知了一个重要的信息——当地的巴县县志早在清朝时就有关于响石的记载了。

于是，记者又来到了丰盛镇政府，希望当地政府机关能够提供给我们更多关于响石的信息。当地镇长为记者找到了那本《巴县县志》，县志里的确有一段关于响石的详细记载，县志中还写道，早在清朝的时候，有一个叫陶釜御史就曾将这种响石作为礼物赠送给客人。而更令记者感到惊奇的是，县志里不但有关响石的详细记载，还明确记录着响石能治眼病的事例。

难道这种石头真有给人治病的奇效？

朱顺知教授说："在县志里记载着响石可以治眼疾，当眼睛患有疾病时，把响石打开以后，取出中间那个石子就可以起到治眼疾的作用。"

原来传说中这种能发出声音的石头里有一种特殊物质能治人眼病，也正因为这一点，很多人都想得到这种神奇的石头。随着旅游业的发展，越来越多的外乡人都到丰盛镇来寻找响石，于是，年复一年响石的流失量大大增加。

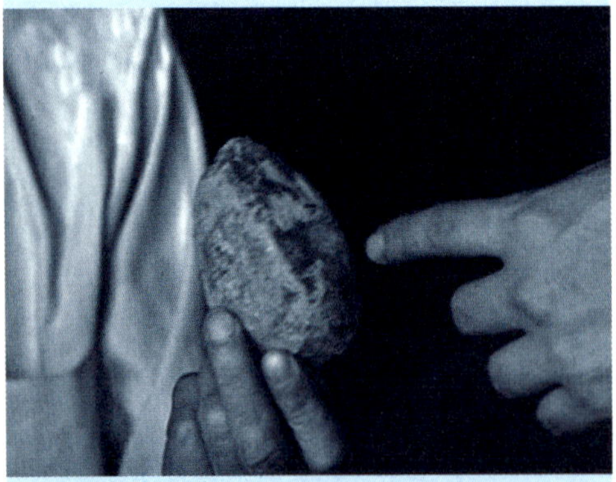

响石

据田茂华镇长介绍，响石的储量是有限的，不可能无限制地开采，所以当地以政府的名义颁布了一条禁止挖掘响石的公告。

响石的开采被控制了，但想要得到响石的人却越来越多，于是这块奇石的价值也就自然而然地攀升了。据说，这几年响石已经卖到两三千元一块。

为了能了解响石的分布以及它所在的地理环境，记者和朱教授、田镇长来到丰盛镇的东温泉山。神奇的响石就埋藏在这座深山里。朱顺知介绍说：“丰盛镇响石的分布是有规律的，并不是遍地都有，根据我们研究的结果，它只分布在中生代。这一带的岩石主要是碳酸钙镁，也就是白云石，在白云石以外的地方很少发现有响石。”

响石外观很普通

经过多次的调查研究，朱教授发现响石的分布仅仅在东温泉山中的一条线上有，而其他地方很少会有响石出现。也就是说，虽然在同一座山上但响石却不是在哪里都可以找到的。

所谓中生代是地质层面里的一个特殊层面，它的主要地质特征就是有朱教授所说的那种白云石，学名白云质灰岩。朱教授发现，只有在有这种白云质灰岩的地方才会有大量的响石出现。

为了印证朱教授的判断，在接下去的调查中记者首先在有白云质灰岩的地段，也就是所谓的响石带进行挖掘，果然，不一会工夫便在这里找到了两块响石。

接着，记者又分别到离响石带高低各 50 米的地段察看，发现那里的地质特征确实与响石带有很大区别。这两个地段的地质特征都是以砂岩为主，不再有响石带的那种白云质灰岩，而在这里记者也确实没有再找到一块响石。

朱顺知教授说：“我们初步推测，响石应该与地层中的一些岩石有直接关系，那种黄色的黏土应该是它生存的物质基础，如果没有这种土壤，就很难有响石。”

虽说对于响石的研究现在仅仅只是最初级的阶段，但经过多次的实地勘查，以及对这里地质条件进行充分的对比，朱教授认为这种由白云质灰岩风化后形成的黄色黏土应该是形成响石的基本物质基础。但这并不意味着已经找到了响石形成的真正原因，因为响石的形成一定是由多种因素造成的，如当地的地壳变迁以及环境、气候变化等，所以目前只是专家在发现一个典型特征后对响石形成原因的初步判断，而具体的原因还有待于专家对响石的继续研究。

可以说，任何一种岩石的形成都是需要相应的历史条件、地质条件和环境条件的，少则几万、几十万年，多则上百万年，而在每个地方，即使是同一种石头的生长条件也是不一样的，因而表现出来的特征也就不大一样。目前人们对于响石的研究还处在一个初级阶段，至于它真正形成的原因等问题，还有待进一步的研究才能给出一个准确的答案。不过，根据现有条件，倒是可以研究一下响石到底为什么会发出响声？里面究竟包藏着什么样的内容？它是不是真的像地方县志上所写的那样可以给人治眼病？

记者来到成都综合岩矿测试中心，希望借助这里的先进设备来帮助我们解开关于响石的谜团。

经过与专家简单的沟通后，终于可以有机会对响石做进一步的实验分析了，而专家们首先要做的就是打开响石。

专家们用一种专门的工具来对响石进行切割，不一会，被切开的响石便完全暴露在我们的面前。看到响石的内部结构，连专家们都连声赞叹："它真是自然界的一种神奇的产物，经过这么多年，里面的东西还被封闭着。我们是专门搞岩石分析测试的，还从来没见过这种情况。"

原来，响石之所以会发出响声，是来源于它那特殊的空核构造，而除了这特殊的构造外，最吸引人们目光的便是响石空壳里那几粒灰红色的沙砾。

它会不会就是县志里记载能治人眼疾的神奇物质呢？于是，专家又开始对这几粒神秘的沙砾做进一步的实验分析。

专家们用一台先进的 X 荧光设备来对响石进行检测。专家介绍说，无论多么特殊罕见的石头，这台仪器都能精确地测试出石头的组成成分以及里面含有的各种元素的比重。并且，它的处理精度和灵敏度都是非常高的。

经过几个小时的实验分析后，响石的成分数据已经精确地展现在记者的眼前，而数据的结果又一次让大家感到了惊奇。

专家们发现，响石中有两种微量元素的含量极高，一种是硒，另一种是硼。这两种元素是否就是响石中那些小沙砾的主要组成成分？这两种元素是否就是县志里说的给眼睛治病的东西呢？

记者来到北京积水潭医院眼科部，主任医师王京大夫为记者解答了有关硒、硼对眼睛健康有无关联的问题。他说："硼并非单纯的物质存在于自然界中，而是以一种化合物的形式存在，在临床上我们经常用硼酸来止痒，或进行消毒，也可以把硼酸粉按一定比例配成液体，用于眼部的冲洗或消毒。而矿物质中的硒尤其对人的视力有帮助，因为硒在眼睛的一些组织里的含量很高，现代科学研究表明，要是缺少硒，就会造成人体视力尤其是青少年视力的损害。"

王大夫首先肯定了硼和硒对人的眼睛有一定的作用，并特意强调硒对人的眼睛有极大的好处；可是，要达到多少的使用量才能使硒对人的眼睛起到治疗的作用呢？王京大夫说："关于具体的使用量，目前还没有特别明确的标准，所以现在直接用来滴眼的硒没有。硒对眼部的好处肯定是有的，但是具体用多大剂量是一个问题，也是现在研究的课题。"

王大夫还告诉记者，即使现在也没有专门用硒制成的眼药，而常用的补充硒的方法大多数还是食疗，也就是说多吃一些富含硒的食物，以此来达到对硒的补充。

硒可以存在于很多食物中，如动物的肝脏、鸡蛋等，很多食物里都含有硒，而补充硒对视力是有一定好处的，尤其对于小孩的视力。

虽说硼和硒都对人的眼睛有着不同程度的好处，但是它们都没有直接作用在人眼睛上并能起到治疗作用的先例，那么，作为眼科专家的王大夫对响石治眼疾又有什么样的看法呢？

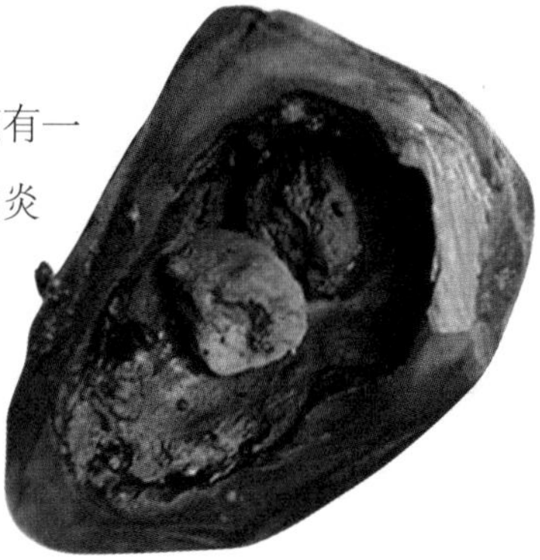

响石的内部

王京大夫说："既然县志上有记载，就应该有一定的可能性，比如用它进行湿敷，可能对眼表的炎症有治疗作用，或者具有缓解作用，因为这里面含有硼酸，而用硼酸湿敷就一定会加水，可能就会起到消毒作用。"

县志上有明确的记载，响石中又确实含有对眼睛有好处的矿物质，所以也正如王大夫所

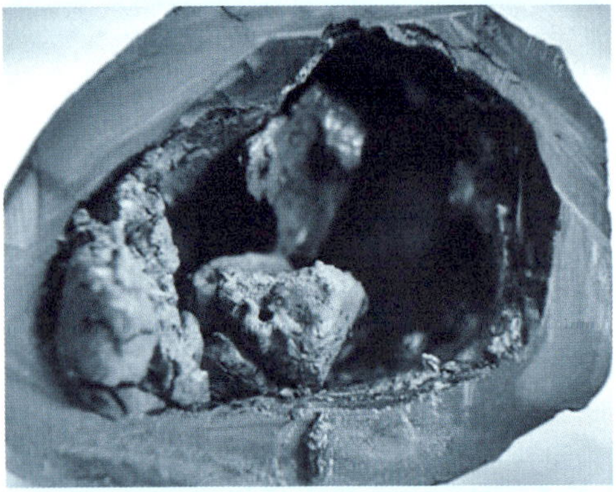

响石的内部结构

说的那样，我们应该有理由相信响石治眼疾的说法，但所谓响石治眼疾，最大限度也只可能是起到止痒消毒的作用，而绝不是真正意义上的能治愈眼睛上的疾病。

经过记者的调查，关于响石的神奇传说已经找到了一些答案。至此，这次对于响石诸多传说的调查可以告一段落了，但这并不代表响石的话题就此结束。

朱顺知说："响石在科研上的价值很高，因为它包含了几万年，甚至几十万年以前地理环境、自然环境的各种信息，我们现在还没做那方面的工作。如果这个信息能够破解，那么几万年、几十万年以前整个重庆地区的环境、气候、生物，甚至空气状况就都可能了解得到。"

正如朱教授所说，响石里面的秘密还有很多，而真正等待专家去破解的疑团还都只是个未知数，所以要真正解开响石身上所有的信息，也许还有很长一段路要走。

原本只是一块普普通通的石头，却引发了民众的思考，又由民众的思考转而引起了科研人员的注意，看起来这似乎只是一个小问题，但是通过对一个个小问题的解决，也许就会告诉我们一些特别有价值、有意义、有用的信息，这恐怕也是人类能够不断进步的原因，也是科学本身的魅力所在。

（宋岩君）

我家井水“发烧”了

1 月 28 日，吉林省长春市农安县靠山屯镇圣水泉村的村民们突然惶恐不安起来。村里的乡亲们都说，井里都出热水了，要地震了。村民们开始收拾东西，准备阖家撤离。

到底是什么事情让圣水泉村的老百姓这么害怕呢？事情与当天吉林省电视台的一条新闻报道有关。

报道称，圣水泉村的一口井的井水突然发热，冰凉的井水一下子变成了温泉，从 7℃、8℃一下升到了 40℃。这件事情确实有些怪异，当时村里有人说了一句：“这是地震的前兆啊，地下水、井水变热，不会是我们这里要地震了吧？”这话一说可不得了，老百姓害怕了，全村人都要搬出去。

这件事的由头到底是什么呢？

老曹家是圣水泉村一户普通的人家，平日里养养鸡，种种地，小日子过得很是滋润。就在今年 1 月份的一天，一件蹊跷事儿发生了。这天，老曹妻子的妹妹来他家走亲戚，突然感觉口渴了，就从井里打上水来喝，可让她诧异的是，刚从井里打上来的水居然是热的。老曹的妻子也觉得奇怪，又去井里重新打水，可打上来的水还是热的。

这个现象让老曹一家都很惊讶，到底是什么原因让昨天还很正常的井水变成热水了呢？琢磨不明白的老曹去了几个邻居家，他想看看是不是所有人家的井水都变热了。他不说还好，这一打听，村里人都知道他家的井水变热了，大家纷纷猜测，这是不是要地震啊？

地震前的确有一种表现：井水异常，其中就包括井水升温。老曹家的井水莫名其妙地热起来了，这让村里人忧心忡忡。因为灾难随时可能到来，接下来的几天里，大家一直生活在大难即将临头的恐惧中。老曹终于忍不住了，他想到了求助。

老曹给吉林电视台的记者打了电话，告知了这件事。很快，记者孙鹏飞就赶到了现场。孙鹏飞是吉林电视台新闻栏目的记者，可是，就连见多识广的他看见这口冒着热气的水井也惊讶万分。他拿着温度计在现场测试了老曹家的井水温度，40℃，而邻居家水井里的水则是8℃。他说："井水水温达到40℃，这种现象确实很少见，当地老百姓非常恐慌，担心是地震，当时我们心里也没底。"

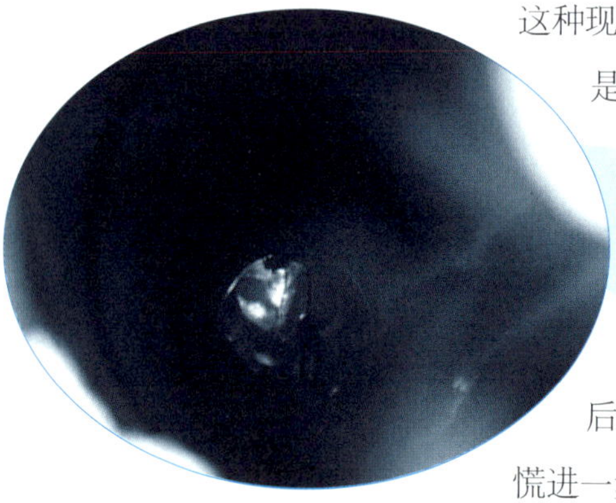
水温达40℃

尽管村里的干部一再解释，可地震的说法还是迅速地传遍了整个村落，甚至传到了附近的几个村子，恐慌像瘟疫一样在乡间流窜。关于井水莫名发热的节目播出后，各种版本的猜测也纷纷出现，为了避免恐慌进一步扩散，孙鹏飞找来了吉林省地质勘查院的两名工程师，再次来到了圣水泉村。

两名工程师到老曹家的那天，天气格外寒冷，天上还飘起了小雪，可是那口井还是和孙鹏飞第一次见到时那样，呼呼地冒着热气。围观的村民越来越多，对于灾难的恐惧让他们格外关注两名工程师即将得出的结论。

两名工程师向记者解释说："所有的地震都是这样的，不管唐山地震，还是别的地方发生地震之前，都有几个征兆，一个是地下水温升高，一个是地下水位上升，还有老鼠出洞、蛇也出洞、鸡飞狗跳墙等征兆。一般在地震前一天晚上或者前两天晚上都会发生这些现象，特别是井水，一是温度增高，二是水位上升。"

我们知道，地震就是地球表层的快速振动，在古代又称为地动。它就像刮风、下雨、闪电、山崩、火山爆发一样，是地球上经常发生的一种自然现象。

地震之前，在地震区域的环境是有预兆的，井水温度升高就是其中之一。但是，所有的事物都是普遍联系的，不能仅仅从一口井的温度升高就判断是不是要地震。还要考虑诸多因素，比如井水的水位是否升高，水质是不是浑浊，动物有没有异常反应等。

那么，这口发热的井是不是预示着要地震了呢？如果不是地震又是为什么呢？

经过询问，两名地质专家对老曹家的情况有了一定的了解。老曹家在村子里是养鸡大户，在井水发热的这些天，老曹家鸡舍里的鸡都很正常。通过肉眼初步观察，专家发现从老曹家水井里取出的水样和普通井水没有什么区别，即使刚刚打上来的水也没有浑浊的现象。

地质专家解释说："如果是地震，这个时候周边的井肯定有热力，不可能单独只是这一口井是热的，因为地下水是流动的，一股热力上来了必须要流动，周围的水温肯定也会有变化。"

由此，专家做出了初步的判断：这口井的发热不会是地震的前兆。这时又有人提出，会不会是井里的水泵漏电呢？但是，早在井水刚发热的时候，当地农电部门就对老曹家的电路进行了检测，并没有发现有漏电或是短路的现象。

地质专家对抽水水泵漏电的说法表示不赞同，他们说："按照常识，如果是电路短路，井里的水肯定会电人，可从老曹家井里抽出的水却不是这样，所以应该不是漏电，我们认为还是温泉的可能性大。"

井水变热

听了地质专家对井水发热的解释，圣水泉村的村民们都松了一口气。可是随着危险过去，新的说法又冒了出来，大家开始议论纷纷，莫非是当年传说中的圣水泉又出现了？

听村里的老人们说，在很久以前，村子附近有一眼泉水，因为四季有水，人们称它圣水泉，村子也因此而得名。后来有些村民担心，村子会被日夜喷涌的泉水淹没，就堵住了泉眼，从此圣水泉消失了。如今许多年过去，老曹家突然出现的这眼怪井让村里不少人相信，圣水泉又出现了。

专家认为，如果这是老泉，是原来的圣水泉，它一定是经过冲刷又流回这口井里来的，那么，在它流经的地方，地面上就会形成热气，会融化掉上面的雪。专家来到圣水泉村的那天正好下雪，于是专家告诉老曹，第二天早上看看周围 300 米或 200 米之内的地面上，有没有化雪的地方。什么地方的雪化了，那个地方肯定是源头。可第二天老曹来报告，说并没有出现化雪的地方。

如此说来，圣水泉只能留在传说中了。可是老曹家的井水在东北凛冽的寒风里不仅没有被冻住，还保持着较高的温度，这又是怎么回事呢？会不会是温泉？温泉是地下水在长期运动过程中吸收地壳的热能而形成的，一般都与地球上火山和晚期岩浆活动有关，有人说温泉是火山与岩浆奉送给人类的“礼物”。冷却过程中的岩浆使地下水升温，被加热的地下水沿地壳上的大裂缝溢出，于是形成了温泉。难道说老曹家的这眼水井竟然变成了温泉？在得知这个情况后，记者孙鹏飞又对发热的水井进行了追踪报道。越来越多的人开始关注这件事了。

圣水泉村有温泉的消息立刻在全村引起了轰动！如果真是温泉的话，村里能建温泉度假村、疗养院，和温泉沾边的旅游项目全都可以开发起来。村民们谁也没想到，自己在村子里生活了这么多年，竟然没发现身边竟有这么一个“聚宝盆”。据专家介绍，这温泉不仅能发家致富，还是非常宝贵的能源，利用温泉能开发很多地热项目，比如利用地热发电，或是搞养殖，那真是投资少、获利大。这下子，原本靠天吃饭的圣水泉村村民都兴奋起来，倒是村里最先发现井水发热的老曹家却显得比较平静。他说：“我倒没觉得是温泉，温泉也好，漏电也好，弄明白最好，放心。”

事情的发展真可谓一波三折，圣水泉村的村民们刚从可能会家破人亡的地震谣言中走出来，惊魂未定的时候，突然又有人说，这个井水可能是温泉！这就意味着祖祖辈辈老老实实种地为生的村民们突然一锹刨出个大元宝。但是，凡事都不能高兴得太早，是不是温泉，不能光从表面的温度来看。温泉水和普通井水的最大区别不在于温度高，而是其中所含的微量元素比一般地下水，也就是井水要多。那么，这发热的井水真的在成分上和普通井水不一样吗？

也许这些天对于老曹和他的家人来说经历了太多的变故，自家这口莫名发热的水井给他平添了许多烦恼。对老曹来说，水井变成温泉并不重要，关键是这口井里的水还能喝吗？会不会有毒呢？

随后，专家带着从老曹家井里取来的水样来到水质监测的相关部门，给这莫名发热的井水做一下检查，看看到底是不是温泉水。当检测结果出来的时候，大家都大吃了一惊。这竟然就是普通的井水，和邻居家的井水没有任何区别。但是，老曹一家还是不敢喝这发热的井水。

吉林地质勘查院的专家尤学平为了让老曹喝水放心，做出了一个大胆的举动：亲自喝一口百姓不敢喝的热井水。他说："我们从事多年的水温地质工作，根据颜色、气味就可以知道水质有没有发生变化，变化有多大，所以我敢去品尝。当时村民们都比较恐慌，我要是不先尝一下，就难以迅速安定民心。"

尤学平还说，从水的化学元素和所含的各方面成分来看，与平时相比都没有增高或偏低的现象，所以井里的仍然是正常水质。

这不是温泉，更不是地震的前兆，可是这口井怎么会莫名其妙地发热呢？是什么原因让这口普通的水井变得这样的离奇呢？对此，地质专家也百思不得其解。

水不可能自己发热，一定是什么东西通过某种介质将热量传导给它，才会有热量的增加。排除了地热的传导，还会有什么接触井水并将水加热的渠道呢？难道在这口水井里存在着某种不为人知的东西吗？老曹家很想知道事情的真相，于是他们按照专家的话把电闸拉掉，在断电后的 10 天里，每天用温度计测量井水的温度，并一一记录下来。

专家通过比对记录下的数值，发现了一个奇怪的现象。尤学平说："时间越往后测得的温度就越低，测到第 10 天时，我和石师傅领着当地一个小有名气的电工，又从别的地方弄来两台抽水泵，带到曹家做一下实验。”

在征得老曹一家同意后，地质专家和电工把老曹家用了 7 年多的水泵从井里拽了上来。当一直藏在水井深处的水泵浮出水面的时候，大家发现了这个水泵的温度有些异常。不出专家所料，井水发烧的原因果然出在曾被排除的水泵上。电工在用万能表测量水泵的电流和电压强度时，获得的数值都和普通水泵有所差异。

知道井水发热的真相后，老曹家换上了新的水泵，又和从前一样吃上了清凉的井水。曹家井水“发烧”的毛病在地质工程师和电力工程师的共同努力下终于根治了。

从井中抽水

专家测量水温

老曹家井水发热的原因终于找到了。也许有人会问，这个抽水泵不会老是开着的，抽水泵关闭的时候井水为什么不会变凉呢？其实只要看看暖壶的原理就明白了。大地是热的不良导体，井口很小，只有 30 厘米的直径，这口井就好像一个埋在地里的天然热水壶，所以即使水泵关闭井水也不会很快变凉。不过，家里有类似水井的朋友可千万不要以为这样很方便的热水方式。专家说，线圈老化是很危险的，幸亏老曹家发现得及时，只是井水被加热了而已。要是发现晚，到了线圈短路的程度，就不是井水发热这样简单了。

（薛建峰）